本书受国家社会科学基金教育学青年课题"本科生科研与创新人才培养模式改革的实证研究"（CIA130168）的资助。

郭卉 ◎ 著

Undergraduate Research
and the Cultivation of Innovative Talents

本科生科研
与创新人才培养

中国社会科学出版社

图书在版编目（CIP）数据

本科生科研与创新人才培养/郭卉著.—北京：中国社会科学
出版社，2018.8
ISBN 978 - 7 - 5203 - 3213 - 2

Ⅰ.①本…　Ⅱ.①郭…　Ⅲ.①本科生—科学研究工作—研究—
中国②高等学校—人才培养—研究—中国　Ⅳ.①G644②G649.2

中国版本图书馆 CIP 数据核字（2018）第 217414 号

出 版 人	赵剑英
责任编辑	赵　丽
责任校对	李　莉
责任印制	王　超

出　　　版	中国社会科学出版社
社　　　址	北京鼓楼西大街甲 158 号
邮　　　编	100720
网　　　址	http://www.csspw.cn
发 行 部	010 - 84083685
门 市 部	010 - 84029450
经　　　销	新华书店及其他书店

印　　　刷	北京明恒达印务有限公司
装　　　订	廊坊市广阳区广增装订厂
版　　　次	2018 年 8 月第 1 版
印　　　次	2018 年 8 月第 1 次印刷

开　　　本	710 × 1000　1/16
印　　　张	14.75
字　　　数	228 千字
定　　　价	65.00 元

凡购买中国社会科学出版社图书，如有质量问题请与本社营销中心联系调换
电话：010 - 84083683

序

　　进入 21 世纪，为了积极应对以新科技为动力的经济全球化的挑战，中国确立了建设创新型国家的发展战略。创新型国家的建设，发展是第一要务，人才是第一资源，创新是第一动力，为此国家实施了创新驱动发展战略和人才强国战略。高等教育处于教育体系的顶层，对创新人才培养富有重要职责。近十多年来，少数高水平研究型大学提出了培养拔尖创新人才的目标，建立专门的改革试验区，进行了较大力度的资源投入和人才培养方式的改革创新，取得了显著的成效。还有许多高校为了提升本科教学质量，在课程和教学方面进行了许多有益探索，有助于培养学生的创新精神和实践能力。这些有益的探索为学生带来了更好的学习体验：在学习内容上，教师不再是照本宣科，而是引入了学术前沿问题研讨；在教学方法上，"基于问题的教学""基于项目的教学"等指向知识应用的教学方法被广泛实施；除了课堂学习，学校还为学生提供了一些课外学习途径，如参与科学研究和实践创新活动等。这些新举措将学生原有的记忆式学习转变为探究式学习，更好地培养了学生的知识应用能力和问题解决能力。作为一名科学家，我特别看重本科生参与科学研究这项人才培养改革举措，因为科研活动对于培养本科生的批判性思维特别重要，科学研究过程就是不断进行分析、假设、推理和论证的过程，也就是发挥批判性思维的过程。我们过去的教育忽视了批判性思维能力的培养，现在能通过科研实践活动来培养学生的批判性思维，确实很有意义。

　　作者在书中指出本科生科研是当代"科教融合"教育理念的具体体现，也是对"教学与科研相统一"的原则的回归。2012 年 8 月，教育部、中国科学院联合启动实施了"科教结合协同育人行动计划"，旨在充分利用中国科学院优质科研资源，以及各高校完备的育人体系，探索建立高校和科研院所协同育人的机制，着重训练本科生的科研创新能力，服务于培养未来的科学家。该计划能看成是"科教融合"教育理念的一种有中国特色的组织形式。中国科学院生物物理研究所和我的母校华中科技大学成为第一批加入该计划的 31 对研究所和高校之一，我有幸见证并参与了这一"科教融合"合作的启动和实施。

2013 年，中国科学院生物物理研究所与华中科技大学联合成立了"贝时璋菁英班"，2015 年，"贝时璋菁英班"正式转变为由中国科学院大学与华中科技大学协同举办，明确提出培养生命科学领域领军人才的目标。贝时璋班学生培养的特色在于：学生经过了严格的选拔，选拔不仅考察学生的基础和能力，而且非常看重学生对于科学研究的志趣；在培养过程中，注重数理基础课程和通识课程学习，注重系统的科研实践训练。学生在第一学年结束后的暑假能进入中国科学院各研究所，接受初步的科研训练；在完成基础课程学习后，学生可选择中国科学院的科研人员作为导师，一边参加高级研究课程或研讨班的学习，一边在导师指导下阅读专业文献；在第六学期时学生将在导师指导下进入实验室科研训练期，直到完成毕业论文。这样的教学安排为学生提供了持续的、递进的、系统的科研训练，充分发挥了中国科学院的科研资源优势。从外在表现来看，"贝时璋菁英班"取得了较好的育人成效，但究其内里，系统的科研训练带给学生怎样的发展，学生从中获得了哪些能力或素质，这些关于人才培养的实质性问题我们探究和知道得很少。

基于这些工作，当看到此书时，我被它的研究主题所吸引。本书是一位教育研究者从专业视角出发，运用现代学习科学理论，采用科学的研究方法，通过三个层层递进的实证研究设计，向我们证明了"本科生科研是培养创新人才的有效途径"。作者证实了科研训练培养了本科生的研究能力和学术技能，促进了他们的专业社会化，并且增进了学生对研究性工作的选择。此外，作者还揭示出科研训练过程中，科研任务的认知挑战度以及教师指导程度是学生学习收获的重要影响因素。在我看来，这些观点很有启发意义。首先，它让我们认识到科研训练对学生的影响是全面的，涵盖了知、情、意、行等方面，不仅能促进学生高级认知能力的发展，还能培养学生的科学家精神和品质，以及影响学生的职业选择；其次，作者在教育教学过程中找原因，有助于相关教学工作和管理工作的改进。例如，教师指导是学生科研参与收获的重要影响因素，那么今后教学管理工作就要注重落实导师配备、激发导师指导积极性，重视导师指导能力的提升等。

培养拔尖创新人才是"珠峰计划"的奋斗目标。在"科教融合"教育理念的指导下，我们应不断探索实现高水平科学研究和高质量人才培养相互支撑的组织形式和教育方式。本科生科研已被证明是创新人才培养的有效途径，希望高校和科研院所能够高度重视这项育人工作，也希望有更多的研究者能够对其开展研究。

最后，我向广大教育工作者、科研工作者以及相关管理工作者和政策人士推荐此书。

徐　涛
中国科学院院士
中国科学院大学副校长

目　　录

第一章　导论 ……………………………………………………（1）

第一节　研究背景与问题 …………………………………（1）

第二节　核心概念界定 ……………………………………（7）

第三节　全书的构成与研究方法 ………………………（12）

第二章　本科生科研的兴起：从德国到美国 …………………（20）

第一节　来自德国的传统：将科学研究引入教学 ……………（20）

第二节　美国大学本科生科研的兴起和发展 …………（25）

第三章　本科生科研在中国：30 年历程 ……………………（42）

第一节　学科竞赛的繁荣 …………………………………（42）

第二节　"大创"项目的发展 ……………………………（52）

第三节　参与教师科研项目 ………………………………（56）

第四章　本科生科研学习的过程 ……………………………（62）

第一节　本科生科研与建构主义学习理论 ……………（62）

第二节　承担"大创"项目：自主实践式 ……………（66）

第三节　参与教师科研项目：实验室科研实践共同体 …………（71）

第四节　科技创新团队中的科研学习经历：新的理论解释 ………（75）

第五节　本科生科研学习投入的水平和特点 …………（85）

第五章　本科生科研学习的收获 ………………………………（103）

第一节　本科生科研学习收获：来自西方文献的观点 …………（103）

第二节　本科生科研学习收获：对"大创"项目负责人的调查……（117）

第三节　本科生科研学习收获的测量 ……………………………（135）

第四节　本科生科研学习投入对学习收获的影响 ………………（142）

第六章　本科生科研中的教师指导 ……………………………（148）

第一节　教师指导及其功能 ………………………………………（149）

第二节　教师对本科生科研的学术指导 …………………………（154）

第三节　教师有效指导行为指标体系构建 ………………………（159）

第四节　教师指导意愿的影响因素 ………………………………（178）

第七章　本科生科研的未来 ……………………………………（191）

第一节　本科生科研是培养创新人才的有效途径 ………………（191）

第二节　深化本科生科研的政策调整与制度改进 ………………（195）

第三节　研究展望 …………………………………………………（203）

参考文献 …………………………………………………………（206）

附录　本科生科研学习收获研究文献一览表 …………………（221）

后　记 ……………………………………………………………（227）

第 一 章

导　论

第一节　研究背景与问题

一　中国建设创新型国家需要培养大批创新人才

（一）建设创新型国家：中国重大发展战略

进入 21 世纪以来，经济全球化趋势加剧，创新浪潮在全球涌动。为了在全球竞争中赢得主动权，世界许多国家和政府积极调整了国家发展战略。依靠科技创新提升国家的综合国力和核心竞争力，建立国家创新体系，走创新型国家之路，已经成为很多国家推动经济增长、保障国家安全、促进社会进步的共同选择。例如，美国政府颁布的《美国创新战略》提出，提升美国创新的基础能力，培养符合 21 世纪知识和技能需要的下一代人才，建设世界一流的劳动力大军；欧盟的《欧洲 2020 战略》要求把创新作为首要和压倒一切的政策目标，在 10 年内把欧盟建设成为"创新型联盟"；日本的"科技立国"战略已经发展为"科学技术创造立国"战略，强化各个领域和环节富有创新精神的研究，推动创造性自主技术开发；韩国 2020 年产业技术创新战略提出要实现从"快速跟踪"战略到"领跑者"战略的转变，并实施"独一"未来成长战略，在特定领域占据全球领先地位。

在这一国际背景下，中国也意识到了创新的重要性。早在 1995 年，江泽民同志在全国科技大会上强调"创新是一个民族进步的灵魂，是一个国家兴旺发达的不竭动力"（江泽民，1995）。1999 年，中央在《关于加强技术创新发展高科技实现产业化的决定》文件中明确提出要加强国家创新体系的建设。2006 年，胡锦涛同志在全国科技大会上指出："要进一步深化科技改革，大力推进科技进步和创新，带动生产力质的飞跃，推动我国经济增长从资源依赖型转向创新驱动型，推动经济社会发展切实转入科学发展的轨道，这是摆在我们面前的一项刻不容缓的重大使命"（胡锦涛，2006）。同年，《中共中央国务院关于实施科技规划纲要增强自主创新能力的决定》中提出经过 15 年努力到 2020 年使我国进入创新型国家行列（中国共产党中央委员会、国务院，2006）。这是首次以文件的形式正式明确了把中国建设成为创新型国家的发展战略。2007 年，党的十七大将建设创新型国家提升到"国家发展战略的核心"与"提升综合国力的关键"重要地位。2012 年，党的十八大进一步强调"科技创新是提高社会生产力和综合国力的战略支撑，必须摆在国家发展全局的核心位置"。2018 年 1 月，国家科学技术奖励大会上，李克强同志指出"我国正处于建设创新型国家的决定性阶段"（李克强，2018）。

（二）培养创新人才：从创新型国家的要求出发

创新成果的生产、传播和应用依靠的是人才，建设创新型国家需要大批创新人才。然而，中国的创新人才数量非常缺乏，不足以满足建设创新型国家的需求。根据科技部的调研，2002—2006 年，在世界一流科学家中，中国有 112 人入选，仅占总数的 4.2%，是美国的 1/10；在 158 个国际一级科学组织及其下属的 1566 个主要二级组织担任领导职务的 9037 名科学家中，中国仅有 206 人，占 2.3%；其中，在一级科学组织中担任主席的仅 1 人，在二级组织中担任主席的仅 24 人（刘彭芝，2013）。世界权威机构评选对科学发展做出重大贡献的 300 多位科学家中，中国仅有 3 位入选。从国际权威科学院外籍会员人数的国别排序来看，中国处于第 18 位，不仅低于主要发达国家和若干中等发达国家，而且还落后于印度（孙锐，2016）。创新人才的紧缺对中国如期实现创新型国家的宏伟目标提出了严峻挑战，胡锦涛同志在中国科学院第十三次院士大会、中国工程院第八次院士大会上强调："必须坚持人才资源是第一资源的战略思想，把培养造就创新型科技人才作为建设创新型国家的战略举措，加紧建设一支宏大的创新型科技人才队伍（胡锦涛，2006）。"因此，为建设创新型国家，各级各类政府开始大力行动，通过多种途径和办法建设创新人才队伍。例如，针对高层次的创新人才，中央组织部牵头制定了"千人计划"（包括"青年千人"）和"万人计划"的人才引进和选拔政策。

建设创新型国家的发展战略对高等教育提出了时代使命，即培养和造就创新人才。高等教育作为教育体系的顶层，处于知识的上游核心，对培养创新人才负有最重要的职责。在培养创新人才的目标下，中国少数高水平研究型大学进一步提出了培养拔尖创新人才的目标，通过培养顶尖的创新人才更有力地支撑国家的科技创新事业。

二 高校创新人才培养的问题与突破

（一）"钱学森之问"该如何回答

在国家提出建设创新型国家战略目标，要求教育要培养创新人才的同时，"钱学森之问"直接道出了中国大学培养不出杰出（创新）人才的现实状况，这一反差促使教育主管部门和高校开始反思问题所在，加紧探索创新人才培养改革举措。

中国高等教育的人才培养中究竟存在什么问题，导致培养不出创新人才？梳理国内外研究，将课程体系与教学体系等方面的原因归纳如下。

高等教育的课程体系试图"以多取胜"，却难免陷入"范式陷阱"。"在旧的范式中沉浸越深者，在旧的范式中学习越多、掌握更加精确、不断在旧范式中取得成功的人，陷入旧的范式越深，旧范式因而成为陷阱而让学习者难以跳出其中做出创新"（卢晓东，2011）。中国高校对本科生毕业学分的规定几乎都在 160—200 分，而美国和日本的高校中本科毕业学分要求在 120—130 分。学生进行太多的课程学习未必使他们具有创造力，尤其是以知识传授占主导的课程。如果将学分要求降低至 130 分左右，与国际接轨，那么学生将能腾出时间进行多样化的选择和体验。

以知识传授为主的教学体系，使学生的认知经历停留在低阶思维，难以发展学生的批判思维和创新思维等高阶认知能力（周光礼等，2018）。国内外已有许多实证研究证明了一个命题，即学生认知经历的多样性与学生创新能力呈正相关关系。我们的课堂教学模式千篇一律，只能为学生提供"记忆"和"模仿"这种单一的认知经历。从美国学者布鲁姆对认知目标的分类来看,记忆和模仿属于浅层学习,只能产生低阶思维;运用、分析、综合、评价等高级认知能力是传统课堂教学较少提供给学生的,这是难以培养学生创新思维和能力的根本原因。

标准化、封闭性的考试评价方式,鼓励趋同性思维的考试题目,不利于培养学生的发散性思维和探索性思维倾向。与注重学科知识传授的课程和教学相匹配的就是标准化、封闭性考试,大学多数课程考试仍然是一张试卷,多道有确定性答案的考题,学生朝着确定性答案答题,教师按照标准给分。这种考试评价方式不仅不能引导学生进行创造性思考,反而让他们学会寻找标准答案。

通过对中国高校人才培养的课程体系和教学体系的分析,不难发现,原本应指向探究高深知识的教学,已经远离了探究,而只剩下教授,失去探究的教授则是传授确定性的知识。如果学生不是在进行探究及创造的过程和环境中学习,他们如何习得创造性呢?由此看来,19世纪初期洪堡创办的柏林大学(Universität zu Berlin)将科学研究引入大学,确立"教学和科研相统一"的原则,对大学的教学有颠覆性的意义。由中世纪大学开始延续了700多年的教学,一直注重讲授、说理和背诵,教师将确定的知识传递给学生;而"科研"被引入教学后,教师利用研究成果更新教学内容,学生通过科研进行有效的学习,教师和学生结成探究的伙伴,在共同探索新知识的过程中培养学生的理性。从此,确立了高等教育教学的本质,就是与研究相结合。与研究结合的教学"天然地"具备培养人的创新性的效能。

由此可见,中国高校创新人才培养的症结就在于教学与研究的分离,缺少和研究结合的教学失去了高等教育教学的本真意义,因此也不能真正培养出具有创新性的高级人才。促进教学与科研相结合的改革势在必行。

(二)"科教融合"教育理念和改革实践的兴起

为什么中国高校的教学和科研呈现分离的状态?如果以新中国的成立为起点进行历史考察可知:中国高校的教学从最开始就与科研分离,在新中国成立的十七年里(1949—1966),国家单独设立科学院系统从事科学研究，高校的科研职能一定程度被剥离，自然也就谈不上教学和科研结合。进入改革开放初期（1978—1992），高校恢复了科研职能，恢复了研究生培养，但高校的本科教育并没有与科研建立太多关联。1992年至今，高校的科研开始受到极大的重视和推崇，从"211工程"到"985工程"再到"双一流"建设，服务于学科建设的重点工程政策促使科研全面进入高校并实现了体制化，此后，科研在高校中成为除教学外的另一种重要活动，高校既是教学的中心，也是科研的中心（周光礼等，2018）。然而此时，教学不仅并未与科研产生制度性的结合，反而，国家奖励科研绩效的导向塑造出高校内"重科研、轻教学"的制度环境，进而导致了教师的科研偏好。教师个体在工作层面，喜欢把大量时间用于学术研究，把少量时间用于教学；关心自己的科研产出，不关心教学质量；重视自己的学术发表，忽视把学术成果转化为教学内容；偏好简单省事的"填鸭灌输"教学方式，不愿意开展研究性教学；把参与科研的学生当成"劳动力"对待，不关心学生的科研学习收获和发展。

2006年以来，随着"高等教育质量工程"的推进，高校尤其是研究型大学"重科研、轻教学"的问题引起了广泛关注，国家开始着手解决该问题，"科教融合"的教育理念开始走进政策视野，科研的育人功能被重新提出，一些教育领导人在讲话时指出研究型大学要"用高水平科研支撑一流的本科教学"，这是对"教学和科研相统一"的古老原则的回归。"科教融合"有两种基本形式，一种是教师为主体，教师开展研究性教学；另一种是学生为主体，学生参与科研活动，在科研活动中学习。

科研参与对培养学生批判性思维和理性气质具有得天独厚的优势。首先，科研本质上是一种批判的和自由的思考，体现了理性精神。其次，科研强调激情、创造性和学术诚信，体现了人文情怀。科研不仅可以发展学生的批判性思维，而且可以滋养学生的理性气质。现代高等教育扎根于科学的理性，只有与科研紧密结合，高等教育才能真正建立在高深学问的基础上，自由探究和创造才能成为高校的本质特点，培养学生的批判精神和理性气质才成为可能。1989年诺贝尔化学奖得主托马斯·罗伯特·切赫（Thomas Robert Cech）谈道："研究型大学给学生最有震撼的教育并非来自课堂上课，而是让本科生进入研究实验室。他们在那里获得个人体验。他们接触最新的设备和尚无答案的问题。这些经验是他们毕业后 5 到 10 年后也不会忘记的。正是这一点改变了他们的生活（周光礼，2012）。"

三　本科生科研是培养创新人才的有效途径——有待深入研究的命题

（一）本科生科研实践的繁荣

在建设创新型国家、提升高等教育质量的大背景下，本科生科研被作为一种培养创新人才的有效途径在相关政策推动下迅速发展。2006 年，教育部启动了"国家大学生创新性实验计划"（2011 年调整为"国家大学生创新创业训练计划"，简称"大创"）试点工作，由国家出资支持大学生开展科学研究活动，2007 年正式实施，首批有 60 所高校参加。随后，多个省份和高校也相应地推出"省大创""校大创"项目。"大创"项目实施 7 年以来，全国共有 116 所中央部属高校和 620 所地方高校的 25 万余名大学生参加，覆盖理、工、农、医、文、法等 12 个学科门类，成为高等学校本科教学质量与教学改革工程中覆盖面最广、影响最大的项目。在"大创"项目推动下，本科生科研实践进入一个新的发展阶段，得到更为广泛的推广和普及。迄今为止，本科生科研已成为一种具有高显示度的教育实践。

（二）本科生科研研究的滞后

随着本科生科研实践的繁荣，相关研究的数量呈现增长趋势，在学术期刊数据库中用多个相关主题词，例如，"本科生科研""大学生科技创新活动""大学生科研训练""大学生创新创业训练计划"等，进行文献检索，累计检索到数百篇文献。已有研究主要集中于从思想上阐发本科生科研的目的与意义，介绍国外大学的先进做法，描述总结各校开展本科生科研工作的基本情况、经验和问题等。

不难看出，已有研究存在着严重不足。首先，缺少对本科生科研效能的测量和评估。本科生科研作为一项被寄予厚望的创新人才培养改革举措，它对于学生的发展究竟有何作用？换言之，大学生通过科研参与有哪些特定的收获，这些收获与创新能力或素质之间存在何关联。只有通过经验研究，测量本科生科研的效能，才能切实地评价本科生科研对于培养创新人才的价值和意义。其次，因为缺少对本科生科研效能的评估，所以缺乏研究本科生科研效能影响因素的基础。如果能找出本科生科研效能的影响因素，则可为改进本科生科研实践工作提供科学依据和指导。综合以上两个方面，本书的一个基本立足点是大学生学习和发展理论；一个核心研究问题是，作为一项"高影响力"教育活动——大学生的科研参与，对大学生创新素质的发展有怎样的作用。

此外，本书关注的另一个问题是本科生科研中的教师指导。教师指导是本科生科研的本质，因为教师指导是本科生科研效能最重要影响因素（Lopatto，2006）。但是，"教师指导"目前还处在人们认识、工作和研究的盲区。在认识层面，教师对本科生科研的指导还没有被完全纳入教师的教学工作中，因此教师的指导能力也没有被纳入教师的教学能力中；在工作层面，教师的指导行为还只是教师个体的行为，并未引起大学组织的关注，针对教师指导的管理、考核、评价和培训也不在大学组织的工作范围内。当然，部分高校从激励教师参与本科生科研指导的角度出发，对教师指导有工作量的认可和奖励制度，但这只是对指导工作量的认可和奖励，既不是约束机制，也不关心指导的质量和教师的指导能力；在研究层面，只有少量的文献记录了教师指导本科生科研的经验做法和工作感悟，尚未提出有理论价值和现实意义的研究问题。针对此，本书特别关注"本科生科研中教师的有效指导行为"，试图通过定性的方法探索出一套教师有效指导行为的指标体系，供广大教师参考和借鉴，这对教师指导能力建设有参考价值。此外，教师参与率低，指导意愿不高是目前本科生科研中的突出问题，哪些因素影响了教师的指导意愿？本书通过质性研究方法，对影响教师指导意愿的激励和阻滞因素进行了初步分析，这能为高校相关管理制度和工作的改进提供指导。

第二节　核心概念界定

一　本科生科研

本科生科研理事会（Council On Undergraduate Research，CUR）认为

本科生科研是指由本科生进行的探究或调查活动，这些活动可以对学科发展作出原创性贡献（Halstead，1997）。这一定义仅强调本科生科研具有科研的一般属性——原创性。

汉吉姆（Hakim，2000）认为本科生科研是指学生与教师协作、考查、创造和分享新知识，或者按照学科的实践方式工作。它有四个特征，分别是指导性、原创性、可接受性、可传播性。这四个特征建立在以下假设的基础上：第一，假设本科生与指导老师之间以学生学习为中心进行互动；第二，假设本科生可以对研究项目做出有意义的贡献；第三，假设研究过程与方法与当前学科实践相一致；第四，假设最终能够形成一个显性的、能被同行评议的产品。此定义不仅强调了本科生科研具有科研的一般属性——原创性、可接受性和可传播性，同时还有自身的特殊性——离不开教师的指导。

随着本科生科研实践的开展，本科生科研以本科生作为研究主体、有别于研究生科研和教师科研的特殊性逐渐得到了更多的关注。除了离不开教师的指导，本科生科研的特殊性还包括学生之间的协作，如陆伟（2005）指出"无论是学生参与导师的科研项目，还是学生自己独立申请科研项目，本科生科研的实施都离不开教师的指导和学生之间的协作"。此外，越来越多的学者强调本科生科研的目的是育人，而不再看重最终研究成果是否具备创新性。王颖等（2008）认为"本科生科研的关键不在于最终的研究成果，而在于让学生在自主学习和探究的过程中，积累经验，锻炼思维，从问题中寻找课题，在实践中获取真知"。郑家茂等（2008）认为"科研仅是载体或手段，通过科研训练实践达成学生的自主学习并成长为创新人才才是其最终目的"。

此外，越来越多的学习形式也被纳入到本科生科研中。莫科尔教授（Merkel，2001）认为"本科生科研泛指学生和教师在科学、工程、艺术、人文科学和社会科学领域的各种协作，可以被用来描述探究性和研究性课程的教学活动，也包括学生在一个项目中做教师的研究助理，或者学生自行设计项目和公开科研成果"。中国学者刘宝存（2005）认为："本科生科研既应该包括像科学家一样从事的调查、实验等环节，又应该包括科研方法的学习、研讨式学习、独立学习、学期和学年论文、创造性的实习和社区服务等环节。"

对本科生科研进行定义，既要包括科研的一般属性，又要兼顾本科生科研的特殊性。本书将本科生科研界定为：本科生在教师的指导下实施的对学科领域或生产生活领域的问题解决具有创新性贡献的探究与调查活动。具体特征包括：（1）创新性。从成果来说，本科生科研要求对学科领域或者生产生活领域的问题解决具有创新性贡献。（2）指导性。本科生尚不具备从事科研所需的扎实的专业知识和熟练的科研能力，独立从事科研的可能性不大，必须得到教师或学长等经验较为丰富的人的指导。（3）教育性。本科生科研作为本科教育的重要组成部分，其关键不在于最终的研究成果，而是作为人才培养的一种手段或方式，让学生在自主学习和探究的过程中习得创新素质。（4）多样性。研究课题的来源上，既包括学生参与教师的科研项目，也包括学生自行设计的项目，还包括参加科技比赛的项目以及其他主体委托的项目，等等；从成果形式上，可以是学术论文、调研报告、设计方案，也可以是模型或产品。但是，不包括基于课程的研究（course - based research），例如，上研究方法课程、听研究报告、开展课程内容研讨等。

二 创新人才

自高等教育领域提出培养创新人才以来，关于创新人才的专著、学术论文不胜枚举，但是对于什么是创新人才，学者们的观点并不一致。有的学者从创新人才所应具备的创新素质出发，将创新人才定义为具有创新意识、创新精神、创新思维和创新能力的人才（赵恕新，2001）。有的学者则从创新的过程和结果出发，将创新人才定义为以自己的创新性劳动，在某个领域为社会做出了较大创新贡献的人（殷石龙，2002：270）。还有学者将二者进行了巧妙结合，认为创新人才就是具有创新意识、创新精神、创新思维、创新能力并能够取得创新成果的人才（王英杰，2005：10—13）。这些定义虽有不同，但都着重强调创新人才所应具备的创新特质，将创新人才视为一种专门人才，似乎只要专门培养这些创新特质就能成功培养出创新人才。与这些观点相反，有学者认为创新人才的基础是人的全面发展。创新意识、创新精神、创新思维、创新能力并不是凭空产生的，也不是完全独立发展的，它们与人才的其他素质有着密不可分的联系。从这个意义上讲，创新人才首先应该是全面发展的人，应该具备以下几方面的素质：博、专结合的充分的知识准备；以创新能力为特征的高度发达的智力和能力；以创新精神和创新意识为中心的自由发展的个性；积极的人生价值取向和崇高的献身精神；强健的体魄（刘宝存，2003）。这一观点与国外对创新人才的理解较为一致，国外的一流大学非常强调在人的全面发展的基础上培养创造性、创新意识、创新精神、创新能力等素质，强调个性的自由发展。例如，英国牛津大学校长克林·卢卡斯（Colin Lucas）要求大学培养的人才"要有很高的技术，非常宽的知识基础，很强的个人责任感、革新能力和灵活性、个人不断地获取新的技术以适应其需要（北京大学校长办公室，1999：14)"。美国麻省理工学院（以下根据需要可简称 MIT）致力于给学生打下牢固的科学、技术和人文知识基础，培养创造性地发现问题和解决问题的能力（王晓阳，2000：127）。很明显，这一观点更与国际先进理念接轨，所构建的创新人才素质模型也较为全面，但是它只突出了创新人才所需的知识储备、能力结构和个性特征的重要性，却忽视了创新思维对创新人才的重要意义。著名心理学家林崇德（2007）对创新人才进行了长达 25 年的研究，发现创新人才在一定意义上就是具备创造性思维和创造性人格的人。北京工业大学校长郭广生（2011）也认为创新素质即为创造性思维与创造性人格的合金，创造性思维是创造力的核心组成部分。可见，创造性思维是创新人才不可缺少的一个素质特征。

综上所述，本书认为创新人才是指具备创新知识、创新能力、创造性思维和创造性人格且能够以自己的创造性劳动为社会做出积极贡献的人。创新人才既要具备合理的知识结构、能力结构，又要具备创造性思维和创造性人格，这四者共同构成了创新人才的素质模型。

在对创新素质的理论认识基础上，笔者结合研究文献确立了创新素质评价指标，并通过专家调查对指标进行了筛选，最后根据筛选后的指标编制了"大学生创新素质调查问卷"，含 52 个题目。于 2013 年 5 月到7 月，采用随机抽样方法对华中科技大学 900 名本科生展开了问卷调查，回收有效问卷 781 份，有效率为 87%。采用探索性因素分析（EFA）对问卷进行信度和效度检验。结果显示，52个题目构建信度（CR值）均达显著水平，所有题项予以保留；KMO值为0.943，Bartlett球形检验达显著水平（p<0.001），数据适合因素分析；采用主成分分析法抽取特征值大于1的因子，旋转方法采用最大正交旋转，根据结果，删减因素载荷小于0.35或在两个项目上交叉载负荷较高的项目，多次重复这一探索过程，相继剔除项目14个，最终保留正式题项38个，共抽取七个因子。累计解释总变异52.032%，所有题项的因子负荷都大于0.35，最高负荷为0.741。

根据问卷题目的具体内容，对7个因子进行命名：因子1各题描述了创造性思维的多种品质，可命名为"思维深刻、敏捷和独创"；因子2各题描述了创造性人格的一类特征，可命名为"坚持、自信和批判"；因子3涉及的也是创造性人格的特征，命名为"求知欲与想象力"，因子4涉及的是在专业知识方面的特征，可命名为"专业知识的深厚广博"；因子5反映的是在分析问题和解决问题方面的能力，可命名为"分析和解决问题能力"；因子6反映了在语言表达和组织协调方面的能力，可命名为"沟通协调能力"；因子7描述了创造性人格的另一类特征，命名为"好奇心与兴趣"。根据最初的大学生的创新素质包括创新知识、创新能力、创造性思维和创造性人格四个方面的理论构想对7个因子进行归类，详见表1—1（郭卉等，2014）。

表1—1 大学生创新素质因子归类

创新素质维度	因子序号	因子名称	构建因子的题目数	探索性因素分析特征值	探索性因素分析贡献率	信度系数
创新知识	因子4	专业知识的深厚广博	5	3.162	7.713	0.755
创新能力	因子5	分析和解决问题能力	3	2.646	6.454	0.687
	因子6	沟通协调能力	4	2.617	6.383	0.716
创造性思维	因子1	思维深刻、敏捷和独创	9	3.926	9.576	0.833
创造性人格	因子2	坚持、自信和批判	6	3.787	9.237	0.802
	因子3	求知欲与想象力	6	3.550	8.660	0.711
	因子7	好奇心与兴趣	5	1.644	4.010	0.748

大学生创新素质各因子之间存在显著的相关关系（见表1—2）。创造性人格的三个因子之间相关程度较高（r＞0.59）。思维深刻、敏捷和独创因子与其他各个因子之间相关程度较高。而专业知识的深厚广博与除思维深刻、敏捷和独创因子之外的其他因子之间相关程度较低。这说明本书中提取的创新素质各个因子之间既有联系，也有区别。

表1—2　　　　　　　　大学生创新素质因子之间的相关关系

	专业知识的深厚广博	分析和解决问题能力	沟通协调能力	思维深刻、敏捷和独创	坚持、自信和批判	求知欲与想象力	好奇心与兴趣
专业知识的深厚广博							
分析和解决问题能力	0.46**						
沟通协调能力	0.38**	0.52**					
思维深刻、敏捷和独创	0.57**	0.61**	0.58**				
坚持、自信和批判	0.48**	0.55**	0.53**	0.64**			
求知欲与想象力	0.32**	0.44**	0.43**	0.54**	0.59**		
好奇心与兴趣	0.40**	0.50**	0.48**	0.57**	0.66**	0.66**	

注：** 在0.01水平（双侧）上显著相关。

本书在文献对比、理论分析的基础上，进一步通过定量研究，将大学生的创新素质构建为一个涵盖知识、能力、思维和人格的7因子模型，如此，使人们对创新素质的内容有了更具体和清晰的认识。这7个因子也符合心理学家对创新人才特点的基本判断，如前文提到，林崇德教授认为创新人才的主要特点是有创造性思维和创造性人格，大学生创新素质7因子中有3个因子属于创造性人格，可见创造性人格的重要性。

第三节　全书的构成与研究方法

一　全书的构成

全书由三个主题构成，包括7个章节。第一个主题是本科生科研发生发展的历史。历史研究几乎是一切研究的起点；事物的本质蕴含在发端之处；历史只要去挖，总会有新的出来，这三句话是本书历史研究部分能带来的启示意义。在第一章导论后，第二章梳理了本科生科研在德国发端、在美国发达的演进史。德国洪堡大学将科学研究功能引入大学，确立了"教学和科研相统一"的原则，进而发展出教学—科研实验室和教学—科研研讨班两种全新的人才培养方式。历史起点表明，科研被引入大学时，是作为人才培养的手段而存在，这是否能说明育人功能是大学科研的本质。今天，大学科研育人功能的丧失恰恰是其本质的丧失，推行本科生科研是恢复科研育人功能的一种形式。此外，谈到美国大学本科生科研的兴起，通常人们都以 1969 年 MIT 推行"本科生科研训练计划"为制度化起点，实则不然，推行本科生科研的另一主力军是文理学院，它们的实践行动早于研究型大学，并且文理学院建立起了指向培养科学家的典型的本科生科研模式。之所以美国研究型大学的本科生科研会引起国内学者的极大关注和"追捧"，原因在于美国研究型大学在很长一段时间内都处在教学和科研分裂的局面，这一点与今天中国大学的情况类似。但是分析历史时，除了从所需出发外，还是要对历史有完整准确的把握，文理学院的本科教育一直是美国高等教育系统中的典范，而较早地实行了本科生科研或许对此功不可没。

第三章梳理了中国高校中学科竞赛、"大创"项目和参与教师项目三种本科生科研形式的发生发展历史。目前，对中国本科生科研历史的研究都是采取笼统的历史时段划分的方式，没有对不同科研参与形式如何发展的单独考察，而本书采用这样的视角无疑会细化和深化对历史的认识。

第二个主题是本科生科研学习投入对学习收获的影响。这是本书的核心，也是迄今为止，国内学术界关于本科生科研研究的薄弱之处。要切实论证"本科生科研是培养创新人才的有效途径"这一现实问题，首先需要将该问题转化为学术研究的问题，转化的工具就是大学生学习和发展理论。透过大学生学习和发展的理论框架来看，科研参与是一种学习行为，创新素质发展是对这一学习行为的结果的期待。那么从顺序逻辑出发，这一学习行为的结果，或者用更合适的表述"学习收获"是什么呢？作为一项"高影响力"教育活动，科研参与带给学生的收获一定具有其他教育活动所不能或不擅长带给学生的内容和成分。因此，需要通过质性研究，开放性地探索出学生科研学习的收获。然后，再将科研学习收获的内容与创新素质之间进行关联，从而推断出科研参与能促进哪些创新素质的获得或发展。在此基础上，大学生学习和发展理论框架能指导进一步探究科研参与中的学习投入如何影响了学习收获。大学生学习和发展的经典理论即"学生投入理论"对学生发展的解释是"学生学业表现、个人发展水平与学生投入学习的数量、质量直接相关"（徐波，2013）。据此，可以建立起大学生"科研学习投入"和"科研学习收获"之间的因果关系假设。通过定量研究方法验证科研学习投入各变量对科研学习收获各因子的具体的影响关系和程度，不仅科学地解释了科研学习行为如何影响了特定能力的发展，而且为促进大学生科研学习投入的制度和政策调整指明了方向。

针对上述研究问题，本书设计了先定性探索再定量检验的混合研究方法：探究了本科生科研学习的过程，以及本科生科研学习的特定收获，形成了对本科生科研学习过程的理论性解释以及对科研学习收获的定性认识；以质性研究结论为基础，编制测量本科生科研学习投入程度和学习收获水平的调查问卷；通过描述性统计，掌握目前大学生科研学习投入和学习收获的基本状况和特点，通过推断统计，检验科研学习投入各变量对科研学习收获各因子的影响关系。通过质性研究和定量研究所得出的结论，填补了国内相关研究的空白，能与国外研究形成对照和印证。

第四章集中于研究本科生科研的学习过程。首先，对三种科研参与形式中本科生的学习行为进行基本描述，并结合学习理论进行相应的理论阐释；其次，对一类特殊的高水平科技创新团队中学生的科研学习经历进行理论分析，提出了本土化的解释性概念，具有理论上的创新性；最后，使用问卷调查数据，全面地呈现和分析了当前大学生科研学习投入的水平和特点。

第五章专门探讨本科生科研学习的收获。首先，对本科生科研学习收获的研究文献进行了方法和内容上的细致梳理，使得后续的研究建立在坚实的知识基础上；其次，对中国大学本科生科研学习收获进行开放性、探索性研究，得到了知识、能力、专业社会化、未来职业发展等五个方面的收获内容；再次，以研究文献和本土的质性探索为基础编制了本科生科研学习收获的量表，对量表的信度和效度进行了严格的检验，使用问卷调查数据，全面呈现和分析了大学生科研学习收获的状况；最后，检验了科研学习投入对学习收获的影响。

第三个主题是本科生科研中的教师指导。本书第六章通过两项质性研究，描述了教师指导本科生科研的过程；提出了教师指导本科生科研的有效行为指标体系；分析了教师指导意愿的影响因素；提出了激励教师指导意愿，提升教师指导能力的对策建议。其中，对教师指导本科生科研的有效行为指标体系的构建具有创新性。

全书最后是关于本科生科研未来改革和发展的建议。

二 研究方法

针对"大学生科研学习投入对学习收获的影响"的研究问题，设计了混合研究方法。具体包括一项质性研究和一项定量研究。

(一) 质性研究的设计

虽然研究的对象是学生个体，但是学生个体的行为和表现受到学校（学院）环境的影响，因此，院校环境是抽样首先需要考虑的因素。质性研究的抽样注重目的性和强度性，在充分了解研究场域内的基本情况，以及考虑到研究者开展深度调研的可能性与方便性，最终选取了华中科技大学为研究现场（以下根据需要可简称为 H 大学）。早在 20 世纪 90 年代，H 大学在浙江大学和中国科技大学等高校的影响下，开始在少数实验班和尖子学生中推行本科生科研，早期探索为该校奠定了科研育人的传统。进入 21 世纪，H 大学提出了"主动实践"的人才培养理念，结合工程学科的优势，在工程教育领域注重通过科学和工程实践的方式培养学生的实践动手能力。2007 年该校成立了人才培养改革试验区启明学院（简称 Q 学院），不同于北京大学元培学院、复旦大学复旦学院等本科拔尖创新人才培养改革示范区注重通识教育的做法，Q 学院大力推动本科生参与科学研究，由此产生了一种极具鲜明学校特色的本科生科研参与形式——大学生科技创新团队。由于有着较好的大学生参与科研活动的传统，2006 年，H 大学被列为国家"大创"项目十所试点之一，也是首批参与的 60 所高校之一。2009 年，该校又相继入选"卓越工程师计划"。在学校自我探索和政府政策推动的合力下，该校本科生科研的理念深入人心、实践繁荣丰富。以该校作为研究现场，能极大地满足研究的需求。

在学生样本选取方面，H 大学三种本科生科研参与形式都有，其中，覆盖率最大的是"大创"项目；学生参与程度最深、精英学生参与较多的是科技创新团队形式；由于 H 大学的理科规模相对较小，参与教师科研项目的学生相对较少。学生选取的基本原则是，要包含三种科研参与形式，以便全面了解不同科研参与形式中本科生科研学习的过程。其次，要符合 H 大学本科生科研实践的现状，例如，科技创新团队是 H 大学的育人特色，在选样时要加大强度，对学生在其中的科研学习过程进行重点研究。然后，学科分布既要均衡又要集中，均衡是指理科和工科的数量均衡，H 大学理科规模小，因此以理科的抽样学科数为基准，确立工科抽样学科数；集中是指学科抽样尽量集中，有代表性即可，不用太扩散。此外，还要考虑到研究资料饱和的需求。在开放性地探索本科生科研学习收获时，为了确保没有遗漏重要的收获，需要达到资料饱和，因此需要选取较大的学生样本。基于这些考虑，最后确立的样本为参与"大创"项目学生 31 人，参与科技创新团队项目学生 24 人，以及参与教师科研项目学生 8 人。这 63 名学生分布在生物、化学、物理、机械和能源 5 个学科。

调研时间为 2014 年 3—8 月，对 63 名学生进行了一对一的面谈，访谈内容集中于学生参与科研活动的经历和收获。访谈者以开放的询问方式让受访者自由地谈论对研究经历和收获的主观感受，鼓励受访者对所谈到的经历和收获进行细致的描述和实例列举。每个访谈持续约 60—90 分钟，事后对访谈录音进行了逐字逐句的整理，并使用 Nvivo 质性数据分析软件辅助资料分析。关于信息处理和分析的方法，在后续相应章节中予以介绍。

结合研究目的，通过对资料进行编码和主题提取，最终形成了两个有价值的研究发现。一是形成了对 Q 学院科技创新团队中学生的科研学习经历的理论解释，提出了新的解释性概念"践行专业身份"，这是基于我国大学生科研学习实践提出的本土化概念，是对西方研究者提出的相关概念的补充和深化，它表明我国本科生科研实践中存在着一类极高水平的实践形式；二是形成了对大学生科研学习收获的定性认识，将科研学习收获归纳为知识运用、技能、心理和社会性收获、专业社会化以及未来职业规划 5 个方面。具体样本情况、访谈以及资料处理情况可见后文。

（二）定量研究的设计

1. 问卷编制

通过质性研究，对中国大学生的科研实践状况有了基本的把握，也能对科研学习经历和学习收获的内部构成要素进行操作性定义。以此为基础，结合国外相关经验研究文献，编制了"大学生科研参与经历与收获调查问卷"。问卷包括学生背景信息、科研参与次数、（最近一次）科研参与经历以及科研参与收获自评量表四个部分（见表1—3）。

学生背景指的是本科生在参与科研之前已经具备的个人特征，包括性别、学科、年级、生源地、成绩排名以及院校 6 个变量。科研参与次数是指总共参加过几次科研活动。科研参与经历旨在考察本科生最近一次科研参与的项目背景情况和学习投入情况，项目背景包括科研参与形式（自主申请科研项目、参与教师科研项目、参与科技创新团队项目）；科研项目类型（是否是学科交叉项目）；研究类型（基础研究、应用研究和综合研究）；以及学生担任角色（负责人、核心参与者、非核心参与者），共 4 个变量。科研学习投入情况，包括表征科研学习投入数量的 2 个变量——科研项目持续时间和平均每周投入时间，以及表征科研学习投入质量的 4 个变量——科研任务认知挑战度、与教师互动频率、与学长互动频率、与同学互动频率。科研参与收获自评量表部分旨在测量本科生参与科学研究的特定收获，包括研究能力、学术技能、社会性能力与关系、专业社会化以及职业/教育道路的选择和准备，共 5 个潜变量，每个潜变量下包含若干题目。

表1—3 问卷结构及变量

问卷结构		变量内容	变量个数
第一部分 学生背景		性别；学科；年级；生源地；成绩排名；院校	6
第二部分 科研参与次数及 （最近一次） 科研参与经历	科研参与次数	科研参与次数	1
	（最近一次） 科研项目背景	科研参与形式；项目类型 研究类型；担任角色	4
	（最近一次） 科研学习投入	科研项目持续时间；平均每周投入时间； 科研任务认知挑战度； 与教师互动频率； 与学长互动频率；与同学互动频率	6
第三部分 科研参与收获		研究能力；学术技能；社会性能力与关系； 专业社会化；职业/教育道路的选择和准备	5

2. 调查对象

基于研究可行性的考虑以及强度抽样原则，选取了华中地区五所理工类大学（以下称为 A、B、C、D、E 校）为研究现场，以参与过科学研究的理工科本科生为调查对象，调查时间为 2016 年 1 月至 2017 年 1 月。采用随机抽样方法，向五所大学发放 2000 份问卷，回收 1701 份，其中有效样本（完成项目个数≥1 个）836 个,[①] 问卷回收情况见表 1—4，有效样本情况见第四章第五节表 4—2。

表1—4 问卷发放与回收情况

	A 校	B 校	C 校	D 校	E 校	合计
发放问卷	500	400	300	600	200	2000
回收问卷	458	318	240	515	170	1701
有效问卷	300	173	82	213	68	836

---

① 依据研究目的，被调查对象须是至少有一次完整科研经历的大学生。但在实际调查中，很难精确地掌握不同科研参与形式中学生的研究进度情况。问卷回收后，对只参加过一个研究项目并且尚未完成的样本予以剔除，剩余的至少有一次完整科研经历的学生叫作有效样本。有多个完整科研经历的学生，在科研学习投入部分，则以最近一次科研参与经历作答。

3. 开展的数据分析

第一，全方位多角度地分析大学生的科研参与经历：对大学生从事的科研项目特点和科研学习投入状况进行描述统计；对不同群组大学生科研学习投入水平进行差异分析；对不同科研参与形式大学生的科研学习投入进行差异分析。详细分析结果见第四章第五节。

第二，测量大学生科研学习收获的水平：对科研学习收获量表进行信度和效度检验；对大学生科研学习收获进行描述性统计；对不同群组大学生的科研学习收获水平进行差异分析。详细结果见第五章第三节。

第三，检验大学生科研学习投入 6 个变量对学习收获 5 个因子的显著正向影响：对科研学习投入 6 个变量和科研学习收获 5 个因子进行相关分析；采用阶层回归分析探究科研学习投入 6 个变量对学习收获 5 个因子的解释力。详细结果见第五章第三节。

关于"本科生科研中教师有效指导行为"的研究，采取了质性研究方法——德尔菲专家调查法。该方法的设计和开展，将在第六章第三节予以详细介绍。此外，采用了质性研究方法对"教师指导意愿的影响因素"进行研究，第六章第四节介绍了此方法的设计和开展。

以上是关于全书中经验研究（empirical study）所使用方法的说明。除了经验研究之外，本书还对本科生科研的发展进行了历史的、国际视野的研究，这些工作在资料上依赖于文献，在方法上则归于作者个人的逻辑分析和推理。

第二章

本科生科研的兴起:从德国到美国

将科学研究引入大学、引入教学和人才培养中，始于 19 世纪初期的德国大学，掀起本科生科研的高潮，将本科生科研作为本科教育改革的重要举措全力推行的，当属今日的美国大学。本章梳理了本科生科研的思想起源，及其在美国大学的发展历程和基本模式，以提供一个理解本科生科研的国际视角。

第一节 来自德国的传统:将科学研究引入教学

一 德国大学:"教学—科研"育人模式的诞生

大学起源于欧洲中世纪，中世纪大学是理性复苏的产物，象征着人类对高深知识的追求。中世纪大学出现的直接原因是当时城市的兴起，商业社会需要大量掌握了高深知识的牧师、律师和医生等专业性人才，大学成为培养专门人才的机构。从 11 世纪初第一所大学萨莱诺大学（University of Salerno）诞生到 18 世纪末长达 700 年的时间里，大学的职能就是人才培养。这期间，大学中有没有科学研究？少数学者自发进行的学术研究是存在的，如在神学、哲学、法学、语言文学领域；自然科学尚未从哲学中分化出来成为独立的知识领域，也没有进入大学的课程；医学是个例外，医学实践不可避免地会与研究相连，可医学教师并没有将之视为本职工作。可见，当时大学中有学者个体的研究活动，但大学没有研究的制度和职能。

科学研究成为大学的职能是 19 世纪初德国柏林大学开创的历史。1809 年，洪堡以新人文主义思想为指导创办了柏林大学，柏林大学不同于以往大学的地方在于，洪堡提出将科学研究引入大学，并确立"科研与教学相统一"的原则。洪堡认为"高等学校的一个独特特征是，它们把科学和学问设想为处理最终无穷无尽的任务——它们从事一个不停的探究过程。低层次的教育提出一批封闭的和既定的知识。在高层次，教师和学生之间的关系不同于低层次教师和学生之间的关系。在高层次，教师不是为了学生而存在；教师和学生都有正当理由共同探究知识"（刘宝存，1987）。洪堡把创造新知识看成是高等教育的特征，并且创造知识的过程是教师和学生共同探究的过程。这一认知既超越了以往对大学职能的认知，将创造知识（科学研究）纳入大学的职能，使古老的大学迸发了新的活力，又清晰的界定了科学研究和人才培养之间的关系——今天广受争议的"科研和教学相分离""重科研、轻教学"现象需要重新回到洪堡原则进行认识——大学教师从事科研，以便教师能不断地利用最新研究成果更新教学内容；学生应该参加科研活动，学生在科研活动中能更有效的学习，基于此，大学成为探究的场所，教师和学生成了探究的伙伴。可见，洪堡将科研引入大学的出发点是把科研看成是人才培养的重要手段，通过科研来使高等教育真正成为高层次的教育。

此外，不得不提的是，作为新人文主义的代表人物，洪堡特别关注人的发展，他强调通过科研能培养出发展德国文化的理智和精神都得到全面发展的人。洪堡的理想可总结为四个而非一个方面：它不仅把科研和教学联合起来，而且"通过哲学把各种经验科学联合起来，把科学和普通教养统一起来，把科学和普遍的启蒙结合起来"（伯顿·克拉克，2011：20）。洪堡所主张的科研为人才培养服务，具体来说是"由科学达至修养"，而能服务于修养的科学不是经验科学，而是统摄经验科学的"纯粹学术"，即哲学。

德国大学随后的发展抛弃了洪堡的人文主义和启蒙理想，朝着不断专门化的科学知识方向前进，但是，洪堡提倡的探究模式得到了发扬光大。德国大学建立起两种教学与科研相结合的制度形式，分别是教学—科研实验室（teaching - research laboratory），以及教学—科研研讨班

(teaching – research seminar)。实验室最初的建立并非从宏大的理想和周密的计划中产生，而是不断在体制边缘挣扎出现。以当时第一个实验室——由著名化学家尤斯图斯·利比希（Justus Liebig）领导的吉森实验室为例。尤斯图斯·利比希曾多次向吉森大学（University of Giessen）祈求建立一个化学药物研究所，但由于洪堡理念支配着整个德国高等教育，学校并不支持他训练专业技能人员的行为。尤斯图斯·利比希没有妥协，得不到学校的支持，他只能以私人行为来创建新实验室。1826 年，他尝试把讲课集中在夏季学期，然后把整个冬季学期用于新实验室的实习工作。随着科研兴趣的深入，他开始给学生布置科研问题，培训学生利用他发明的仪器进行比常规方法快速多倍的化学分析。实验室的研究力量逐渐积累，学生的科研训练变得标准化，学生开始学会基于自身兴趣和能力提出问题，并利用已有的仪器分析解决问题（伯顿·克拉克，2011：26）。实验室方式使教师和学生成了一个科研共同体，这是当时那些单兵作战的科学家所无法竞争的。德国模式的大学实验室成了"从讲课掌握科学的基本原理转向从实际经验学习科学语言的地方"（伯顿·克拉克，2011：27）。

另一种培养和训练学生科研能力的形式是研讨班。中世纪大学中已经有了研讨班形式，它从教授和学生的非正式集会发展而来，以教授和学生之间的对话取代了讲演课的独白，有助于改变教学中学生的被动地位。在德国，当教授们开始从事近代科学研究时，传统的研讨班被用来集中学习科研方法。1834 年，弗朗兹·诺依曼（Franz Neumann）在柯尼斯堡建立了数学—物理研讨班。以前，物理教学主要以教科书和讲演课为基础，现在，教学必须包括对测量技术的操作性实习、集体讨论问题和开发新仪器做实验。弗朗兹·诺依曼"没有预料到学生开展有独创性的调查研究的道路，可以通过指定家庭作业问题和学生共同进行日常测量练习来实现"。学生每周有一次集会，对教授指定的作业问题进行圆桌讨论，然后在教授的"教学实验室"重新集合，进行测量练习，有时还用到他们自己设计的仪表，然后下周再回到圆桌讨论（伯顿·克拉克，2011：28）。

利比希实验室和诺依曼研讨班是德国科学发展中的经典案例和有效

模式，它们在德国大学系统中扩散，成了实现教学和科研相统一的强有力的基层单位。在这些最新的推动科学发展和促进人才培养的制度中，可以看到，学生不仅是接受知识和科学训练的人，同时也是科研活动的开展者、知识的创造者。19世纪德国大学的创新体现在使教育从"依靠教科文本进行教学和学习，缓慢地首先演进到可以改变内容的讲演；然后演进到论坛、学生和教授的小型集会，对批评性的讨论和学生的主动性更加开放；然后演进到研讨班、实验室和研究所……探究既是一个教学的模式，又是一个学习的模式"（伯顿·克拉克，2011：31）。直到19世纪70年代，德国大学是全世界学生能获得如何进行科学研究的唯一大学（伯顿·克拉克，2011：20）。英、美、日等国的学者蜂拥而至，寻求探究知识的前沿工作方法，在他们回国后，试图把科研的成分移植到各自的高等教育系统中。这种移植最为成功的当属美国人，以丹尼尔·吉尔曼（Daniel Gilman）为代表的美国人将洪堡理念充分注入美国高等教育系统的改造中，创办了新的研究生院制度，将"科研—教学—学习联结体"上移至一个更高的大学层次，在那里重新设计了一种教学和科研相结合的方式。

二　"教学—科研"育人模式的移植

19世纪上半叶，统治美国高等教育的英式学院遭到了有改革思想的学者的激烈批评：被古典课程支配的美国学院已经没落为"替代父母"的训导角色，无法满足个人和社会发展的实际需求；美国必须要设计出一种不同于传统的大学形式以供人们进行知识探究，提高美国的文化地位。最初进行的改革尝试是在学院内部设置学系，增加新兴的科学学科，招揽在德国接受过科学训练的教师。遗憾的是这种横向添加的改革没能打破学院的封闭性，高级研究不能和希腊文、拉丁文的教学安排在一起。既然现有的制度不能容纳科学研究，就必须创造出新的制度来实现，这种新的制度就是在大学本科学院上面设置研究生院，形成立式大学的双层结构。1876年，两次赴德学习的丹尼尔·吉尔曼经过极大的努力，创办了约翰·霍普金斯大学。这是一所包括本科学院和研究生院的新型教育机构，在研究生院中强调科学研究的中心地位和重要性，并围绕科研活动展开研究生的教学和训练，从而在研究生院中践行洪堡的"教学和科研相统一"的理念。此外，为了更好地发展本科教育，丹尼尔·吉尔曼提出了一系列改革本科教育的措施，其中最有意义的是设置"学习小组"。在"学习小组"中安排了"七个本科学习混合课程模块"，在这些课程模块中除了传统的古典语言学、数学、哲学以外，还有现代自然科学科目，如物理、化学、心理学以及历史、伦理学等。通过课程的调整，传统本科阶段的自由教育添加了面向专业和未来职业的色彩。随后，老牌学院如耶鲁、哈佛、宾夕法尼亚大学等都进行了相应的改革，这在美国高等教育史上被称为"大学化运动"，在约翰·霍普金斯大学的领头下，美国的传统学院完成了向现代大学的转型。布鲁贝克（Brubacher, 1976：100）认为，19世纪中叶以后美国高等教育的重建，主要表现在两个方面：第一是试图在大学结构上形成垂直的发展，如创办侧重研究生院的约翰·霍普金斯大学；第二是有关学院的水平发展，主要通过拓宽课程的广度来实现，具体而言就是引入选修制。毫无疑问，在这两个方面，德国的影响都是决定性的。

美国大学在创造性地引入"教学与科研相统一"的德国传统时，成功创建了迄今为止引领全世界大学发展方向的一种大学形态——研究型大学。但是，在研究型大学中，把科研—教学—学习联结体从本科教育上移到研究生教育，其实潜伏着更大的矛盾冲突。大学双层结构的设计塑造了美国研究型大学忽视本科教育的内在特性。双层结构意味着大学需要建立两套教师班子，一套服务于本科生阶段，一套服务于研究生阶段；或者只设立一套教师班子，教师同时在两个阶段任教。前者的结果是本科生教师被视为较低级的教师，甚至二等教师，最终促使优秀的教师离开本科生阶段而进入研究生阶段；后者导致的结果是教师把更多的精力放在科研上，让研究生代替自己教本科生。美国研究型大学一般采取后一种形式，这种形式在第二次世界大战以后被普遍质疑，大学提取本科生的教学资源补贴科学研究，以及教授因投入科研而忽视本科生教学，基于此引发了教学与科研关系的持久争论。

第二节 美国大学本科生科研的
兴起和发展

经过"大学化运动"的改造，到 19 世纪末 20 世纪初，美国多样化的大学系统已经显露雏形，其中有代表性和有影响力的大学类型是研究型大学和精英文理学院，它们都从英式殖民地学院演化而来，与之根本性的区别在于用现代知识体系取代了古典自由知识，尤其是现代科学知识在大学中的生产与传播。如前所述，美国研究型大学重视科研和研究生培养，它的起源中已埋下了忽视本科教育的隐忧，而精英文理学院的特点恰恰在于注重和提供高质量的本科生教育。纵观美国大学中本科生科研的发展历程，大致可以分为三个阶段：第一个阶段是 19 世纪末至 20 世纪 40 年代，这是本科生科研在自然科学领域人才培养的草根生长时期；第二个阶段是第二次世界大战后至 20 世纪 80 年代，文理学院从教师专业化发展角度出发，力推教师指导下的本科生科研模式；第三个阶段是 20 世纪 90 年代以来，本科生科研作为一项教育改革实践被政策制定者所关注，尤其是研究型大学成为践行本科生科研的主力，2000 年后则是对本科生科研进行评估和研究的时代。

一 本科生科研的开端和草根生长期

在德国大学的影响下，从 19 世纪中期开始，美国大学先后设立了理学和工程学科，传授现代科学知识，并且引入了德国大学盛行的实验室和研讨班的教学方式。19 世纪下半叶约翰·霍普金斯大学掀起了创办研究生院的浪潮，使得科研—教学—学习联结体从本科教育上移到了研究生教育，而在本科生阶段，科研的作用被普遍忽视。尽管整体的情况大致如此，但在某些自然科学领域，基于学科特性所要求的人才培养的实践性，学生参与科研实践活动在草根地生长，这种生长是教师或者学系层面的活动，与大学的整体安排无关。

当时，医学是一个十分繁荣和活跃的领域。1896 年，宾夕法尼亚大学医学专业本科生以美国医学学会为模板，创建了本科生医学学会，该组织计划每年举办一次大型学术会议，学生在会议上发布原创性论文。会议取得了较好的效果，一些大四毕业生将他们在大三下学期参与科研活动的结果进行了发布。但是，由于当时的专业课程设置僵化，学生往往没有多余的时间参加科研训练，课程挤占科研实践的状况影响了本科生医学学会的活动开展。为了改善此种状况，本科生医学学会研究委员会主席德林克（Drink，1912）对25所知名医学院中的本科生科研情况进行了调查，其调查对象是这些学院的院长。德林克指出，"当前，研究生的研究受到了各种支持，而本科生却被限制在日常的课程中，被剥夺了参与真实科研的机会"。医学专业的学生"有权知晓研究包括哪些基本概念"，但是"在固定时间里做固定的实验只是一种机械的练习，并不能体现研究人员工作的本性"。

德林克调查了哈佛大学、耶鲁大学、约翰·霍普金斯大学、康奈尔大学、加利福尼亚大学、密歇根大学、奥尔巴尼医学院、拉什医学院、杰斐逊医学院等25所大学医学院或独立医学院，其中有17所为本科生提供了参与科研活动的机会；在这17所医学院中，只有1所大学允许学生因参加科研活动而免除课程，有9所能为大三和大四的学生提供连续的从事科研活动的时间。在如何挑选学生参加科研活动的问题上，比较盛行的标准是衡量学生申请参与的理由，其中，是否具有坚持不懈的态度是重要标准，当然，只有极少数的学生有机会参与到实验室研究中。

作为本科生科研的支持者，德林克认为在做研究中，学生必须要既会"想象"，又具有"高度的科学精确性"。学生学习到"将问题置于工作基础之上的困难"，并经历"认识上的觉醒"，这对"医学实践者"和"医学研究者"同等重要。做研究可以帮助学生选择从事科研工作，同时从科研中学到的批判性思维能力也可以转移到其他的领域。被调查的一位院长写道，"我们都相信科研的价值，否则我们就不会支持做科研了。我猜想，并不是为了研究结果的价值，而是在于对学生进行教育的意义，我们也由此相信能够从接受过科研训练的学生中挑选出医学研究工作的接班人"。随后的报告指出"1912年以来医学领域本科生科研的机会有极大的增长"（Starr，et al.，1919）。

除了医学，其他自然科学领域也存在着由教师或学院支持的本科生科研活动。例如，加州理工学院（简称 CIT）本科生科研项目可以追溯到 1920 年，当时它的化学系系主任亚瑟·诺伊斯（Arthur Noyes）靠与两名本科生一起发表文章获得了终身教职，后来这两名学生都成了诺贝尔奖得主（McMillan & Pauling, 1927）。

综上，美国大学的本科生科研始于自然科学领域尤其是医学、化学专业人才培养的内在需求，它由这些专业的教师和学生自行推动，但并未被纳入学校的正式人才培养制度中，并且在与正式制度——课程的时间斗争中艰难生长。

二　文理学院领导的本科生科研

第二次世界大战后，美国成为世界上最强大的国家，它与苏联之间的对立引发了激烈的军备竞争。为了在竞争中获胜，美国在军事研究领域投入了巨额的经费，这些经费极大地刺激了研究型大学科研的发展。早在"一战"期间，美国大学就开始开展与军事有关的研究，此时，大学更是全面地参与军事研究。例如，国防部研究委员会在雷达研究上耗资 15 亿美元，大部分资金划拨到麻省理工学院（简称 MIT）；美国陆军工程兵团在原子弹研制上花费 20 亿美元，主要是大学科学家参与（亚瑟·科恩，2010：159）。除了得到联邦政策的支持，大学还获得了工业界的资助，因为企业家越来越感受到生产力的提高要依靠科学技术，而大学科研所产生的实际效果更证实了企业家的想法，如整个电子产业伴随着大学电气工程研究而发展起来。在政府和企业经费的支持下，大学的科研进入前所未有的繁荣期。显然在这个时期，以研究为主要任务的研究型大学迅速发展，获得了极大的声望。

科研的繁荣为研究型大学带来了资源和声望，但是与研究距离较远的本科生教育并没有得到实质性的好处，相反，向教师提供研究资助，促使教师将精力更多地投向研究而远离教学，使得"重科研、轻教学"的问题进一步显现。尽管从整体形势来看，研究型大学比较忽视本科生教育，但是一些科研经费充裕的大学开始把科研活动引入本科生培养中。莫科尔（Merkel, 2001）的研究指出 1969 年 MIT 开始推行组织化的本科生科研。学校创立了"本科生研究机会计划"（Undergraduate Research

Opportunities Program，UROP），该计划为本科生提供参加科研活动的机会，本科生从入学起就可以申请参加教师的研究项目，也可以自行设计项目请教师指导。同时，学校设立 UROP 管理办公室，负责组织、资助和管理全校的本科生科研活动。学生与教师确定研究项目后，将计划上报管理办公室，获批后学生得到资助或学分。如此，本科生科研活动就从自发的个人行为演变为学校资助和管理下的实践教学环节。1979 年，CIT 效仿 MIT，创立了"暑期本科生科研奖学金"（Caltech's Summer Undergraduate Research Fellowships，SURF）。鉴于本科生科研为学生发展和教师工作带来的益处，有更多的大学开始以 MIT 和 CIT 为蓝本推行本科生科研活动。

除了研究型大学开始零星推行本科生科研外，这段时期本科生科研在文理学院中有较大的发展。这里的文理学院特指布伦曼（Breneman，1994：10）所界定的小型私立寄宿制学院（在校学生人数少于 2500 人）。与研究型大学重视科研忽视本科生教育相比，文理学院通常只有本科教育，它特别注重本科教学，是美国高等教育系统中本科教育的标杆。"对研究和教学都很重视的学校就是文理学院，学校在学生的教学方面的投入是普通学校的两倍，在学生服务方面的投入比普通学校多 50%；学校经常开展各种体育活动，促进师生之间的交流，具有很强的人文学科课程，注重培养学生的写作能力以及鼓励学生参与教授的研究，教师关心学生，并且乐于在专业期刊上发表论文"（Astin & Chang，1995）。虽然文理学院没有研究生教育，但是它并非没有研究，它真正做到了"科研和教学相统一"，统一在本科人才培养上。

文理学院建立起学生普遍参与教师的研究、师生形成研究共同体的模式有其发展过程和推动因素。最早，文理学院中化学、生物等学科的教师基于学科知识传授的特性，支持学生从事科学研究。不仅如此，还有教师认为参加科学研究有助于发展学生的知识本质观，因此本科生科研是通识教育的重要组成部分。"化学专业本科生科研是公民通识教育的重要组成部分，尤其是对那些并不从事化学专业及相关领域的工作的人来说。我认为不论一个人的职业是什么，从事哪一个专业的工作，甚至是家庭主妇，一个良好的研究经历对他们来说都非常重要，因为参与知识探究过程，能发展出关于知识是什么、知识从哪里来，以及'真理'的本质是什么的意识"（Bunnett，1984）。

早期个别学院和教师的个体性行动演变成院校行动的转折发生在1959年。那年，在美国科学基金会（National Science Foundation，NSF）的支持下，美国化学学会（American Chemical Association，ACA）在伍斯特召开了"文理学院的教学和研究"会议。与会者对科学研究究竟是适合于本科学院的活动，还是一件费时费钱并夺取了教师们教学时间和精力的事情，展开了激烈的争论。参会者最后达成了共识，"研究有助于教学"，"围绕研究与教师的互动有助于激发学生对化学的兴趣以及继续从事研究工作的愿望"（Spencer，1981）。伍斯特会议统一了思想，文理学院的教育者们认识到科研对于教育的价值，更坚定地把科研作为一种育人方式来普遍推行。校园中，教师和学生组成研究小组，共同提出研究问题、设计研究方案、开展实验、分析数据、撰写研究报告和论文。在学校和教师看来，研究对学生发展的价值远远大于对教师和学校的利益。

后来冷战期间，基于军备竞赛由研究型大学掀起的科研浪潮对文理学院产生了很大的冲击和影响，最主要的问题反映在教师的专业发展上。因为研究型大学中逐渐出现了一批不断发布最新研究成果、被同行赞誉和公众追捧的"科学家"，他们身上的光环是整日埋身于课堂的教书匠所不能比拟的。显然"科学家"的成功和发达塑造出一种风向标——教师工作的声望靠研究获得。

当文理学院教师普遍意识到科学研究对教师专业发展的重要性时，他们只能就地取材，将已经存在的师生共同研究的本科生科研模式发扬光大。1978年，文理学院的一群化学家在化学学会的支持下成立了本科生科研理事会（Council on Undergraduate Research，CUR）。CUR的宗旨是"支持和提升高质量的本科生—教师合作性研究和学术"，CUR坚信"为了提高教学和对社会的贡献，高校教师需要积极从事科研，并将学生纳入研究活动中"。围绕这一理念，CUR开展的工作包括筹集资金支持教师及本科生的研究，出版有关资助、管理、指导和评估本科生科研项目的刊物，对希望开展本科生科研的学校进行指导等。

至此，文理学院中的本科生科研不只是一种人才培养方式，更是教师开展科研的形式。教师通过研究才能跟上学术前沿，保持学科专业性，更新教学内容，为院系争取声望。本科生科研成为了联结学生、教师和院系三方利益的实践行动，它必然会走向繁荣。

不仅如此，在历史进程中，文理学院推行的本科生科研成为了促进美国科学教育的重要举措。1983 年 4 月，美国高质量教育委员会发表了《国家处在危险中：教育改革势在必行》的报告，掀起了自苏联人造卫星上天后全美教育改革浪潮。虽然报告主要针对基础教育存在的问题，但是引起了学界对高等教育问题的关注：美国现有高等教育不能满足需求，要对教学和学习模式进行创新，以适应知识发展、课程需求增多、教师压力加大以及学生人口多样化等新状况；此外，美国高等教育还出现了自然科学专业受学生排斥的突出问题，这将直接影响到美国的科技竞争力，科学教育急需应对举措。当时，各种报告和会议在美国掀起了本科教育改革的研讨热潮。文理学院迅速把握时代的需求，为本科生科研育人模式注入了新的使命，即推动学生选择科学专业、从事科学工作以及追求博士学位。后来在奥柏林学院（College of Oberlin）召开的大学校长研讨会上，文理学院推行的学生和教师合作研究的模式被视为是科学教育的有效模式而得到进一步推广。

接下来列举几个文理学院推动本科生科研的实例。加利福尼亚州的哈维玛德学院（Harvey Mudd College，HMC）是一所小型的私立文理学院，它在数学、科学和工程教育方面享有盛誉。学院非常注重为本科生提供参与科研的机会，并宣称"让本科生享受研究生待遇"。为了支撑本科生科研，学院特意与产业界建立紧密联系，从中获得资源。1963年，学院创办了实习项目（Clinic Program），学生在业界的资助下参与到真实问题研究中。每年，HMC 都举办"展示日"，让学生展示在实习项目和其他科研活动中取得的研究成果。学院还创办了一份多学科的杂志《界面》，介绍和宣传本科生开展的科研项目。2005 年，HMC 新创办了国际实习项目（Global Clinic Program，GCP），HMC 的学生可以与来自其他国家的学生一起组建研究团队，开展合作研究。参与 GCP 的学生会得到集中的语言和文化学习指导，帮助他们做好与来自不同地区和文化的学生合作的准备。爱荷华州的格林内尔学院（Grinnell College）

也以注重本科生科研而著称。学院创建了教师指导下的高级研究项目（Mentored Advanced Project，MAP）来支持学生与教师合作开展研究和创新活动。MAP 可以在学期中开展，也可以在暑期内执行。学院为学生提供了大量的关于学术汇报和成果交流的信息，并为学生赴校外参与学术活动提供经费支持。南加州的沃福德学院（Wofford College）用外部机构资助的经费创办了一个为期 10 周的暑期科研项目，每年约有 20 名来自不同学科的学生能在教师的指导下开展研究。参与过该项目的学生构成了一个学生学者共同体，有助于培养学生的批判性思维以及发展生生之间交流学术思想的文化。在项目开展期间，学生在每周固定的午餐会和晚餐会上汇报各自的研究进展，在项目结束后的秋季学期中，学生将就自己的研究结果进行公开汇报。

随着人们逐渐认识到本科生科研对于提高科学教育质量的重要性，一些基金会和专业性组织开始资助本科生科研。

1988 年，NSF 创立了"本科生科研经历计划"（Research Experiences for Undergraduates，REU），为学生参与教师的科研项目提供支持。REU 一般采用实地资助的形式，支持一批学生（8—10 名）参与 NSF 感兴趣的科学领域的项目。在 2001 年，它大约资助了 32000 名学生。此外，REU 还通过对教师获得的科研基金进行追加来资助本科生科研。目前，美国科学基金会已经形成了惠及学生和高校的资助本科生科研的传统。私人基金在推进本科生科研方面也扮演了重要的角色。1987 年，霍华德·休斯医学研究所（The Howard Hughes Medical Institute，HHMI）设立奖学金以推进与生物医学相关的科学教育。此后两年间，该机构向 51 所大学提供了 6100 万美元以帮助这些大学改进本科科学教育，鼓励学生毕业后从事生物医学和相关学科（包括化学、物理和数学）的研究和教学工作。阿诺德与梅布尔·贝克曼基金会（Arnold and Mabel Beckman Foundation）设立了旨在促进"高天赋"本科生深度参与生物和化学领域科研活动的项目。该基金会提供了丰厚的资金，资助学生加入长时段的、系统的研究课题，以区别于其他本科生科研项目通常资助为期 8—10 周的活动。

本科生科研除了得到更多的资源支持外，全国性的本科生科研合作组织的工作也在向纵深发展。在创建的前二十年间，CUR 的活动只针对本科院校中的科学、数学和工程学科的教师与管理人员，先后成立了生物、化学、地质学、物理学、天文学、数学和心理学七个分会。进入 21 世纪后，随着高校本科生科研实践的进一步发展，CUR 成立了社会科学、人文科学和艺术学分会。迄今为止，它成为了囊括来自 650 多所院校所有学科的 10000 多名会员的全美性组织。① 除了 CUR，美国另一个全国性的本科生科研交流组织也发挥了重要作用。1987 年，首届全国本科生科研大会（National Conference on Undergraduate Research，NCUR）在北卡罗来纳大学阿士维尔分校（University of North Carolina at Asheville）召开，吸引了全美高校 500 多名学生、教师和管理者参加。NCUR 对所有学科的学生开放，后来它逐渐演变成了一个非营利性机构，除了举办全国性的本科生科研交流会议外，还注重为跨学科的本科生科研活动提供资助。2010 年 10 月 1 日，CUR 和 NCUR 两个组织正式合并，确切说是 NCUR 并入了 CUR 中，NCUR 的活动重点——每年举办全国性本科生科研成果交流会议，成了新 CUR 的一个重要项目。

三 研究型大学的本科教育改革：力推本科生科研

20 世纪 80 年代以来掀起的教育改革浪潮中，以文理学院为首的四年制本科院校积极行动，而研究型大学对此的回应十分缓慢。直到 20 世纪 90 年代中期，研究型大学才真正开始改革本科教育，试图去改变遗留了一个世纪的"分裂的教学和科研"问题。在这场延续至今的改革行动中，本科生科研作为教学和科研的联结体，受到了极大的推崇。

1995 年，受卡耐基教学促进基金会的资助，美国成立了研究型大学本科教育全国委员会，后更名为博耶研究型大学本科教育委员会（以下简称为博耶委员会）。1998 年，该委员会发表了名为《重建本科生教育：美国研究型大学发展蓝图》的报告。报告中指出研究型大学本科教育变革的基本方向是"研究型大学要能够给予学生其他教育机构所不能给予的广泛的经验和能力，一种真正的、有价值的研究经历，它们应该使毕

---

① See http://www.cur.org/about_cur/fact_sheet/，2016.1.30.

业生踏上通向成熟学者之路，积累并熟练掌握本领域的技术和方法，为专业生活或研究生教育做好准备。研究型大学有独特的能力和资源，有责任担负起武装它们的毕业生成为具有特别创造力的人的重任"（博耶研究型大学本科生教育委员会，2000）。据此，报告中提出了十项改革举措，其中第一项就是"确立以研究为基础的学习"："在研究型大学中，要由那些既传递知识，又发现、创造、应用知识的人来指导学生，要将本科生从接受者转为探究者，每门课程都应给学生提供通过探索获得成功的机会。""学者型教师应将其科研场所也视为研讨教室，在这里，研究生和本科生都参与探索和知识交流的过程，实践他们的技能，并帮助别人。这一模式是合作性，而不是竞争性的"（博耶研究型大学本科生教育委员会，2000）。

博耶报告所确立的"基于研究的学习"在实践中通过两条路径实施，一是课程教学创新，通过引入基于问题的教学、合作学习等教学方法，改变传统的讲授法，引导学生从被动接受知识的学习转变为主动探究的学习；二是推进学生参与科学研究和创新活动，让学生在科学研究过程中通过创造知识来学习。这种基于研究的学习也是为学生未来的学术生活做准备，背后暗含着研究型大学本科人才培养的期望——引导本科生追求学术，有志于成为研究工作者。

博耶报告出台之后，对研究型大学的本科教育改革产生了极大的影响，许多研究型大学成立了本科教育改革机构，探索和实施改革措施。2000年，博耶委员会主席在其所在的纽约州立大学斯多尼布鲁克分校成立了斯多尼布鲁克重建中心（Reinvention Center at Stony Brook），专门负责贯彻博耶报告的精神，推进美国研究型大学本科教育改革。2001年，该中心对123所研究型大学本科教育改革情况进行了调查，91所（74%）学校做了回答。此外，该中心还对40所大学的学术事务管理人员进行了深度访谈，以及对参与区域性工作会议的200名教师和行政人员进行了焦点问题的调查（Katkin，2003）。通过中心的调查数据，能窥见研究型大学推行本科生科研的情况。

调查结果显示，在所有的改革举措中，本科生科研和创新活动是最能引起教师和管理者共鸣的，他们认为近年来教学改革最主要的行动就是不断推进本科生科研，给予更多本科生参与科研和创新活动的机会。在接受调查的 91 所研究型大学中，有 7 所对所有毕业生有参与科研活动的要求，其中 5 所要求在教师指导下开展独立的研究活动，2 所要求在课程中开展科研活动；另外，16% 的学校中有 75% 的本科生参加了科研；26% 的学校吸纳了约 50% 的本科生参与科研。

为了推进本科生科研的开展，大学注重本科生科研的领导与组织管理工作。有 54 所大学设立了校级本科生科研指导办公室，占被调查总数的 60%，其中有 19 所大学（35.2%）实行校级本科生科研办公室集中管理的形式，如华盛顿大学、加州大学伯克利分校、麻省理工学院、斯坦福大学等。校级本科生科研办公室集中负责制定全校本科生科研活动的政策和规定，统筹经费管理、科研项目审批、效果评估、学分管理，以及协调相关事务等。另外 35 所大学实行松散的校级管理，校级机构只负责发放信息和展示成果，政策制定和经费管理由院系负责。还有 33% 的大学只建立了院（系）级指导办公室，只有 7% 的院校没有设立正式的管理机构或组织。此外，大学还注重为本科生科研筹措经费，这段时期内，用于本科生科研的经费有大幅度的增长。

尽管各校在吸纳本科生参与科研上取得了显著的成效，但如何让更多的学生有机会参与仍然是摆在眼前的首要问题。2001 年的调查数据显示，近 50% 的院校中，学生的参与率只有 25%，9% 的院校由于缺乏数据记录而无法回答该问题。另外，学科之间的机会不均等也是非常明显的局限。62% 的院校中，实验科学学科学生的参与率达到 50% 甚至更多；44% 的院校中工程学科学生参与率能达到 50% 以上；而人文和社会科学学科中，参与者的比例大大降低，只有 25% 的院校的参与率达到一半，49% 的院校未达到这一比例，25% 的院校因缺乏数据记录而无法回答。人文学科也得到相似的答案，21% 的院校参与率能达到一半，52% 的院校未达到这一比例，27% 的院校无法回答。提升本科生科研参与率面临着人力资源和资金短缺的困难。本科生科研中很重要的构成要素是教师指导，尽管博耶报告中提出了 "改革教师奖励制度" "在晋升职称和续聘决策中承认良好的本科教学和良好研究之间的关系" "对优秀教学、参与跨学科教学和突出的科研导师进行永久性加薪"（博耶研究型大学本科生教育委员会，2000），但是教师的数量以及教师能付出的时间难以支撑庞大的本科生科研规模，因此，研究型大学正在探索开发新的导师资源，包括博士后、有基础的研究生，以及经过训练的技术人员等，都能够担任本科生科研的指导教师。

下面将粗略地描述三所具有代表性的研究型大学实施本科生科研的基本制度和情况，以增进对美国研究型大学本科生科研实践的经验性理解。

MIT。前文提到，1969年，负责本科教学的院长玛格丽特·麦克维卡（Margaret MacVicar）在校长保罗·格雷（Paul Gray）的支持下，最早提出了校级层面有组织的本科生科研项目UROP，它成为其他大学竞相模仿的蓝本。成立之初，UROP的主要目标是为本科生科研给予资金支持，后来发展成为全校本科生科研活动的统筹项目。任何学生都可以申请UROP，通常，学生在新生年第一学期就开始寻求科研机会，他们或加入教师的研究项目，或者自己设计项目寻找合适的指导教师。学生可以在学期内或者暑期开展研究工作，他们将获得报酬或学分，也有学生志愿参加研究项目，既不是为了报酬也不是为了学分。

每年约有1800名学生参加到UROP中，在MIT的本科毕业生中80%的学生至少参加过一次UROP，50%的学生参加过二次以上，如果继续参加科研项目，学生往往会选择更具有挑战性的工作。20%的学生会以作者或共同作者的身份发表论文，这充分说明了学生所开展的研究工作的水平以及他们对知识的贡献。教师们也对UROP有极大的热情，每年约有超过45%的教师参加到指导工作中，1998年，教师更是从自己的研究资金中拿出500万美元作为UROP参与者的工资（刘存利等，2006）。

UROP的成功离不开管理者的制度设计和科学管理。管理者向全体学生发布科研项目信息，并对申请过程进行严格把控。学生提交研究计划和预算，管理者甚至负责在学生和指导教师之间沟通项目目标，提出学生的小时工资建议。在项目结束时，学生需要提供经历反馈，包括个人收获、遇到的挑战、接受指导的程度，以及将来的合作意愿等；同时教师也需要对学生的表现进行评估，包括工作态度和对研究团队所做出的贡献，并表达将来的合作意愿等。该评估不仅是一个反思过程，而且作为监督机制，促使学生主动学习的同时也督促教师认真负责地对待指导工作（李正等，2009）。

MIT 于 1993 年创建起"科研导师项目"，即让参加过 UROP 经验丰富的高年级学生帮助和辅导 UROP 的新生，并且实施了利用 1 月份假期进行科研的"独立活动期计划"（Independent Activities Period）。每年的 1 月 4 日到 29 日这四个星期里，学生们可自由安排自己的学习日程，开展独立的课题研究或做一些在学期内感兴趣却无暇顾及的研究项目。这种设计既能帮助低年级本科生有效地获得指导，又能给予高年级学生指导他人的经验。

CIT。CIT 是一所小型私立研究型大学，包括 6 个学院，约 900 名本科生，1100 名研究生，350 名教师。学院具有浓厚的本科生科研文化氛围，学生参与科研的途径众多，例如，学校设置了科研学分，教师也能花钱聘请学生进入实验室工作，甚至博士后、研究生和其他研究人员可以刊登广告，聘请本科生开展研究工作，为此学校还专门出版了《本科生科研手册》，方便雇主发布相关广告信息。2001 年的调查数据表明，约 60% 的毕业生汇报自己有科研经历。

CIT 最有名气的是"暑期本科生科研奖学金"，即前文提到的 SURF，约 1/3 的学生是通过这个项目获得在教师指导下开展研究的机会。SURF 创建于 1979 年，它为师生合作研究提供经费资助。学生与导师合作撰写研究计划，经教师委员会评审通过后获得 SURF 的经费资助；学生在暑期开展 10 周的全职研究工作。SURF 资助的基本标准是指向学术发表，约 20% 的项目获得者能在期刊上或学术会议上发表论文。SURF 项目给学生发放研究津贴，2002 年时，每个学生的津贴能高达 5000 美元。

SURF 非常强调学术成果交流。在项目完成时，学生必须提交研究报告，还需要在 SURF 的研讨会上做报告，与专业性学术会议一样，SURF 的研讨会还设置了颁奖环节，奖励做得最好的研究报告。学生们创办了"本科生科研期刊"来展示和宣传他们的研究成果。

此外，SURF 还资助了许多暑期研究活动，包括每周研讨会——由一位教师主持，向所有学科各个年级学生开放；专业发展工作坊——帮助学生考虑未来的职业生涯以及眼下该做的职业规划；此外，还有 2—3 名教师与一群学生通过聚餐进行非正式的交流和互动。每个暑假，60% 的理工科教师都忙于指导学生科研。教师们深深认同科研育人的理念和传统，积极投身于学生指导。

SURF 是 CIT "皇冠上的明珠"。许多学生就是冲着科研机会而选择 CIT，毕业生也常常将 SURF 经历看成是本科学习中最有意义的经历。

罗格斯大学（Rutgers University）。罗格斯大学由三大校区共十个学院组成，其中最大的校区不伦瑞克校区拥有 28000 名本科生，约 7000 名研究生。对毕业生的调查显示，60% 的学生有本科科研经历，这与学校所制定的将创新性渗透进学生的培养计划密切相关，具体体现在以下几方面：第一，罗格斯大学通过创建教学卓越中心（Teaching Excellence Center），帮助教师在课堂上应用各种主动学习的方法，培养学生的批判性思维，并为教师提供新教学技术的培训。第二，鼓励学生积极参与到科研项目中去。每个入学的新生会收到一本介绍本科生科研和怎样参与其中的小册子，平时的课程中教师也会介绍科研参与途径以及参与科研的价值。第三，在大学和社区内营造研究型大学的氛围。为了展示在各个学院已经开展的本科生研究活动，学校在每年春天设立研究周（Research Weeks），宣传所有学院的本科生研究项目。可以在 Rutgers 的网页上找到有关 URRU（Undergraduate Research at Rutgers University）的信息。

罗格斯大学创建了"大学研究员计划"（University–wide Fellows Program），作为本科生研究项目的核心。该项目每学期为 50—60 名学生和教师提供资金，教职工最高可申请 1500 美元。此外，针对 GRE 成绩不足以获得奖学金的学生，设立了 McNair 项目提供服务。针对优秀学生开设了荣誉课程（Honors Program），为期四年，每班约 200 人。

大学下属的库克学院在 1994 年重新开设了本科课程，将学生的科研经历作为毕业要求，其中乔治·库克项目（The George H. Cook Program）允许 60—70 名高年级学生修习 6 个学分的研究课程。美森格罗斯艺术学院也将研究经验纳入本科生毕业要求，涉及对莎士比亚戏剧的设计及分析等。全美最大的女子学院道格拉斯学院开设了道格拉斯项目（Douglass

Project），专注于女性在数学、科学和工程上的研究。

罗格斯大学以发展本科生科研的文化来增进本科教育的活力，现已取得较大发展。

四　本科生科研的基本模式

在历史发展过程中，本科生科研被赋予了多重价值，除了培养人才、发展学生多种能力的育人价值以外，它还具有提升弱势群体参与 STEM 学科的政治和市场价值。因此，本科生科研形成了多种服务于不同价值的开展形式，具体而言有：

（1）保持型：指向提高 STEM 学科学生的毕业率，以及女性和少数族裔学生对 STEM 学科的选择和参与。因为大量的转专业发生在低年级，所以项目关注的是新生和二年级学生。（2）职业提升型：其主要目标是促进本科生继续研究生的学习和在 STEM 学科领域从业；针对少数族裔学生的项目一般在第一学年结束后的暑假中开展；项目描述中强调专业化的方向和准备。（3）研究学徒型（包括暑期集中开展和全年开展）：指向培养"未来的科学家"，一般面向高年级学生。（4）研究性学习型：包括教学法的变革，把类似研究的经历引入课堂中。

其中，研究学徒型是最常见的本科生科研形式，它的特点是"教师指导"以及"结构化项目"：（1）分配给学生或学生小组一个被较好界定的研究项目，该项目是一个研究组正在进行的项目的一部分，或者是科研指导者感兴趣的研究选题。（2）较长时间的投入，通常是暑假全天参与 10 周左右，或者是一学年全年参与。（3）一位有经验的科学家进行个性化的指导。显然，研究学徒型科研形式对中国高校培养创新人才最具有借鉴和启发价值。

五　当前本科生科研的形势

前文回顾了在美国，本科生科研如何从一项教师、学生的个体实践演变成不同院校、机构和国家行动的过程。发展至今，本科生科研的价值越来越集中于促进学生选择 STEM 学科、在其中从事研究和就业，以及发展学生的批判性思维，提高公众科学素质。

科学家、教育工作者、政府和企业领导都越来越关注 STEM 学科培养出的专业人员的数量和质量是否能使美国在全球经济竞争中保持技术和经济的领先地位。1980 年以来，非学术机构的科学和工程工作岗位数量激增，其增长速度是劳动力市场增速的 4 倍；此外，科学劳动力大军不断分化；更重要的一点是，对公平和正义的追求，所有美国人都要有平等机会获得高地位高薪水的工作，而这些工作往往是在科学和工程领域。与此同时，在高等教育的 STEM 学科中，女性和少数族裔的比例下降十分快，被称为"泄漏的管道"。为了满足美国劳动力市场的需求以及为所有公民提供平等的机会，建设高质量的 STEM 学科教育十分紧迫。

为了应对上述挑战和问题，美国从基础教育到高等教育都进行了一系列的改革，尤其是高等教育领域提出要使 STEM 学科的本科教育更加实践化、有意义、吸引人，要扎根于有关人是如何学习的研究中。博耶委员会呼吁基于研究的学习应成为本科教育的标准，尤其是在研究型大学中。全国性的组织要求在 STEM 学科领域提供以学生为中心的、促进探究性学习的教育。许多教师和高校都在尝试对传统的课程和实验室进行改造，找出其中"类似研究"的要素。虽然使用不同的表述，这些对 STEM 学科的本科教育以及 K - 12 阶段的基础教育所进行的改革尝试，都是试图把科学研究当成教授科学概念的策略，并认为它是课程的一部分。

上述关于 STEM 学科本科教育的改革进一步强化了本科生科研，因为本科生科研被视为对"促进、鼓励和训练学生，使他们追求更高的学位"具有重要作用，并对"培养科学家"具有极大的价值。本科生科研也被看成是促进学生参与的教育策略谱系的一端，它既是课堂探究性学习的一个模板，也是其集大成者。同时，应该看到本科教学方法变革中存在着诸多障碍，包括大学教师的学术自治，教师对学科的忠诚，学生和学校的抵制，以及对基于研究的教学方法变革的制度性壁垒。因此，大学领导、教师把本科生科研看成是 STEM 学科本科教育改革中相比课堂教学改革，阻力较小的方式。一项调查显示，教师对"本科生科研以及批判性思维"给予厚望，但是他们的课堂教学却是"没有反映出对学生学习的研究"，80%的课堂仍然是强调讲授（American Society for Biochemistry and Molecular Biology，2008）。因此，本科生科研通常被视为是解决 STEM 学科本科教育问题的有效方式。

本科生科研有助于解决多重问题，有其深厚的实践价值，人们一定非常关心本科生科研的参与率。但是，这个数据难以统计。SRI 对 1998 年至 2003 年获得 STEM 学科学士学位的 3400 名学生进行调查发现，超过 50% 的学生回答参加过科研（Russell，2008）。博耶委员会的调查保守估计研究型大学中科学和工程专业的学生中有 1/5 参加过科研（Bo-yer Commission，2002）。全国学生学情调查（NSSE）显示只有 19% 的学生参加过有教师指导的科研活动，其中 39% 是来自生物和物理专业的学生（Kuh，2008）。这项全国性大范围调查得出的均值并不能反映出实践中存在的极大的差异，在许多小型学院中教师指导学生从事科研，学生的参与率非常高，而在另一些学校中，学生根本就没有参与科研的机会。2003 年左右，科罗拉多大学生物系的本科生科研参与率达到了 45%（Wood，2003）；另一项 2001 年的调查显示 MIT 学生科研参与率是 80%，CIT 是 60%，华盛顿大学是 22%（Merkel，2001）。从上述数据可以看出，学校和院系的差异对本科生科研参与机会有很大的影响。大多数学校自身都没有对本科生科研参与人数进行系统性的数据收集，即使是在已经建立或正在建立"本科生科研文化"的学校。此外，科研参与的学科差异性也很大，SRI 调查中，数学和计算机专业学生的参与率是 30%，而化学和环境科学专业中，参与率高达 70%（Russell，2007）。

由于没有较好的统计数据来显示学生和教师的参与程度、资源的投付情况，以及累积性的成效，所以很难评判本科生科研的规模是在发展还是在萎缩或者说没有变化。但是，美国绝大多数研究和调查都认为本科生科研正处在一个上升的轨道。SRI 研究发现本科生参与率从 1988—1992 年的 48% 上升到 1998—2003 年的 56%；与此同时，回答没有参与科研的学生的比例从 24% 下降到 15%（Russell，2007）。紧随博耶报告的一项研究显示，研究型大学采取了很多办法来扩大本科生科研的机会，例如，建立校级管理办公室来支持本科生科研，向学生做宣传,提高院系的科研活动,以及筹措资金,参与的学生和教师数量均有增长(Katkin,2003)。但是,缺乏对学校层面的系统性数据搜集仍然是一个问题,"也许做了很多,但基本没有被记录下来"(Kenny,2003)。

第 三 章

本科生科研在中国:30 年历程

从 1826 年现代大学里第一个教学—科研实验室建立,到 1995 年以来美国研究型大学掀起本科教学改革的热潮,将本科生科研视为研究型大学本科教育的特色而大力推广,经过 100 多年的发展,本科生科研的理念已经被普遍接受,其实践正在成为一种趋势在全世界高校中扩散。中国现代高等教育起步晚,受社会政治制度变迁的影响,直到 20 世纪 80 年代才步入快速发展的轨道。在三十多年高等教育改革与发展的大背景中,本科生科研实践在高校自主探索、国家政策推动,以及业界大力支持的合力下,得到了极大的发展,现已形成了三种制度化的本科生科研参与形式,分别是参与科技竞赛活动(学科竞赛),后来发展为参与科技创新团队项目,以及自主申请科研项目和参与教师科研项目。下文将按照时间顺序,围绕这三种本科生科研参与形式的发展历程来呈现中国本科生科研实践的历史发展脉络。

第一节 学科竞赛的繁荣

学科竞赛是指大学生科技竞赛活动,它是最早制度化的本科生科研参与形式。从 1984 年首个地区级大学生物理竞赛出现至今,已经产生了 150 多个区域性的大学生科技竞赛项目,覆盖了理、工、文、管、经济等多个学科门类及专业领域,每年吸引上百万大学生参与。学科竞赛的发展大致可以划分为三个阶段(陈卓,2014:9)。

一　学科竞赛的开端（1980—1990 年）

（一）知识考试类竞赛的出现

中国大学生科技竞赛活动受到国外大学生科技竞赛以及中学生科技竞赛活动的影响而产生。从世界范围来看，科技竞赛产生于 17 世纪，当时英国、法国、荷兰和瑞典等国设立奖项来征集解决制造、生产和航海等领域的技术难题的方案，第一个实现技术目标的人可以获得奖励。近代的科技竞赛不仅可以促进科学技术的发展，还能锻炼参赛者的科学技术能力（Masters & Delbecq，2008）。19 世纪末，科技竞赛活动被运用于教育领域，成为人才培养的一种辅助手段。1894 年，匈牙利的"物理数学协会"举办了首个中学生数学竞赛，这种竞赛活动选拔和培养了许多有数学天赋的人才，使得匈牙利成为一个在数学上享有盛誉的国家。竞赛活动很快引起了其他国家的关注和效仿。1934 年，苏联举办了"奥林匹克"数学竞赛，这是国际数学奥林匹克竞赛的前身。1959 年"国际数学奥林匹克"在罗马尼亚诞生，苏联、波兰、保加利亚等 7 个国家参赛，后来物理和化学竞赛开始出现，其过程与数学竞赛类似，都是在东欧国家中陆续开展和扩散。1967 年，"国际物理奥林匹克"竞赛在波兰诞生，1968 年，"国际化学奥林匹克"在捷克斯洛伐克创始。1972 年，法国和古巴参加了第六届国际物理奥林匹克竞赛，德国参加了国际化学奥林匹克竞赛。国际奥林匹克竞赛已经逐渐扩散到了西方国家。受奥林匹克学科竞赛的影响，大学也开始举办类似的竞赛。1938 年，美国数学学会为了纪念普特南为举办大学数学竞赛做出的努力，正式推广了普特南数学竞赛，向美国和加拿大的大学生开放，该赛事持续举办到今天。

中学生奥林匹克数学竞赛最早被引入中国的科技竞赛活动中。早在1946 年，数学家华罗庚在苏联就接触了数学竞赛活动，1953 年，他跟随中国科学院访问苏联后决定将奥林匹克数学竞赛活动引入中国。1956 年，在多名数学家的推动下，借鉴苏联的先进经验，经由教育部的同意，中国数学学会在京津沪汉试办了数学竞赛，开创了国内科技竞赛的先河（华罗庚，1956）。"文化大革命"期间，各地的数学竞赛停办；1978 年，中国数学学会恢复活动后，中学生数学竞赛也开始恢复，经过多次调整后的全国数学竞赛定名为"全国高中数学联合竞赛"。此外，1985 年，中国开始参加国际数学奥林匹克竞赛。国内物理和化学的学科竞赛在"文化大革命"后才得以开展，但是发展顺利，并迅速地与国际赛事接轨。1979 年，在中国物理学会的推动下，全国 20 多个省、自治区和直辖市举行了物理竞赛；1984 年，中国举办了国家级物理竞赛和化学竞赛；1986 年，中国开始参加国际物理奥林匹克竞赛，次年开始参加国际化学奥林匹克竞赛。

受到中学生数理化奥林匹克竞赛的影响和启发，中国大学生科技竞赛开始出现。1984 年，北京物理学会和北京高校物理教学研究会发起举办第一届"非物理类专业大学生物理竞赛"，开创了国内大学生科技竞赛的先河（吴秀文等，2009）。与中学生奥林匹克竞赛相似，这项竞赛采取类似于纸笔考试的形式，对物理学科知识进行考查。比赛后来陆续扩大到天津、上海、河北和山西等地，并更名为"全国部分地区大学生物理竞赛"（方谋鑫、肖恩蓉，1994）。很快，全国性的大学生物理竞赛开始出现，1988 年，在中国力学学会的支持下举办了第一届"全国青年力学竞赛"。4 年后，第二届"全国青年力学竞赛"吸引了 1389 名学生参加（贾书惠等，1993）。

综上可见，教育领域的科技竞赛起源于东欧国家，随后逐渐扩散到西方国家，最终形成了全球性的数理化奥林匹克竞赛；中国在"文化大革命"后全面借鉴实施并加入了国际性的学科竞赛，后来，学科竞赛被引入大学阶段，形成了全国性的数学竞赛、力学竞赛等。值得指出的是，早期的这种学科竞赛在组织形式和题目上都与课程考试相似，主要测试的是参赛学生对学科知识的掌握和熟练运用，有固定的解题方法和答案，因此称为考试类竞赛。

（二）科学探索类竞赛的出现

除了以奥林匹克学科竞赛为代表的考试类竞赛之外，还有另外一种类型的竞赛也在教育领域出现，这类竞赛重视探究和实验，可称为科学探索类竞赛。

1942 年科学服务社（Science Service，后更名为 Society for Science & the Public）与西屋公司合作创办了科技竞赛——西屋科学奖（The Westinghouse Science Talent Search），该赛事仅向美国高中生开放，要求参赛学生进行独立的科学探究，提交研究报告，比赛的目的在于发现有科学家潜质的优秀青年。1998 年，该比赛更名为英特尔科学奖（The Intel Science Talent Search）。从举办至今的 70 年里，赛事优胜者中产生了一百多位国际顶级科学奖励的获得者，包括 8 位诺贝尔奖、2 位菲尔兹奖、4 位美国国家自然科学奖和 11 位麦克阿瑟基金奖获得者，被称为美国高中生的"小诺贝尔奖"（Society for Science & the Public，2014）。科学服务社于 1950 年又创办了国家科学博览会（National Science Fair），博览会的开展方式为，由参赛学生在大厅中布置展台，通过图文和口头讲解向参观者介绍自己的研究。目前，它更名为英特尔国际科学和工程大奖赛（The Intel International Science and Engineering Fair），并已发展成为全球性的多学科的中学生科学竞赛。

大学阶段最早出现的探索性科技竞赛有两项。一项是始于 1985 年的美国大学生数学建模大赛（叶其孝，1995：10）。20 世纪 80 年代，传统的解题考试性竞赛遭到了一些数学家的批评，认为这种比赛过分强调数学的纯粹性，不能体现数学的应用性，尤其是计算机技术发展起来后，数学竞赛中应该体现出计算机的应用。鉴于此，美国数学及应用学会（COMAP）举办了强调应用性的数学建模大赛，比赛不再是考试形式，而是论文形式，强调将数学运用于解决科学、工程、经济和社会等领域的问题。另外一项是大学生程序设计大赛。1970 年，美国德克萨斯农业机械大学（Texas Agriculture and Mechanic University）举办了首届大学生程序竞赛，后来演变成为每年一届的国际性比赛。这项比赛将科技竞赛从传统的数理化领域扩展到了计算机领域（王帆，1998）。

中国开展科技作品展览活动可以追溯到 1979 年，当年举办了"首届全国青少年科技作品展览"，展出了 29 个省、自治区和直辖市的 3000 多件青少年科技作品。从活动形式上看，青少年科技作品展览与上文提及的美国国家科学博览会十分相似。1982 年，"全国青少年发明创造比赛和科学讨论会"正式举办，两年一届。2000 年，主办单位将其调整为"全国青少年科技创新大赛"，每年举办一届，经过多年发展，目前已成为国内规模最大、层次最高的中小学生科技活动（翟立原，2008）。

受青少年科技创新大赛的启发，大学阶段的科技作品展览形式的竞赛活动不久后也开展起来。1983 年，刚刚成立的清华大学学生科学技术协会在校内创办了首届学术讨论会和学生科技作品展览。1988 年，清华大学在校内展览活动的基础上，设立"挑战杯"竞赛，展示校内学生课外科技成果。次年清华大学倡议，在全国高校范围举办大学生学术科技作品竞赛活动。1989 年，在国家教委的支持下，由共青团中央、中国科协、全国学联等单位主办，众多高校联合发起并参与的第一届"挑战杯"竞赛在清华大学开办。其竞赛形式是由学生自行选题，最后提交自然科学类学术论文、社会科学类社会调查报告和学术论文、科技发明制作。来自全国 21 个省、市、自治区 52 所高校的 430 件作品参加了此次竞赛。1993 年，国家主席江泽民为"挑战杯"竞赛题写了杯名。后来，"挑战杯"竞赛逐渐发展成为最具影响力的大学生课外科技活动（张振刚，2010）。

在这一阶段，中国不仅参与了美国的大学生数学建模大赛，而且创办了全国性的数学建模比赛。1989 年，中国四所高校派出学生参加了美国数学建模大赛，1992 年，在工业与应用数学学会的发起下，举办了全国大学生数学建模大赛，有 74 所高校的学生参赛（姜启源、谢金星，2011）。

综上所述，中国大学生科技竞赛发端于 20 世纪 80 年代。在 1980—1990 年这段时间内，出现了 4 项竞赛，分别是全国部分地区大学生物理竞赛、全国青年力学竞赛、"挑战杯"全国大学生课外学术科技作品竞赛和全国大学生数学建模竞赛。前两者属于知识考试类竞赛，后两者属于科学探索类竞赛。

从时代背景来看，20 世纪 80 年代的中国百废初兴，科技的发展面临科技队伍的断层和人才匮乏的瓶颈制约，振兴教育、培养新一代高素质的创新人才是时代的需要。国内中学生阶段的竞赛和国外大学生竞赛在当时已经有较大的活动规模和社会影响，它们不仅是国内大学生科技竞赛形式上的启发者，还对竞赛这种活动形式有舆论宣传和思想准备的作用——展示了一种激发学生学习热情和兴趣，选拔优秀人才的可行办法。这或许就是大学生科技竞赛会集中在这个时期开办的原因。

二　学科竞赛的初步发展（1991—2000 年）

从 1991 年到 2000 年，是大学生学科竞赛初步发展的阶段，一方面，上一阶段已经出现的大学生数学建模竞赛、全国青年力学竞赛、"挑战杯"等比赛项目持续举办，社会影响力不断扩大；另一方面，学科竞赛向更多的学科专业领域扩散，新的科学探索性比赛项目开始出现。

（一）原有大学生科技竞赛的持续举办

在这一阶段，全国青年力学竞赛持续举办，1992 年的第二届赛事有近 1400 名学生参赛，1996 年第三届赛事报名人数达到 1700 余名，到 2000 年第四届赛事时有 2700 多名学生参加，参赛人数持续增长，说明该赛事的影响力逐渐扩大。在第三届比赛时，全国青年力学竞赛更名为全国周培源大学生力学竞赛，并沿用至今。另外，全国大学生建模竞赛也在稳步发展，1995 年有 261 所院校超过 1000 支学生队伍参赛，2000 年参赛队超过 3000 支，参赛学生人数众多表明该赛事深受高校学生和教师的欢迎。"挑战杯"全国大学生课外学术科技作品竞赛也继续开展。1991 年第二届赛事上共展示了来自 28 个省、市 168 所高校带来的 553 件参赛作品。1993 年第三届赛事全国 30 个省、市 240 多所高校的参赛作品达 760 余件。1995 年第四届有全国 30 个省、市、自治区 254 所高校 863 件作品参赛。1997 年第五届有 267 所高校（其中香港地区高校 4 所）的 942 件作品参赛。参赛高校和学生数量的持续增加表明该赛事的影响力在不断扩大。

（二）科学探索性竞赛向新的学科专业领域扩散

大学是探索新知识的场所，"拨乱反正"后，中国大学开始恢复科学研究功能。当时邓小平同志提出"科学技术是第一生产力"，社会生产力提升、国家经济建设都迫切需要大学提供新知识和新技术，因此，大学教师以前所未有的热情投身于科学研究中。对大学科研功能的重视势必会渗透进人才培养中，本科教育开始注重科学探索对人才培养的价值，所以，1990 年后新开办的大学生科技竞赛基本都属于科学探索类，并且集中出现于当时新兴的产业和实践领域中。

1994 年，在国家教委的规划下，电子工业部组织了全国大学生电子设计竞赛试点，竞赛内容是按一定要求设计一个简易数控直流电源或八路数据采集系统，有 44 所高校的 220 支代表队参赛。后来，该竞赛两年举办一次，至 1999 年第四届竞赛时全国已有 23 个省、市 279 所高校的 1456 支代表队参赛（公茂法等，2000）。这一阶段还出现了机器人领域的竞赛。机器人竞赛产生于技术先进的国家，1990 年日本举办了第一个国际性的大学生机器人竞赛，中国于 1998 年派代表队参赛。在日本的组织下，2001 年"亚广联亚太地区机器人大赛"诞生，中国中央电视台属于六个常任理事机构之一，因此，中央电视台自 2002 年开始举办中央电视台机器人电视大赛（简称 CCTV – ROBOCON），以选拔队伍参加亚广联亚太地区大学生机器人大赛（李永新等，2003）。此外，在建筑领域也出现了探索性竞赛的先河。1994 年清华大学以竞赛形式向学生征集一座校园小桥"莲桥"的建造方案；2000 年，浙江大学在校内组织开展了首届大学生结构设计竞赛活动；同年，哈尔滨工业大学举办了纸桥大赛。三校的先导性举动促成了几年后全国大学生结构设计竞赛的开办（顾凌赞等，2011）。

三 学科竞赛的快速扩张（2001 年至今）

（一）大学生科技竞赛的类型划分

2001 年至今，中国大学生科技竞赛在数量上快速增长，并且出现了新类型的赛事。前文按照竞赛题目的形式将竞赛分成了知识考试类竞赛和科学探索类竞赛。知识考试类竞赛的题目设置确定，答案也唯一确定；科学探索类竞赛的题目只给出题设条件，不存在唯一答案。大学生科技竞赛发端于知识考试类竞赛，在往后的发展中，科学探索类竞赛逐渐占据主流。2001 年后，出现了不同于知识考试类和科学探索类的新赛事，因此需要引入新的维度对科技竞赛的类型进行更细致的划分。相较于已有竞赛类型注重学科知识和理论，新赛事更偏重于实际应用和动手操作，因此，可引入题目内容维度——是注重学术性还是实用性，由此得到了大学生科技竞赛类型划分的二维象限图，见图 3—1。

其中知识考试类竞赛延续了奥林匹克学科竞赛的传统，采取与课程教学的纸笔考试或实验考试高度相似的竞赛形式，题目内容也与相应学科的教学内容非常相关。职业技能类竞赛在形式上与之相似，但是其考试内容是职业教育方面的实践技能。科技探索类竞赛的题目是具有科学研究倾向的开放性问题,不仅有多解性,而且具有模糊性,允许参赛者提出多种假设和思路,需要花费较长的时间去完成,一般采取限期提交作品的形式。产品开发类竞赛在形式上与之相似,但是其内容强调实用,通常是解决真实存在的未经简化的实际问题。

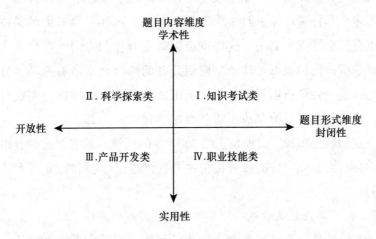

图 3—1　中国大学生学科竞赛的分类

通过学科竞赛的分类可发现,知识考试类竞赛和职业技能类竞赛属于知识或技能的竞赛,学生在参赛过程中,并不需要进行科学探究,因此它们本质上并不是科学研究活动。科学探索类竞赛和产品开发类竞赛则属于科学研究类活动,前者指向学科知识的发现,后者指向产品的创造和实际技术问题的解决。有研究者统计,2001—2014 年,大学生科技竞赛数量共增加 144 项。其中,知识考试类竞赛增加 4 项,科学探索类竞赛增加 43 项,产品设计类竞赛增加 75 项,职业技能类竞赛从 0 增长到 22 项(陈卓,2014:30)。① 可见,2001 年以来,带有"科学研究"属性的两类学科竞赛快速扩张,传统的知识考试类竞赛逐渐冷却,尽管出

---

① 该统计中包含了面向高职高专学生的竞赛,以及一些包含中学生和大学生的比赛,例如"北斗杯"全国青少年科技创新大赛。下文关于赛事数量的统计只限于包含了本科生的竞赛,未包含本科生的竞赛不在统计范围内。

现了新的职业技能竞赛，但是这类竞赛主要面向高等职业院校的学生举办。下面，将集中梳理科学探索类和产品开发类竞赛的快速扩张过程。

（二）科学探索类竞赛在多个学科专业领域举办

在前两个阶段中，科学探索类竞赛共有 5 项赛事，覆盖了数学、电子、机器人等学科领域。这一阶段，科学探索类竞赛在物理、机械、材料、自动化、人工智能、信息安全、汽车工程、测绘、空间科学、神经科学等多个学科领域大量创办，新增数量达到 39 项。新开办的科技探索类赛事有三个特点。其一，这些竞赛以高度分化的专门性赛事为主，综合性赛事所占比例很低。这个阶段新开办的综合性赛事有两项，分别是通用电气基金会科技创新竞赛以及全国大学生节能减排社会实践与科技竞赛，这两项赛事目前都成了重量级的学科竞赛。其二，这些专门性赛事的主题领域分布较广，涉足了约 26 个专门领域。其三，这些赛事多由专业学会、协会或对应的政府机构主办，体现了学会和行业对大学人才培养的支持。

（三）产品设计类竞赛在计算机和机电领域的暴增

产品设计类竞赛是一类诞生较晚的赛事，但其发展速度很快，十几年内迅速成了赛事数量最多的一类竞赛。这类竞赛主要由企业主办，题目高度集中在电子和计算机这两个领域。2007 年，Honda（本田中国）公司主办了首届 Honda 中国节能竞技大赛。竞赛用车必须以本田公司出品的 Honda 4 冲程弯梁车的 125cc 化油器发动机为基础，由各车队独立创作完成车架和车身等部分，最终以一升油所能行驶的距离决胜。2011 年 Honda 公司又创办了电动组别的比赛，参赛车辆使用大赛指定电池并将该电池作为车辆行驶的唯一动力源。首届赛事有清华大学、哈尔滨工业大学、同济大学等 33 所高校的车队参赛，在后来的赛事中，参赛队伍超过了 150 支。产品设计类竞赛涉足领域主要是机电和计算机这两个领域，并且举办方都是机电和计算机相关行业的企业。例如国际的 Microsoft 公司、Google 公司和 TI 公司等，以及国内的百度公司、网易公司、腾讯公司和奇虎 360 公司等。

经过近 30 年的发展，大学生科技竞赛已经成为一个类型多元、数量众多、覆盖学科专业广泛，学会、行会和政府部门共同参与举办的赛事体系,它为本科生提供了制度化的科研参与方式。从高校和学生的角度来看,如何组织和参与比赛?科技竞赛在内容上是建立在多种学科知识背景下的命题性竞赛,其内容往往较为综合,具有较强的深度。面对科技竞赛题目探究性、实用性、高要求、系统工作的特点,要完成题目任务,解决实际问题,往往不是一名、两名学生单独作战能够达成的,它需要不同学科的学生,或者擅长不同技术领域的学生合作共同完成,所以,通常是以学生团队的形式参赛。在大学里,某一科技竞赛出现的早期,针对竞赛题目的需求,学校委托学院或者学生管理部门临时组织感兴趣的、有竞争力的学生组建参赛队伍。累积几次参赛经验后,负责组织参赛的基层单位——学生管理部门、院系和教师开始针对具体的赛事组建正式的学生团队,这就是大学生科技创新团队的雏形。通过创建大学生科技创新团队,一方面建章立制,规范参赛学生的选拔和培养,使参赛队伍更加稳定和具有继承性;另一方面也有助于为学生提供针对性的科研训练,为学生提供持续参与的机会。

华中科技大学启明学院是学校本科教学改革的试验田,其特色在于高度重视学生的科研实践训练,这既符合华中科技大学作为理工科高校的学科特点,又体现了研究型大学用一流科研支持一流本科教学的本质。启明学院的特色人才培养途径由三部分构成,分别是大学生科技创新团队、创新实验班和特优生。目前有 18 支大学生科技创新团队,其中机械创新基地、电工电子科技创新中心、数学建模科技创新基地、智能机器人及人工智能系统仿真科技创新基地、新能源与节能减排大学生创新活动基地、物理实验创新基地、WEsharp 团队、GNC 团队等都是针对各类大学生科技竞赛的队伍。每个团队都有卓越的科技竞赛活动获奖成绩,也产生了一大批拔尖创新人才。

尽管大学生科技竞赛的数量已经非常可观,但是任何竞赛在参赛人数上都会设置名额限制,例如,全国大学生"挑战杯"就规定每个学校选送参赛作品总数不超过 6 件,每人限报一件。加之,高校最后形成了选拔精英学生组建团队、针对性培养、反复培训再参赛的模式。因此,真正参与到科技竞赛中的学生只是少数,大部分学生都是旁观者。为了拓宽本科生科研参与的机会和途径,新的科研参与形式呼之欲出。

第二节 "大创"项目的发展

一 重点理工科大学的先期探索

"大创"项目的全称是"大学生创新创业训练计划",它代表着本科生自主申请科研项目的科研参与形式。"大创"项目于 2007 年由政府出台推动,逐渐在全国范围内推广,在此之前,已有少数理工科高校进行了先期的探索和实践。

前文介绍了美国研究型大学在学校层面推行本科生科研项目的创举,例如,1969 年 MIT 实施"本科生科研机会计划"(UROP),1979 年 CIT 创立"暑期本科生科研奖学金"(SURF)。这些创新举动被中国的清华大学和浙江大学捕捉到。1996 年,清华大学提出了"大学生科研训练"项目(Students Research Training,SRT),并将其列入"九五"规划。在此基础上,清华大学逐步把学生科研能力培养纳入本科生教学计划和人才培养评价体系中,要求本科生在校期间必须取得科研能力训练的学分才能毕业(阎桂芝、都治国,2001)。

除了受西方大学人才培养改革实践的影响外,中国高校已经积累了多方面经验和条件也是 SRT 计划出现的动因。清华大学自动化系的教授曾谈道,"我校实施类似计划的条件如何呢?(1)十多年来,我校在组织和开展学生课外科技活动方面已经积累了一套很好的经验;有一整套竞赛、展评、鼓励和实施的办法;形成了一支热心于学生科技活动又有指导经验的指导教师队伍;学生各级科协机构也已经健全并形成了一支骨干队伍。(2)全校科研任务逐年增加,在促进和提供学生科研能力培养课题与培养条件方面,都有了更好的基础。(3)随着中学教学质量不断提高和教学条件的不断改善,进入高等学校的学生基础越来越好,他们精力旺盛,求知欲强,在完成课内学习任务之外,还有很大的潜能。经常有学生找到教师要求参加课外科技活动,希望教师给予指导。这反映了学生的一种强烈愿望:尽早参加科技研究活动,提高解决实际问题和开展科技工作的能力。同时,他们也迫切希望得到教师的指导"(刘祖照,1998)。

紧跟清华大学步伐的是浙江大学,1998 年浙江大学试行了"大学生科研训练项目"(Student Research Train Program,SRTP)。依据学校的统计数据,第一期有 156 名学生参加了 77 个研究项目,此后,SRTP 立项数和参与人数逐年增加,到 2006 年第九期时参与学生人数达到近 6000 人,占同年级学生数的 70%—80%。每年立项数约 1600 项,平均每项有 3 名学生参与,覆盖全校 22 个学院(方惠英等,2007)。

学校在 2002 年制定本科专业培养方案和修订学籍管理条例时,制定了《浙江大学本科生第二课堂学分实施细则》,其中明确规定,本科生在校期间必须通过参加各类科研训练、学科竞赛和发表学术成果等方式获得 4 个第二课堂学分方能毕业。同时,为促进学生更快地了解研究、高效地进行研究,全校 95% 以上的专业开设了研究型、讨论型课程。此外,学校还开设了旨在对学生进行学习思维、学习方法和研究能力训练的新生研讨课和学科导论课程,使本科生更好地了解各学科专业及其发展趋势,激发学生学习兴趣和探究精神。2006 年学校共计开设学科导论课 367 门,新生研讨课 34 门(方惠英等,2007)。由此可见,浙江大学以实施 SRTP 本科生科研项目为抓手,同时推进课程改革,加强研讨型课程以及研究方法类课程的建设,形成了课程内和课程外双管齐下的本科生科研参与模式。浙江大学在形成"科教融合"的人才培养模式上进行了十分有意义的先导性探索。

除了理工科大学的行动外,知名的文理综合性大学也不甘落后。北京大学很早就利用了捐赠的经费设立本科生科研基金。1998 年,李政道先生在北京大学设立"莙政中国大学生见习进修基金",专门资助理科和文史哲专业的本科生从事科研活动,每个项目资助 3000 元,暑期补贴 1000 元,并且要求女生比例不少于 50%,这首次体现了对科研训练中性别平等的关注,此外,它规定以英文写作结题论文,对学生提出了较高的要求。2002 年,"校长基金"成立,面向全校大二本科生,理科项目每个资助 3000 元,文科项目为 2000 元。2003 年,北京大学制定了《北京大学本科生"研究课程"相关管理规定(试行)》,将研究课程纳入学校的正规课程体系,按时完成研究计划并通过院系组织的专家答辩的学生,即可获得研究课程成绩(曹建等,2013)。1998 年,复旦大学也创设了

"本科生学术研究资助计划"（Fudan's Undergraduate Research Opportunities Program，FDUROP）。

清华大学、浙江大学、北京大学和复旦大学等重点大学掀开了在学校层面拓宽本科生科研参与途径的序幕，这一举动很快向其他大学扩散。

大连理工大学于 2004 年实施"大学生创新研究训练计划"（Undergraduate Innovation and Research Training，UIRT），该计划将教师的部分科研子课题，或者学生的自立科研课题，汇总为"大学生创新研究课题指南"白皮书，向全校学生招标，学生可自由组成 3 人科研小组向学校提出投标申请，通过教师和学生双向选择定标，学校根据项目的具体情况给予每个项目 1000—2000 元，最高 5000 元的资助和政策支持，并开展中期检查、结题验收、评奖、颁发科研能力等级证书、编辑优秀科研论文集等管理和服务工作。大连理工大学在提供经费资助的基础上，还注重为学生提供科研项目和教师指导，这些举措有助于提升本科生科研的质量。

2004 年，东南大学也推出了"大学生科研训练计划"，采取学生自由组队、自主提出科研项目、自己寻找指导教师的"三自"方式，成立相关校、院、系领导机构，设立专项基金，推动开展自主性研究。实行 4 年来，截至 2008 年 12 月，有 7000 多个项目获得立项资助，平均每年资助约 1500 个项目，参与学生人数达 2.3 万人次（凤启龙，2009）。东南大学的做法主要是提供科研经费，而科研活动的开展更多依靠学生的主动性和自我探索。可能也正是这一特点使得东南大学每年资助的项目数量较多，参与的学生人数很多。相应地，东南大学也出台了《本科生课外研学学分认定办法》，要求学生在四年本科学习中，通过科研实践、学科竞赛、创新实践和自主作品取得 2 个课外科研学分。这进一步从深度和广度上推动了大学生课外学术和科技创新活动的开展。

除此之外，还有一些文科类院校也敏锐地引入了本科生科研这一创新举措。西南财经大学 2004 年制定了《西南财经大学本科生科研资助和奖励暂行办法》，每年拨付 20 万元专款实施"本科生科研项目训练计划"，资助本科生进行科研活动。

总的来说，重点理工科大学牵头探索的在校内实施本科生科研立项资助的举动，宣扬了科研育人的理念，拓宽了本科生科研参与的途径，使更多学生获得了科研参与的机会，也让高校积累了组织和管理本科生科研活动的经验。但这个时期，全国上下并没有形成本科生科研训练的大氛围，本科生科研活动既没有列入本科教育的日常教学环节，也没有形成成熟的运作模式，系统进行本科生科研训练的高校还寥寥无几（俞林伟等，2015）。但是，很快科研立项资助的本科生科研参与形式就迎来了快速发展的春天。

二　国家政策推动："大创"项目的繁荣

本科生科研训练的价值较早地就进入了教育主管部门的视野。2001年8月，教育部颁发的《关于加强高等学校本科教学工作提高教学质量的若干意见》中指出，要提倡实验教学与科研课题相结合，创造条件使学生较早地参与科学研究和创新活动（教育部，2001）。如何创造条件使学生较早地参与科学研究和创新活动呢？显然，重点理工科大学牵头探索的"本科生科研训练计划"就是一种切实可行的方式。

2006年11月国家教育部选取北京大学、清华大学等10所高校开展试点，启动了"国家大学生创新性实验计划"（2011年调整为"大学生创新创业训练计划"，可简称"大创"），当年资助项目549项，资助总经费537.3万元。2007年，国家教育部、财政部联合下发的《教育部财政部关于实施高等学校本科教学质量与教学改革工程的意见》中指出，实施大学生创新性实验计划，支持15000个优秀学生进行创新性试验，促进学生自主创新兴趣和能力的培养（教育部、财政部，2007）。从此，"大创"作为本科教学质量与教学改革工作的重要组成部分正式拉开了序幕，首批参与的高校有60所，资助项目3095个，总计资助经费8948万元。

这是第一次在国家层面上实施直接面向大学生立项的科研训练项目，该项目对进一步推进高校本科生科研实践具有标志性意义。随后，在教育部的牵头带领下，各省级教育行政主管部门也相应地启动省级大学生创新性实验计划，如浙江省"新苗人才计划""上海市大学生创新活动计划"等。

2011年，教育部在"大学生创新性实验计划"基础上，又增加了大学生创业训练和实践项目，从而将"大学生创新性实验计划"调整为"大学生创新创业训练计划"。2012 年 2 月 20 日，教育部下发了《教育部关于做好"本科教学工程"国家级大学生创新创业训练计划实施工作的通知》，要求高校制定切实可行的管理办法和配套政策，将大学生创新创业训练计划的日常管理工作纳入本科生教学管理体系（教育部，2012）。

新的国家"大创"项目申报对象不仅包括研究型大学，而且将地方高校纳入进来。"大创"项目实施 7 年以来，全国共有 116 所中央部属高校和 620 所地方高校的 25 万余名大学生参加，覆盖理、工、农、医、文、法等 12 个学科门类，成为高等学校本科教学质量与教学改革工程中覆盖面最广、影响最大的项目。本科生科研作为创新人才培养的一条有效途径被广大高校推广开来，几乎所有的研究型大学都开展了形式多样本科生科研训练活动，很多教学型大学也开始重视学生科研能力的培养与提高，为学生提供良好的科研平台。

第三节　参与教师科研项目

一　吸纳本科生参与课题研究

19 世纪初期德国洪堡大学将科学研究引入大学，确立了"科研和教学相统一"的原则。伯顿·克拉克（2001：18）对这一原则的解释是，大学教师从事科研，以便于教师能不断地利用最新研究成果更新教学内容；学生应该参加科研活动，学生在科研活动中能更有效的学习，基于此，大学成为探究的场所，教师和学生成了探究的伙伴。在科学研究最初被引入大学，大学支持教师从事科学研究时，学生就被看成是教师"天然的"研究伙伴。

1978 年"拨乱反正"后中国高校开始恢复科学研究职能。1978 年，《全国重点高等学校暂行工作条例（试行草案）》的颁布明确定义了大学的性质："既是教育中心，又是科研中心"。1985 年《中共中央关于加强教育体制改革的决定》文件中再次提出，高校应承担起教学和科研双重任务，同时要求重点大学成立教育中心和科研中心（中国共产党中央委员会，1985）。在国家政策的肯定和推动下，高校的科学研究事业有了很

大的发展，高校获得的国家科研经费从 1985 年的 5.9 亿元增长到了 1990
年的 13.96 亿元（教育部科学技术司，1999：52—53）。这期间，高校在
国家基础研究和高新技术研究方面发挥着越来越重要的作用，大学的科
研职能得到了充分的肯定和重视。与此密切相关的是，大学教师开始把
越来越多的精力投入到科研工作中，开始积极申请国家科研项目和经费。
当时，研究生教育处于起步阶段，研究生招生数量少，教师的科研项目
需要"劳动力"，尤其是理工科这类依靠实验和实际操作的学科，更是需
要学生的参与来完成项目。因此，在当时研究生数量缺乏，研究工作需
要科研劳动力的情况下，教师开始邀请兴趣浓、能力强的本科生参与。

　　20 世纪 90 年代中期，大学的科研开始导向于将科研成果转化为现实
生产力，高等学校已经不仅是基础性研究和高新技术研究的主力，也是
科技攻关、引进项目消化吸收、传统产业技术改造和高技术产业开拓的
重要力量。高校的工科教师利用学科特点和优势，开始与企业合作，将
科研成果转化为企业需要的产品和技术。著名的华中科技大学 Dian 团队
正是起源于这种背景。当时电信系的刘玉老师等承接了一些解决企业技
术的项目，他们通过网络从全校招聘了几名本科生做课题。刘玉老师说，
"开始只是想尝试一下，并没有预想能做多好。但是几个月后，他们圆满
地完成了课题任务，并编写了 2 万多行的代码。由此发现，本科生的科
研能力不可小视，他们缺的只是机会和环境（李丹，2010）"。

　　起初只是招本科生做项目，后来发现本科生科研对学生发展有重要
价值，刘玉老师于 2002 年组建了"Dian 团队"，其正式名称为"基于导
师制的人才孵化站"，宗旨在于组织优秀本科生跟随教师参与科研项目，
践行"干中学"的模式，培养本科生的创新能力。Dian 团队成立时只有
5 名队员，随后逐步进入良性运行阶段，2006 年时成立了项目质量部、
培训部和综合管理部三个部门，在站内队员增加到 100 多人。经过几年的
积累，Dian 团队可以不再依靠教师的科研项目，而是具备了独立在市场
上竞争科研项目的能力，每年获得的项目经费已超过百万。Dian 团队事
实上已发展成为一种高水平的大学生科技创新团队，与前文介绍的承接
学科竞赛项目的科技创新团队不同，它具备独立竞争真实科研项目及经
费的能力，这种类型的科技创新团队并不多见。

　　总的来说，这一时间段，教师吸纳本科生参与科研项目纯属教师的个体性行为，它可能出于各种考虑，例如补充科研劳动力，或者为了锻炼学生、培养学生的实践能力等。这种行为并未得到大学组织的支持和干预。但是，很快由于高等教育大众化带来了研究生规模的快速扩张，科研"劳动力"的数量得到了极大的补充，教师主动邀请本科生参与项目的举动越来越失去了结构性基础。

二　面向"拔尖创新人才培养"

（一）政策的广泛呼吁

　　2005 年以来，高等教育发展战略从规模扩张转向质量提升，高等教育改革进入了质量工程时代，本科教学改革得到了前所未有的重视。2005 年教育部《关于进一步加强高等学校本科教学工作的若干意见》文件中提出积极推动研究性教学，提高大学生的创新能力，建立大学生尽早进入实验室的基本制度和运行机制，让大学生通过参与教师的科学研究项目或自主确定选题等多种形式来推动本科生科研训练的发展（教育部，2005）。2012 年《教育部关于全面提高高等教育质量的若干意见》中对本科生科研训练做了更加明确的要求，例如，支持本科生早进课题和高校的一些重点实验室，研究基地要向学生开放等制度化要求（教育部，2012）。在这些政策文件的推动下，高校尤其是研究型大学积极探索"早进课题、早进实验室、早进团队"的育人模式。不过，在本科生参与教师科研项目这方面，高校更多的是倡导和鼓励，并未出台教师接纳本科生参与科研项目的约束性制度。这一时期，学生积极主动联系教师，申请加入教师科研项目的现象比较普遍，尤其是在化学、生物等学科专业中。因为实验科学的研究十分依赖实验仪器设备，学生只有加入教师的课题，走进教师的实验室，才能接触真正的科学研究。

（二）"基础学科拔尖学生培养试验计划"出台

　　2009 年，教育部联合中组部、财政部共同出台了"基础学科拔尖学生培养试验计划"，又称为"珠峰计划"。此计划主要针对国内拥有优势基础学科、拥有培养创新型人才经验的高水平一流大学。首批入选的高校为北京大学、清华大学、南开大学、复旦大学、中国科技大学等 11

所，后来增加到 20 所，2015 年，又新增中国科学院大学。"珠峰计划"
的目的在于在数学、物理、化学、生物和计算机科学 5 个基础学科建设
出高水平的国家级人才培养基地，完善拔尖人才培养机制，最大限度吸
收最优秀的人才投入基础学科研究领域，使其成长为基础学科领域的顶
级人才，并逐步跻身国际一流科学家行列（教育部高等教育司，2012）。
"珠峰计划"中明确提出要为入选计划的本科生配备指导教师，让学生进
入教师的科研项目进行科研训练。这成了对教师接纳本科生参与科研项
目的约束性规定，但显然，这种规定只针对小众的拔尖创新学生群体。
下面介绍了部分入选"珠峰计划"的高校在安排学生进入教师科研项目
的实施情况。

北京大学入选"珠峰计划"的学院组织了一批学术水平较高的导师，
对项目学生开展学业指导。学生进入高年级后，可以依照自己感兴趣的
科研方向选择学术导师，学生在导师的指导下根据自己的兴趣确定科研
题目，开展科研实践。2014 年，全校约有 30% 的本科生参加校级本科生
科研训练，"珠峰计划"项目院系参与学生达到 60% 以上。据不完全统
计，2010—2012 年项目院系学生公开发表科研论文 420 篇，其中 2012 年
公开发表论文 170 篇，占到全校总数的 75.9%，其中 SCI 第一作者 34 篇，
占到全校总数的 97.1%（北京大学教务部，2014）。从可观的论文发表数
量可见，为项目学生安排学术导师指导科研项目取得了显著的育人效果。

西安交通大学在全校范围内实行"两大一小"的三学期制，数学学
院利用一、二年级学生暑假小学期安排"珠峰计划"试验班学生以"双
向选择、自由定位"的原则选择个人或团队的科研导师，跟随导师进行
科研训练或小课题研究。新学期初，学院组织专家对学生提交的论文或
综述报告进行评定，由学生制作 PPT 统一面试答辩；最终评定为优秀的
科研论文将整理汇编入《数学试验班学生科研训练论文集》（赵婧芳，
2015）。

中国科学技术大学英才班实行"两段式"教学，本科生在中国科大
完成两年半的基础课，后一年在中国科大和研究所完成专业基础课学习，
然后在相关研究所进行半年的科研实践，并在科研导师的指导下撰写毕
业论文（刘粤湘等，2011）。

30 年来，在政府和高校的合力下，本科生科研的理念已经深入人心，其作为创新人才培养有效举措的价值被广泛认可，本科生科研实践也得到了极大的发展。高校内部初步形成了以科研基金和学科竞赛为主体的大学生科研训练和创新活动平台。在此平台中，学生可以自主提出科研课题，申请立项资助，也可以参加教师的科研课题、在教师指导下开展研究，还能够参加或组建大学生科技创新团队参与各类学科竞赛。多种科研参与形式为学生提供了更多的科研参与机会，拓宽了科研参与渠道。

目前，关于本科生科研参与率的全国性数据很缺乏，没有相关的部门或机构进行权威调查和统计。2016 年底的一项由研究者开展的全国性调查表明，在四年制本科院校中，36.4% 的大四学生拥有科研活动经历，其中研究型大学该比例达到 55.2%。① 这是到目前为止一个最新的全国性数据。可见，在研究型大学中，本科生科研参与率非常高，但是在一般本科高校内，本科生科研参与率比较低，据推算，应该在 30% 以下。此外，几项年代数据显示：2012 年，北京大学约有 30% 的本科生参加科研训练，物理、化学等理科院系参与学生达到 60% 以上（曹建等，2013）。而同年，对一所北京市属一般本科高校的全校性大样本调查显示，只有18.4% 的学生参加过科研活动，81.4% 的学生没有参加过科研活动（李湘萍，2014）。陕西师范大学 2012—2014 级本科生共计 13445 人，参与科研项目者 3095 人（大约占 23%）（鄂建伟等，2017）。比较这三所学校的数据发现，本科生科研参与率与院校声望等级有密切关系，研究型大学的参与率最高，办学时间久的老本科院校的参与率要高于新建本科高校。此外，纵向比较北京大学 2012 年的参与率数据和 2016 年底全国性研究型大学参与率数据发现，这些年本科生科研的规模整体上不断增长。2018 年的最新数据表明，南京邮电大学理工科本科生科研参与率达到了70.08%（陈春潮、齐婉宁，2018）；青海大学工科学生参与过科研项目的仅占 23.58%（高莉等，2018）。由于学校类型层次不同，即使学科相

---

　　① 调查开展于 2016 年 12 月，调查对象是全国 16 个省市自治区 83 所本科院校 15336 名大学生。课题组内部数据，尚未发布。依托项目：国家自然科学基金面上项目"高等教育增值与毕业生就业之间的关系——基于教育经济学的理论分析与实证检验"（71673097）。

同,本科生科研参与率都有极大的差异。

以上本科生科研参与率数据都来自于学者的调查,目前来自高校或教育管理部门的统计数据十分缺乏,这一点和美国的情况类似。即使如此,通过综合上述参与率数据可对本科生科研参与情况进行大致的判断:整体上本科生科研实践在不断推进,学生覆盖面不断扩大,学生的参与率在上升;本科生科研参与率存在较大的院校差异,院校的声望等级是主要影响因素,院校所处区域的影响不及声望等级的影响,研究型大学的本科生科研参与率要远远高于一般本科院校,而地处发达地区的一般本科院校的参与率不及地处西部地区的老牌地方本科院校的参与率;本科生科研参与率存在着典型的学科差异,理工科学生的参与率比较高,人文社会科学学科的参与率相对低。但是西部地区一般本科院校的工科学生参与率也不及全国四年制本科院校全学科统计的参与率。今后,在推进本科生科研时,国家政策需要向人文社会科学学科倾斜,向一般本科院校倾斜,向西部高校倾斜。

第四章

本科生科研学习的过程

第一节　本科生科研与建构主义学习理论

本科生科研被视为是创新人才培养的有效途径，这里面自然蕴含着"本科生科研是一种有效的学习方式"的意思，如果这种学习方式本身不科学、不先进，它也不可能带来好的学习效果，难以促进学生创新素质的发展。那么，本科生科研究竟是一种怎样的学习呢？厘清本科生科研学习的过程，结合学习理论对其进行描述和解释，有助于人们更清晰、深入地认识本科生科研的价值，从而深化对本科生科研能促进学生创新素质发展的原因的理解。本节内容梳理了与本科生科研活动密切相关的学习理论，从中析出能用于分析本科生科研学习过程的概念，以服务于对不同科研参与形式中本科生的学习过程进行"概念性"描述和解释。

一　建构主义学习理论

20 世纪 80 年代，建构主义思潮兴起并迅速波及各个学科领域，尤其对教育学产生了巨大的冲击，形成了建构主义教育理论流派。建构主义将学习看作是在一定的情境即社会文化背景下，借助他人（教师和学习伙伴）的帮助，通过人际间的协作互动来实现意义建构的过程。它强调学生主动参与、探究发现、交流合作和对所学知识意义的主动建构。研究者们认为本科生科研十分符合建构主义提出的学习理论，是建构主义学习理论的一种教育实践。下面介绍与本科生科研密切相关的建构主义学习理论和概念。

（一）最近发展区

"最近发展区"是维果茨基（Vygotsky, 1978: 86）社会建构主义的代表性概念，它是指"独立问题解决能力的实际发展水平，与在成人指导下或与其他更有能力伙伴的合作下进行问题解决的潜能发展水平之间的距离"。有效的学习发生在学生的最近发展区，教师在这一区域中发挥的作用/行为被称为"支架"（Scaffolding）。维果茨基的最近发展区的另一层含义是使学习者从他律向自律转化，当教师的支架行为停止时，学习者会变得更加独立。在第一阶段，新手不能理解专家展示的问题；在最后阶段，新手能够熟练地独立完成任务。本科生科研可被视为一种支架式教学。在本科生科研活动中，学生实际上从事着超出他们已有技能与知识水平的探究活动，这便给其提供了在最近发展区实现学习最大化的机会。在这一学习过程中，教师或者其他人员的指导将作为支架，帮助学生完成科研任务，从他律向自律转化。

（二）学习的社会性

社会建构主义认为，每个学习者都有自己的认知结构，都有自己的经验世界，不同的学习者对同一知识、信息或问题形成不同的见解或结论，因此群体的学习相比个体的学习而言，学习者能分享到更多的理解和意义，不同的学习者可以通过相互沟通和交流，相互争辩和讨论，合作完成一定的任务，共同解决问题，从而形成更丰富、更灵活的理解。不仅学习者之间可以构成群体，学习者还可以与教师、专家等就知识或信息展开充分的沟通。这种社会性相互作用可以为知识建构创设一个广泛的学习共同体，以及提供丰富的资源和积极的支持。本科生科研正是以"科研活动"为载体，提供给不同学生进行学术互动的机会，因为本科生科研极少以个体单干的形式开展，绝大部分时候学生都是自己组团或者加入到已有科研团体中开展科研活动。

（三）学习的情境性

所有的学习都是"情境性的"，即它是在一定的情境之中发生，建构主义是将"情境"纳入学习研究的先锋。1991 年，美国人让·莱夫和埃蒂安·温格（2004: 8-9）提出了情境学习理论和"实践共同体"学习模式。在实践共同体中学习者所处的情境蕴含着双重性质，一是人际交往和互动意义上的，学习者通过与他人互动开展学习；二是规范和文化意义上的，即实践共同体本身内含规范性的价值和意义，它传递某种文化和价值目标，推行某种技术和规则，学习者在其中学习，最终的目标是被社会化，习得实践共同体的这些价值规范。与实践共同体密切相关的另一个概念是"合法的边缘性参与"，它描述了在实践共同体中新手的学习经历，即新手在专家的指导下如何缓慢地、逐渐地获得特定实践领域的知识和技能，从边缘走向了中心，成为共同体成员的过程。合法的边缘参与不是一种教学方法，而是用新的视角观察和理解学习的透镜。后来，布朗和柯林斯（Brown & Collins, 1989）提出了"认知学徒制"（cognitive apprenticeships），他们关注认知技能和认知过程，认为要改变学习环境以使得内部思维过程外显化，为学生创造在多种情境中应用这些认知方法和技能进行实践的机会，并且任务难度应逐渐增加，以满足学生学习需求的变化。情景学习理论不仅阐释了学习过程，而且提出了对学习内容和结果的认识。学习不仅包括掌握知识和技术，还包括对特定学科或职业的文化、规范、价值和实践的掌握。

"合法的边缘性参与"以及"认知学徒制"有助于解释本科生在教师或其他人的指导下，通过不断运用知识和方法解决问题，从科研新手发展成为熟手，从边缘走向中心，最终构建起"研究者"身份意识的过程。

二 本科生科研学习过程的分析框架

上述建构主义学习理论为理解本科生科研学习过程提供了很好的分析性概念，可以形成一个分析框架，用于对本科生科研学习过程进行分析和解释。

（一）学习内容

学习内容是学习的对象，指的是学什么的问题。维果茨基的"最近发展区"理论认为学习内容应该超出学生已有的水平，指向未来能够达到的目标，这本质上是指所学的内容要具有认知上的挑战度。在本科生科研活动中，学生实际上从事着超出他们已有技能与知识水平的探究活动，研究性的工作挑战了学生的高级认知能力，这便给学生提供了在最近发展区实现学习最大化的机会。除了认知方面，学习的内容还包括态度、精神和品质方面。科研活动不是一项纯粹认知性活动，同时也是社会性、文化性活动，从事科学研究活动需要具备相应的态度和精神品质，而态度和精神品质的习得依靠交往实践和个体反思。

（二）学习情境

本科生的科研活动是在群体中进行，"课题组""实验室""团队"这些名字常挂在学生嘴边，是学生开展科研活动的依托，"实践共同体"概念解释了这些团体或组织如何成为学习的情境。"并不是一群人为了完成一项具体的任务聚在一起就是实践共同体，因为它不意味着一定是共同在场，一定要有看得见的社会性界限，这意味着参与者在活动系统中对于该活动系统共同的理解"（让·莱夫、埃蒂安·温格，2004：11）。在共同体内，每一个成员拥有共同的目标，他们共同学习，共同实践，分享内部的各种资源，同其他共同体成员进行对话、交流，分享各自的经验、体验以及情感，通过共同活动形成相互影响、相互促进的人际关系，并对这个团体产生强烈的认同感和归属感。由此，实践共同体本身就成为一种教育资源（环境），新手成员在其中通过与其他成员互动来感知和学习实践共同体所推崇的规范和价值。本科生通过组建"课题组"、进入教师实验室或加入创新团队来开展科研活动，他们所处的学习情境是否是实践共同体，这将对他们的学习和发展带来什么影响，后面将展开具体分析。

（三）互动

本科生在科研活动中的互动对象有教师、学长和同学。对本科生而言，教师既是科学家也是指导者，科学家身份意味着教师要与学生探讨科学问题，向学生展示一名科学家如何分析问题、解决问题，如何应对研究中的困难，如何认识科学的本质；而作为指导者，教师要关注学生的发展，设定学生的能力发展目标，有意识地引导和训练学生，并且关注学生的心理情感，随时回应学生的需求。学长，可以是博士生、硕士生，也可以是高年级学生，他们具备较多的开展科研活动的经验。对本科生而言，学长是更加可预期的指导者，学长没有科学家的才华和教育者的理念，但他们都从"新手"走过来，更了解新手怎么想，需要什么，新手的问题在哪里，并且他们往往表现得更加和蔼可亲，更让人有亲近感。同学，是本科生最愿意互动的对象，虽然水平都不高，但是没有位差感，彼此之间很熟悉，并且唾手可得。

基于 H 大学 63 名本科生科研参与者的深度访谈材料，① 结合上述分析框架，将对参与"大创"项目和教师研究项目的本科生的科研学习过程进行"概念性"描述。本书没有对学科竞赛科研参与形式进行单独分析，但是读者可以从本章第四节对承担真实科研项目的大学生科技创新团队的理论分析中得到启示。后续分析使用了理想类型方法，即尽量抽取某种科研参与形式的共性及特点，有意识地忽略掉非重要的异质信息，从而形成一种具有概括性的"典型"。需要指出的是，即使是对"理想类型"的归纳，也深深打上了 H 大学的烙印。

第二节　承担"大创"项目：自主实践式

一　"大创"项目开展的制度环境

"大创"项目是由国家政策推动，高校具体负责实施的正式的本科生科研参与形式。"大创"的组织管理制度中有许多对于学生科研活动开展的明确规定，这些规定影响了科研学习过程，它们构成了"大创"项目开展的舞台。

"大创"项目有明确的时间节点，阶段性目标很明确，一般包括项目申报、项目实施、项目中期检查和项目结题验收 4 个阶段，在每个时间节点前本科生须提交相应的材料。

每年大约春季时，学校会发布"大创"项目的申报指南，具体申报和遴选工作由学院负责。本科生依据项目指南选定研究问题，联系指导教师，独立地或者在教师指导下撰写项目申报书。项目申报书包括申报缘由、项目方案、项目创新点、进度安排，以及预期成果等。通常，本科生选题有两种渠道：一种是本科生个人或团队结合自己的兴趣爱好和专业特点，自主选题并撰写申报计划书，然后寻求教师进行指导；另

---

① 方法设计和样本情况参见第一章第三节"质性研究的设计"部分。

一种是教师把自己的部分课题作为"大创"项目选题来吸引本科生参加，在项目选题确定后，本科生在教师指导下完成项目申报书的撰写。显然，第二种形式实质上是本科生参与教师的项目，只是通过申报"大创"项目获得额外的经费资助。所以，对"大创"项目来说，比较正统的形式是本科生自主选题，自主开展科研和实践活动，因此称为"自主实践式"。

　　本科生以个人或团队形式（后者居多）申报"大创"项目，原则上团队人数不超过 5 人，且项目组成员必须有明确分工。整个"大创"项目持续半年到一年的时间，通常不超过两年，要求项目负责人在毕业前完成结题验收。在此期间，本科生将在导师的指导下，自主地完成实验设计、实施、数据处理与分析、报告撰写和成果交流等工作。项目进展到中期时，项目负责人要向学院提交中期检查报告，包括研究进展情况、取得的阶段性成果、下一阶段的工作计划、经费使用情况及尚待解决的问题等内容，由学院组织评委进行评审，监督项目的落实和完成情况，并将发现的问题及时反馈给项目负责人和指导教师。只有通过中期检查的项目，才可进入下一阶段的研究。项目完成后，项目负责人将项目结题报告和相关研究成果（论文、设计或发明专利等）及支撑材料提交至学院，由学院组织专家委员会对项目进行现场验收和考核，项目负责人要进行 PPT 汇报和答疑。结题项目分为优秀、合格、不合格，优秀的项目会被学校推选、上报至省级或国家级"大创"项目。

　　从"大创"项目开展的流程规定来看，学校完全将它与教师科研项目的管理程序等同。有两方面的规定实质性地影响了学生：一是从申报到中期检查再到结题，有许多文字材料准备工作，并且都是非常专业性的写作，而学生几乎都没有写申报书的经验，若无教师指导，恐怕只有少数优秀学生敢去尝试。当然，本科生对此也越来越有经验，他们经常去借阅学长的报告，靠模仿和参考应对这些问题。二是注重程序性管理，项目申报获批之后，还有中期检查、结题验收等。这些工作超出了纯粹的研究活动，是科学研究的社会化和体制化。参与这些工作后，科研在学生的心中就不再是科研活动，而是科研项目。学生在最初接触科研时，就经历了科研活动的现代形式，即科研经费获得者与经费赠予者之间的合同契约。

二　"大创"项目中学生如何学习

（一）学习内容

若依靠本科生自主选题，他们能拟定怎样的题目？完全由学生自主提出的题目更像是一项小发明创造。一名能源专业大二的学生谈道："我从生活观察中得到灵感，申请了一个项目叫'全控温饮水机'。当时的想法是，市面上的饮水机要么是100度，要么是没有加热的水，有些人可能想要50度或者60度的水，传统饮水机是做不到的，于是我就想看看能不能对饮水机进行改造，也可以增加含氧量或矿物质等。有了这个想法后，就和队员一起查阅相关的文献、专利，发现之前没有人做，我们就选择做它了。"

许多学生在大二时就申请了"大创"项目，那时他们没有任何的科研经验，很难提出真正的学科理论问题或工程实践问题，所以他们能想到的，主要还是些与自己学科专业相结合的小型的发明创造。大三学生申请"大创"项目时，往往都已经有过参加学科竞赛、参与教师研究项目，或者课程研究项目的经历，他们申报的题目通常是之前研究项目的延续，有的还可能是将正在做的项目通过改进或优化后用来申报"大创"项目，这种类型的"大创"不算严格意义上的自主选题。一位能源专业大三的学生谈及其曾经做过的一个"大创"项目时说："我在做'大创'的过程中积累了很多有用的经验，但是'大创'项目还是比较简单，我们团队（指科技创新团队）通常将申请一个'大创'项目作为锻炼团队成员的方式，通过做'大创'得到实际锻炼后再在团队比赛中承担主要任务。"

虽然学生自主提出的选题并不"高大上"，没有太多涉及学科重要理论和技术的应用，最后做出来的成果也不一定具有太多新意。但是完成整个选题的过程对学生来说是个有挑战性的工作，主要体现在学生要独立自主地去查阅资料、论证想法的可行性、设计技术实现方式等。这个过程需要学生启动应用、分析、推理、综合、评估等多项高阶认知能力。

项目获批后，项目如何开展，做到什么程度，也由学生自主掌握。主持"全温控饮水机"项目的学生讲到："如果是一开始那种手动式的特别简陋，基本上三天就做完了；后来要加上单片机的自动控制，可能需要我们（团队中的）两个队员熬夜写三千行代码；如果在'控制'上面再加上一个'显示'，也就是对电机的运行参数进行测量，这就更难了；如果再做一个客户端把那个'显示'接在电脑上采集数据，这就难上加难。我们本来是想做到显示也就是第三个层次，但是这个层次对我们来说太难了一点。第二个层次我们用单片机做出来了，但是出现了一个蛮严重的问题，就是我们选错了东西，如果换成 PLC 的话就更好了。"由此可见，即使是小型的发明创造，也有不同进展程度和水平的区分。学生自主开展科研活动，可能缺乏十分明确和约束性的目标，也不会去思考相关目标背后的教育意义，他们只是凭感觉一步步往前走，走不下去了就停下来。因此，从学习内容来看，一方面，学生做的是对他们来说很有挑战性的工作，因为从选题到设计再到实施，都要由他们自己来完成；另一方面，他们的研究和实践工作缺乏"教育目标"的规划，学习某种技术、运用专业知识和技术解决问题等对他们而言有重要教育意义的活动可能被忽略或放弃，整个科研活动训练显得有些随意。

（二）学习情境

在"大创"自主实践式中，本科生在申报项目时临时组建了"课题小组"，按规定一般不超过 5 个人，小组成员主要是班级同学，或者是成员介绍来的"有用的"熟人。"课题小组"的基础很薄弱，一是知识基础少，成员都是新手，缺乏研究的经验，也没有共同合作的经验，对彼此擅长什么技术、水平如何都不是特别清楚；二是人际关系薄弱，成员之间是临时组队的，虽然是同学，但是对彼此的做事方式、性格、追求等也不了解。项目负责人是小组的牵头人，他能够积极引导小组建立起行动议事规则，如定期召开例会讨论课题进展，使小组朝着完成科研任务的共同目标前进，但是成员之间仍然是松散的组合，小组还经常面临着解散的结局。"消息是通知到班里的，班里就只有我这一个想法，然后就有人过来说一起做，人一下子就满了，就这样组成了团队，刚开始的分工是我负责整体设计，一个负责理论，一个负责实验加工，一个负责账目，一个负责文书，当初想法是这样，但其实实际操作不是这样。后来就只剩下我和其中一个成员做了，其余的都退出了"。

简而言之，自主实践式中，作为科研新手的学生，难以把临时课题小组建立成目标高度一致、行动有力、高效运行的团队。

（三）互动

自主实践式中，科研学习实质性地开展很大程度发生在项目负责人和一两位项目组核心成员的互动中。他们是同年级学生，在知识积累和研究技能上处于同一水平。他们围绕着解决研究问题、完成研究项目展开了频繁的互动，他们经常讨论课题，甚至为了尽快做出结果，吃住都待在一起，轮番上场，跟时间赛跑。这种互动对学生所产生的影响更多不是知识上的，而是态度和品质方面。"小组里面有个成员是电气学院的，项目需要的电气相关的部分由他负责，在合作过程中，他给我普及电学方面的知识。他找资料给我看，有的地方还会深入指导。他沟通交流能力很强，对我影响挺大的"。"每个人的特性不一样，其中×××就比较认真和执着，比如他暑假因为考雅思所以回来晚了，但回来之后就开始写程序，写了两天两夜，然后×××和他一起写程序，熬了几天几夜，写了三千行代码"。在近距离的接触中，学生会感受到其他成员身上的优秀品质，并且以此为榜样，主动去学习这些品质。当然，学生并未将这些品质打上"科学家精神"这样高大上的标签，而只是当作做人做事的优秀品质来学习。

整体来看，自主实践式中，教师的参与很少，无论是对项目的前期把关还是后期开展中的指导都比较欠缺。有少数教师会在项目开展初期亲自指导学生，把握项目的大方向，并将后期的具体指导工作交付给自己的研究生；多数教师的指导都是以学生主动寻求帮助为契机。学生谈到老师指导时说："感觉学校对这个项目还是不太重视，也可能是我们自己的原因。学校要求项目要有导师签字，然后我们随便找了一个电气学院的副教授，后期老师很少找我们，很少关心项目进展如何等等。可能是本科生，老师不太重视，也有自己的原因，没有积极主动去联系老师。"

　　除了传统的"师道尊严"文化使得学生对教师有畏惧心理而回避主动联系教师外，还有一种比较普遍的想法是，学生认为自己的项目只是一项发明创造，它是一个不断实验、调整的过程，因此教师帮不上忙。"这件事情需要我自己去倒腾。理论上是有导师的，实际上就是我自己在干，我这个比较简单，遇到问题自己解决，基本上不需要老师指导"。由于小发明创造太接地气，和学科高深知识理论相距较远，连学生都自信地认为不需要教师指导，仅靠自己折腾就行。而教师的心理则是认为，"题目是学生自己选定的，难度不大，先让他们自己去试，搞不出来了他们会来找我"。可见，师生双方的关注点主要在于是否能做出东西来，而不是这个过程应该"有意识"地提供给学生哪些方面的训练，培养学生的哪些能力和素质，教师并没有发挥"支架"功能。

第三节　参与教师科研项目：实验室科研实践共同体

一　进入教师实验室，获得合法的参与身份

　　本科生参与教师课题这一形式比较特殊，它不像"大创"项目或学科竞赛那样有明确的制度安排，而是由学有余力的本科生与富有教学热情的教师双方自愿达成的一种科研指导关系。这种形式大量发生在理科师生之间，像物理、化学、生物等基础理科属于实验科学，离开教师的实验室，科研活动无法开展。当然，基础理科与工程学科之间通过学科交叉融合产生了一些交叉学科，例如生物信息技术、生物医学工程等，它们的研究方法更多地偏重工程技术，可以归属于工程学科。研究参与教师项目这种形式，选取基础理科学生，更具有典型意义。

　　目前，理科学生培养中已经形成了"早进实验室，早从事科研训练"的观念，有些学习积极的学生会在大二的时候就主动联系教师，提出进入实验室的请求。教师们已经习以为常，他们通常都有一套甄选学生的做法。一位生物科学专业的教授讲道："这一次有 5 个学生同时联系我，想进实验室，一看都是专业成绩好的学生。我安排他们一起来面谈，介绍了实验室课题的基本情况，然后布置了 3 篇研究文献给他们，要求一

个星期后再来面谈。第二次面谈的时候只来了 3 个学生，有 2 个学生放弃了。（笑，是我要求多吗？）他们各自谈了对文献的理解，其中还有学生表决心说特别热爱科研，想走科学家的道路。我还在观察，在跟科研有关的事情上不要着急做决定。一个星期之后，有 1 名学生给我发了邮件，那天和我面谈文献后，他根据和我的讨论，回去又查了文献，然后形成了几个研究问题，让我再指导一下。这个学生就是我要找的人。为什么呢？因为他对研究有探索的热情。学生的学习成绩当然重要，但是实验室研究需要对科学研究真正有兴趣，愿意去思考去探索的人，这才是科学研究永不枯竭的动力。"学生可能出于各种目的想进实验室，但教师的衡量标准中最重要的一条就是探索的热情、真正的热爱，这也是科学家的"初心"。

二　在科学家实验室中学生如何学习？

（一）学习内容

本科生进入实验室后，首要的任务就是快速了解和适应实验室环境。他也许并不用急着低头开始做实验，而是要抬头观察四周，了解实验室的课题构成和人员构成，以及大家的行动规则，包括谁走得最晚、谁来得最早，老师跟谁谈课题等。除了让自己尽快融入实验室成为其中的一员外，更重要的是观察、感受和体验实验室里那些隐藏在制度、规定和成员行事风格中的观念和文化。

教师会尽快给本科生"安排"科研任务。教师通常考虑的是课题需要做什么，而不是学生想做什么，因为，教师会默认，你来找我是因为对我的研究感兴趣。况且，大多数时候，本科生都难以说清楚自己对什么感兴趣，往往是最初偶然被教师安排的研究任务影响了本科生后来的研究兴趣和方向。布置研究任务时，应该是教师和本科生之间最正式的一次谈话。教师会注重"勾画大的地图"，先展示一幅最大的学科理论图示，在其中定位出目前实验室正在从事的课题的位置，然后再告诉学生，他接下来要做的研究处在这个课题的哪个环节。如此，帮助本科生快速地把握住研究任务的价值和意义，聪明的本科生在后续研究中遇到问题和困惑时，就会敏锐地回到教师勾画的学科地图中，去尝试调整问题方向。

接下来，学生进入正式的科研训练中。布置给毫无经验的本科生的任务大多是技术解决型的，即学习某种技术和实验操作用于解决问题。教师不会让本科生去探索解决问题的技术和实验操作，这是硕士生和博士生该做的事情。那么，这种技术解决型的科研工作是不是没有挑战性呢？当然不是！首先，本科生需要学习实验技术，这是一项全新的学习，并且要能熟练操作才能用以解决问题。其次，这项技术能解决这个问题的判断是依据其他类似经验，所以只是大概率，而非确切，也许最后并不能解决研究问题。所以，这是有挑战性的工作，学生要学着在新的应用环境中，自己探索操作的技术和小窍门（trick），在实现不了的情况下，自己做出判断，是改变操作技术还是整个放弃。一名大三生物专业的本科生说，"其实实验技术都是清楚的，比较确定，而且也是很成熟的技术，但我就是实现不了'迅速抓住'，反反复复试了很多次，哎，终于有一天，我灵机一动，把样品扔到36℃的水里面水浴了一遍，然后就成功了。后来我想了想，还是有道理的，体外实验也要模拟成体内的环境，虽然这个技术一般都不会这么操作，但我这一试还成了，后面都成功了，有些小 trick 的东西真的很需要经验积累"。

（二）学习情境

教师实验室的典型样态是：由教师、博士后、硕博士生和少量本科生组成研究力量，辅之以技术工人以及秘书等辅助人员；同时有几个课题在进行，每个课题下分配了几名博士后、硕博士生，课题组内部自成一线，课题被分解成若干任务分配给课题成员；每周有固定的例会，每个课题组汇报进展，教师与课题组负责人（通常是博士后或博士生）进行密切沟通，较少对各个学生进行单独指导；教师制定了实验室管理办法，特别注重实验安全和仪器设备操作方式，内含奖惩规定。

在情景学习理论看来，教师实验室能被理解成是一个以科学家为核心的科研实践共同体。共同体成员共同开展的活动是科学研究，目标是探索新知识，发展科学。教师"科学家"处在共同体中心位置，领导和指导实验室成员开展科研工作，通过言传和身教，将科学研究的方法和技术传递给学生，向学生展示科学研究所需要的态度、精神和品质，跟学生分享他关于科学本质的见解，还为共同体的事业提供资金和物质条件保障。学生在实验室科研实践共同体中，依据学识的高低、科研经验的多寡，自然形成等级序列，这个等级序列并不是身份等级，而是一种传递经验的等级结构，博士后、博士生指导硕士生、本科生，硕士生指导本科生，这种安排是一种更有效率的方式。

那么，本科生在实验室中的学习经历是：获得合法身份进入实验室；先接受技术性科研任务训练（问题被给定，技术被给定）；再经历方法探索性训练（问题被给定，方法未定）；最后再到自主提问自主解决的高级科研训练（问题未定，方法未定）。通过这一套符合学生认知发展的训练安排，帮助本科生掌握科学研究的方法和技能。

除此之外，科研实践共同体对本科生的另一重要影响就是获得共同体成员的身份意识，即科学家身份意识。通过科研实践，与科学家（研究者）近距离接触，本科生逐渐认识到科学研究所需要的态度、精神和品质，然后把认知转化为行动，且能持续地践行。最终学生将获得这些精神和品质，达成专业社会化。在掌握了科研方法和技术，具备科学家的精神和品质基础上，学生会形成对研究职业的向往，至少，在接下来的毕业选择中会倾向于读研和读博。

（三）互动

前面已经谈到，除了最初布置科研任务时，教师很少亲自指导本科生。本科生能够接触到教师的机会只有每周的实验室例会。在例会上，教师的主要工作是对学生的研究进展进行评价，指导学生确定下一步研究的方向和方案。本科生通过观摩例会，除了获得科学研究的知识以外，还领略了科学家的风采，感受到智识的力量，从而心生向往。

实验室中本科生互动最频繁的是直接指导自己的硕博士生，即师兄师姐。学生与学生之间的沟通会更方便和直接，师兄师姐很少跟本科生讲深奥难懂的话，并且好像特别能理解本科生，一眼就能看穿本科生的问题在哪里。只要本科生能主动地和师兄师姐维系良好的人际关系，来自师兄师姐的科研指导一般都是具体而充分的。本科生在师兄师姐的指导下，能快速掌握实验技术和解决问题的方法，同时，通过近距离的互动，师兄师姐身上的品质无疑会影响到本科生。"师姐虽然是女生，但是搞科研很拼命，做事也非常专注。我刚进实验室时，她的实验很不顺，经常熬夜。有一次我课程报告落实验室了，第二天要交，深更半夜跑去拿，整个实验室还剩她一个人在跑胶，那胶一跑就停不下来的，肯定只能通宵了。这点对我触动很大。以前，总是当故事在听，现在真人版就在我身边，一个女生能为科研做到这么拼，我行吗？所以，我就告诫自己，我得拼一些。师姐的实验后来出了很大的数据，别人都恭喜她终于人品爆发了，那是她一直死扛死磕出来的，前期不管遇到多大困难，只要再坚持一下，也许就会有好结果。"也许关于科研的励志故事，学生听了很多，但实验室中总会有各种真人版本供本科生细细品读。

第四节　科技创新团队中的科研学习经历：新的理论解释

一　H 大学 Q 学院的大学生科技创新团队

在第一章第三节研究方法部分介绍了 H 大学 Q 学院是本科拔尖创新人才培养改革示范区，Q 学院强调培养学生的实践能力，大力推行本科生参与科学研究和创新实践活动。Q 学院中，本科生参与科研活动的途径主要是参与大学生科技创新团队，此外，学院还为少量的特优生配备了学术导师，要求学术导师为特优生提供进入实验室开展研究的机会。Q 学院将大学生科技创新团队纳入体制内，成为与课程教学相配套的人才培养方式。调研时，Q 学院中有覆盖不同学科专业的 21 支创新团队。①

科技创新团队大致分成两种类型，一种是以参加各类国内国际学科竞赛为主，例如，电工电子科技创新中心、iGEM 团队等；另一种是从事

---

① 大学生科技创新团队存在着一定的变动性。调研时，有 21 支团队，现在已经调整为 18 支。

真实的科研项目，这些项目或来自教师的科研项目，或来自在市场上竞争所得，后一种来源的项目数量越来越多，这一类团队有 Dian 团队、冰岩作坊、机械创新基地、联创团队等①。后一类承接真实项目的科技创新团队是 Q 学院拔尖创新人才培养中的一大创举，在其他学校比较少见。承接真实科研项目的科技创新团队的特点在于：科研项目多，因此团队学生参与科研的机会多，学生投入科研活动的时间长，为了解决和课程的冲突，学生经常通宵达旦搞科研；团队内部，从科研到管理，都由学生自己负责，形成了学生自治管理制度，科研活动依靠"以老带新"，队员之间互动频繁。因此，这类科技创新团队与其他科研参与形式相比，为学生提供了非常不一样的学习情境，学生获得了很特殊的科研学习经历。

二 研究设计

采用质性研究方法来收集和分析数据。基于目的性和强度性的考虑进行抽样，从 Q 学院 21 支科技创新团队中选取了 2 支开展真实科研项目、制度健全、运行良好、声望较高的团队作为研究对象，将它们分别标记为 D 团队和 J 团队。D 团队的学科专业背景是电信专业，J 团队是机械专业。调研工作于 2014 年 3 月至 8 月开展，考虑到学生参与研究经历的完整性和学习效果显现的滞后性，选取了团队中当时正读大四的 2010 级的本科生和已经毕业但仍然在该校读研的 2009 级的本科生共 17 人为访谈对象，样本构成情况见表 4—1。

主要通过半结构化访谈的方法收集材料，以开放的询问方式让受访者自由地谈论他们在创新团队中从事科研活动的经历和对收获的主观感受，鼓励受访者对所谈到的经历和收获进行细致的描述和实例列举。所有访谈都是单独地面对面进行，每个访谈持续 60—90 分钟，事后及时地对访谈录音进行了逐字逐句的整理。

---

① 机械创新基地和联创团队最初以参加学科竞赛项目为主，后来慢慢转向竞争和开展真实科研项目。

表 4—1　　　　　　　　研究样本的年级和性别构成情况

	2010 级	2009 级	合计
D 团队	5	3	8
J 团队	4	5	9
女性	1	1	2
男性	8	7	15

材料分析同时采用了演绎法和归纳法，使理论概念的演绎和经验材料的归纳达到较好地契合，从而形成对经验现象的理论解释。具体展开路径是，运用情境学习理论中的实践共同体、合法的边缘性参与、认知学徒制等概念对大学生在科研活动中的学习方式进行解释；运用身份构建等概念对大学生从事科研活动的重要学习结果进行解释。此外，在材料分析中还注意保持开放性，试图从访谈资料中产生新的主题。

三　研究发现

通常，本科生在大二时开始申请加入科技创新团队，被接纳后，他们将在团队中从事长达两年的科研创新活动，直到毕业。根据学生学习角色和身份的变化，在理论上将其学习过程划分为两个阶段。

（一）合法的边缘性参与：作为学徒的学习

第一个阶段持续时间约为一年，学生作为"新队员"，在学长"老队员"和教师的指导下，以学徒的身份，在具体的研究任务中学习如何做研究的知识、技术和方法，感受和体验研究工作所需的品质。

1. 选拔：获得在团队中学习的合法身份

每个科技创新团队都有一套选拔新队员的程序和方法。通常，由老队员负责组织选拔考试，包括笔试和面试，考察的重点是申请者对科研的兴趣、态度、意志和基本动手能力。申请者在考试过程中强烈地感受到这一点，这表明他们在未进入团队之前就被要求去思考科研活动的社会性一面。

通宵测试是淘汰人数最多的地方，我们在考官陪同下，用一通宵时间完成一个题目，它主要考察我们的意志力和快速学习能力。
（D2）

　　笔试的题目是学长们出的一些和专业相关的兴趣题，考察你是
否真的对这方面的研究有兴趣……面试主要考察是否能坚持下来的
态度。（J1）

2. 以学长为师：从琐事到专业知识和技术

在通过选拔成为新队员后，学生获得了在团队中学习的合法身份。
他们的学习正如埃蒂安·温格和让·莱夫在社会情境学习理论中所提出
的"合法的边缘性参与"那样，从"琐事""杂事"开始，指导他们的
是同为学生身份的老队员。几乎所有受访学生都谈到了初进团队时干杂
事的经历，这包括：洗刷瓶子、归整仪器设备等辅助性的实验活动；收
集文献、整理研究文档等准备研究资料活动；以及联系场地和人员、财
务报账、采购等服务性事务。在情境学习理论看来，做"琐事"和"杂
事"是新手进入实践共同体、习得"实践文化"，成为共同体成员必不可
少的环节。对新队员而言，通过参与各种边缘的辅助性事务，他们从多
个角度和途径观察团队及其科研活动的过程：团队中都有谁；他们都在
做什么；团队中日常生活是怎样；学长们如何做项目；老师怎样指导大
家；每个人都在如何做人做事，等等。在这个过程中，学习的发生并不
是靠传授，而是学习者的体验和反思，新队员在全景式的日常实践中，
通过体验和反思习得实践共同体的文化品性，包括共同的价值观、立场、
信念、共享的经验库和话语体系。

在访谈中，一名成长为团队队长的学生屡次谈道，"不要拒绝做任
何一件小事"，"最初认为那都是一些特别没意思的小事，后来我发现
千万不能小看这些小事，这也是我目前体会最深的。因为从小事中我
收获了很多，比如做事的方法、各种技能、积少成多的零散知识。也
许是我刚开始小事做得多（笑），所以很快对团队有了较多的了解和
认同（J2）"。

新队员在从事边缘性事务中所表现出的态度和能力，将成为他们获
得老队员的信任、被接纳为实践共同体一员的重要依据。

随着新队员逐渐了解团队所从事的活动，获得老队员的信任，融入团队之中，他们"正式"的研究之旅即将开始。在创新团队中，新队员学习做研究的"师傅"是老队员，老队员是团队研究任务的主要承担者，他们以手中正在从事的研究任务为载体，手把手地指导一名到两名新队员。作为师傅的老队员对新队员徒弟的指导包括以下几个方面：①完成具体的研究任务所需要的知识、方法和技术，尤其是特定的知识和技术如何运用于问题情境中来解决问题，包括学习哪些知识和技术、看哪些文献、技术如何操作等。"我刚进去的时候是大二，有学长带我。他会告诉你要学什么东西，到哪里去找资料，然后他会把项目分为几个模块让大家去做，告诉你具体的问题要怎么解决（D5）"。②除了传递智识，作为师傅的老队员还为新队员的"未来"提供建议，包括是否读研、读什么专业、找什么工作等。"上一届队长对我的帮助特别大，这种帮助不是通常的技术层次的。刚进团队有很多不了解，有些苦恼，找他聊一聊，他会讲一些我想不通的东西。到大三下学期，我在考虑未来安排时，他给我比较好的建议，包括考研、保研以及找工作等，当时我选择考研也是因为他给了我很多意见（D2）"。③此外，或许老队员没有刻意强调科学研究的社会化一面，但是他们以行动随时传递着科学研究需要的态度、精神和价值观。"刚进来时有两个学长教我怎么上手，那一段对我的影响很大，他们会带着我熟悉技术，也教会我融入这个团队，让我的交际面更广一些。他们平时的做事风格会潜移默化地影响我们，就像他们很认真，很负责任，这对我的影响很大（J7）"。

老队员对新队员的指导，"天然"地会注重"最近发展区"，因为他们自己就是从新队员身份走过来，对新队员的需求深有感触。老队员通常采用分享信息、亲身示范、回答问题、讨论等方式来指导新队员。这种手把手地教、亲密的互动有助于激发新队员的学习热情，许多受访者都谈到要"主动学习"。"很多东西别人教你的时候，你要发挥自己的主动性，要主动去观察，去学习，看他们是怎么做的（J8）"。

3. 来自教师的指导：设置目标、勾画学科板块、引导科学行为规范

相较于老队员随时随地"贴身"的指导，教师指导显得比较"珍

贵"。通常一个团队经常邀请的指导教师只有几位，而对某个项目进行具体指导的教师往往只有一位。教师对队员科研活动的指导一般是通过例会研讨的形式开展。

项目负责人一般每半个月或一个月组织一次邀请教师参加的例会。在会议上，主要是老队员与教师围绕项目进行深入的讨论，新队员更多处于观摩角色，在会后，新队员还有大量消化吸收的功课要做。

通过观摩教师参与的例会和对指导教师以及学生的访谈，笔者发现教师的指导呈现出不同于老队员指导的特点：①教师注重设定研究目标，新队员在老队员指导下的学习焦点在于具体研究任务怎样完成，而教师则将学生的关注引向整个项目的目标，帮助学生建立个体与整体的联系。"老师不会给你指导技术方面的或者项目中出现的问题。老师的指导都是把握大的方向，慢慢地就知道了老师是从整个项目的角度来考虑我们所做的这个部分（D1）"。②教师注重勾画学科板块，教师在指导时，注重学科基本概念和理论的讲解，帮助学生把握学科知识地图，构建项目与学科知识体系之间的关系。③教师有意强调科学行为规范，重视学生科学精神和态度的养成。作为成熟的科学家，教师非常清楚科研工作有其特定的社会性一面，学生在进行科研训练时，不仅要实现智识上的发展，更为重要的是习得专业社会化，因此他们会特别注重对学生进行科学品质的教育。

（二）践行专业身份：以"科学家""师傅"和项目领导者的身份开展学习

在科技创新团队中，经过一年的学习，新队员"升格"成了老队员，这时，学生的科研训练并未终止，相反，他们以"老队员"的身份进入了更高级的科研训练阶段。将这一阶段学习的特点归纳为"践行专业身份"，他们以"科学家""师傅""项目领导者"的身份开展高阶学习。

1. 成为"科学家"：设计和组织研究项目

如果说在第一阶段，"新队员"是在老队员的指导下学习如何完成具体的研究任务，那么到了这一阶段，新队员成长为老队员后，他们则承担起独立设计和完成研究项目的重任。他们要像真正的科学家一样，界定研究问题、提出研究方案，在此基础上指导新队员实施研究方案，获得数据和结果。"成为老队员后，就不光做技术层面的活了，要开始去引导项目的方向，我手下带着几个学弟，我来设计方案，我带着他们做，做不出来，出了问题，我来解决。刚开始觉得压力大，以前只管捣饬技术，现在要站出来牵头一个项目，刚开始还是挺难的，不过一个项目搞下来，收获太大了，怎么设计，怎么实施，怎么调参数，心里都有谱了。感觉跟以前相比完全不是一个档次的（J4）"。

提问题、设计研究方案、解释结果，属于综合和评价活动，是科学家从事研究活动的核心部分，有助于发展学生的高级认知能力。同时，作为一个项目小组的负责人，还需注重和其他小组负责人进行充分沟通，确保小组任务之间的配合，这有助于锻炼学生的沟通能力和独立自主性，而这些是"科学家"专业社会化的重要内容。

2. 当"师傅"：指导新队员

老队员的另一项重要工作是充当"师傅"的角色，手把手地教新队员。从组织角度而言，"以老带新"是科技创新团队能有效运行的基本动力；从学生学习角度来看，充当师傅角色指导他人是一个深入学习的过程。根据学习效果金字塔理论，通过教授他人可以掌握学习内容的90%。因此，对老队员而言，指导新队员并不是浪费时间，也不只是为完成组织任务，而是一种能达到最好效果的学习方式，能使他们在具体技术方法的掌握上达到精益求精。此外，指导新队员的经历，培养了老队员的责任感和乐于奉献的精神，这是学生在专业价值观方面的收获。"团队里招新人后，我们这些老人的重要工作就是带着学弟学妹们一起做。我们很乐于指导他们，希望自己在走之前，能让师弟师妹们的技术更加成熟一些，能为团队作多贡献（D3）"。

3. 做"PI"：项目的统筹管理

在科技创新团队中，有少数优秀学生最后成长为项目的总负责人（他们被称为组长）。项目总负责人类似于"PI"的角色，是对整个研究项目进行设计、管理和统筹。作为组长的老队员的主要工作包括：提出好的研究选题以确保能在市场竞争中获胜；获得项目后，对项目进行任务分割，将具体研究任务分配给最适合的人；与项目委托方进行沟通，确保项目进度；在项目出现任何问题时，出面解决问题和承担责任。

通过践行 PI 的角色，学生不仅进一步获得了高阶认知能力，更重要的是，他们在专业社会化方面的广泛收获，包括沟通、协调能力，团队管理能力，责任心、事业心。此外，他们将充分体验到科学研究的社会性一面，认识到将科学研究活动与社会关系背景紧密联系起来的重要性。

四　结论与讨论

（一）大学生科技创新团队是一个科研实践共同体，大学生在其中进行"情境性"学习

科技创新团队是一个由新队员、老队员和教师组成的、围绕着知识生产（科学研究）开展活动的实践共同体。有关如何进行知识生产的知识、方法、技术和品质等分布在共同体中，共同体中每一个成员从不同角度和水平参与到活动中，同时保存、传递和增加共同体的文化。

大学生在科研实践共同体中的学习经历体现出了社会建构主义的原则：这是一种学徒制，新队员在真实的科学研究背景下，通过动手实践学习认知和实践技能。学生的"情境性"学习得到了指导者的支持，指导者包括老队员和教师，他们提供了不同层次和特点的专业性指导与示范。研究项目适合学生的"水平"，能抓住学生的"最近发展区"。通过集中参与实践共同体的专业性活动，学生获得了认知技能和实践技能，并能持续地将所学整合于日常工作中。随着认知、人格和专业能力的不断发展，学生从边缘向中心移动，成为共同体核心成员。这种学习经历验证了社会建构主义理论家的观点，最好的学习是在"情境性"背景中挑战学生，让他们在"最近发展区"中运用认知和实践能力，从而获得相应的发展。

此外，更重要的发现在于，在大学生科技创新团队中，学生的"情境性"学习还有更加深入和高级的表现形式——"践行专业身份"。学徒制的"合法性边缘参与"很好地解释了大学生科研学习的第一阶段——从新手转变为熟手；成为熟手后，他们将通过"践行专业身份"继续学

习，这些专业身份有科学家、教师和 PI（见图 4—1）。埃蒂安·温格和让·莱夫的社会情景理论中，学徒在实践共同体中通过参与性实践，习得共同体的知识、技能、价值观和文化，最终达到的是建构起作为师傅的身份。这种身份建构需要不断地全面参与共同体实践，投入更多的时间和努力。在科技创新团队中，大学生经过"合法的边缘性参与"，在学长和教师的帮助下，成长为掌握了一定科研知识和技能、知晓科研文化的潜在研究者。他们或许曾体验到"像科学家一样"的感觉，但是远没有达到身份建构的程度，因为他们还没有独立承担和履行过科学家的工作。因此，"践行专业身份"的经历是把学生真正置于科学家的角色中，在真实情景中，通过独立实践来习得如何当科学家，如何从事科学研究，由此构建科学家的身份意识。相较于第一阶段，这一阶段的任务挑战度更高（学生完全承担起科学研究的核心工作，提出研究问题，设计研究方案，评价解释研究结果），更要求主体的独立性（没有学长的指导，与其他老队员和教师是合作式的平等对话关系），更锻炼学生的专业价值观（培养学生在情意方面的专业能力），由此实现专业身份的构建。"践行专业身份"代表了一种高水平的情境学习，这也是大学生科技创新团队科研模式区别于美国研究型大学中"学徒制"本科生科研模式的核心方面，大学生科技创新团队的科研学习模式更加完整、丰富和高级。

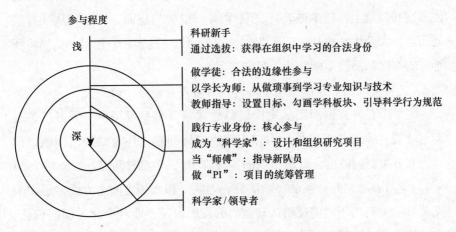

图 4—1　大学生在科技创新团队中的学习经历

（二）不同的科研学习模式中，学生收获差异的讨论

学徒制本科生科研模式的研究指出，推行科研活动最主要的教育目标是服务于学生认知的发展（Baxter, et al., 1998）。大量经验研究揭示出，参与科研有助于学生运用知识和技术的能力的提升，只有极少数提到了学生高阶认知能力的发展，尤其是界定研究问题和开展研究设计的能力，以及关于科学的复杂的认识论理解（Seymour, et al., 2004）。

在科技创新团队科研模式中，当学生成为熟手后，就以"科学家"的身份开始独当一面进行研究活动，界定研究问题和开展研究设计是他们科研活动的核心部分。践行专业身份，是用真实的富有难度的任务去挑战学生的大脑，促进其高阶认知能力的发展。

此外，专业社会化也是学者们探讨较多的学生参与科研活动的收获。在学徒制模式中，教师作为"科学家"的亲身示范，对学生建立关于科学家所具备的态度、价值观和品质的认知有重要影响（Hunter, et al., 2007）。但学生能在多大程度上将关于科学家态度和品质的认知转化为日常实践，在学徒制模式中并不能被预期。不过，教师作为指导者，会将专业社会化作为教育目标，在与学生的互动中反复传递这方面的信息，并关注学生在专业社会化方面的发展。

在科技创新团队中，新队员与教师互动并不紧密，与之互动密切的老队员则缺乏对专业社会化的主动观照，因此学生在专业社会化方面的成长更依赖于个体的反思能力，在表现上也更倾向于"如何做事"的具体态度和品质上，较少提升到"科学家"精神的层面。不过，从践行层面而言，大学生在科技创新团队中长达2到3年的实践，能促使他们将所感知的态度和品质不断转化为日常实践。

（三）科技创新团队科研参与形式对培养创新人才的意义

大学生在科技创新团队中围绕科研项目开展的学习——学习任务具有充分的挑战度（不仅是运用知识解决具体问题，还需要提出问题，设计研究方案，随时准备解决出现的各种难题），学习时间充分（长达2—3年），学习者之间充分互动（新队员、老队员和教师之间全方面多层次的互动）——有助于他们高阶认知能力的发展以及专业社会化方面的成长。如果某种教育实践形式能指向学生高阶认知能力的发展，就可以将之视

为是培养创新人才的有效途径。

第五节 本科生科研学习投入的
水平和特点

一 调查工具及数据来源

（一）调查工具

所使用的调查工具为自编的"本科生科研参与经历与收获调查问卷"，问卷包括学生背景信息、科研参与经历以及科研参与收获自评量表三个部分，变量设计的具体信息参见第一章第三节"定量研究的设计"部分。本节集中探讨本科生科研学习投入的情况，所涉及的变量包括学生背景变量（性别、学科、年级、生源地、成绩排名院校）和科研参与次数及科研参与经历变量。后者具体包括科研参与次数；科研参与形式（自主申请科研项目、参与教师科研项目、参与科技创新团队项目）；项目类型（是否是学科交叉研究）；研究类型（基础研究、应用研究和综合研究）；担任角色（项目负责人、核心成员、非核心成员）；科研项目持续时间；平均每周投入时间；科研任务认知挑战度；与教师互动频率；与学长互动频率；与同学互动频率，共11个变量。

（二）数据来源

选取华中地区五所理工类大学（A、B、C、D、E校）为研究现场，以参与过科学研究的理工科本科生为调查对象，最终获得有一次以上完整科研经历的样本836个,[1] 构成情况详见表4—2。

二 调查结果

（一）大学生科研参与次数与参与的科研项目背景状况

表4—3呈现了样本学生从事科研项目的基本情况。其中，学生平均参与科研项目2个以上，10.5%的学生甚至具有4次及以上科研参与经历。

---

① 抽样详情参见第一章第三节"定量研究的设计"部分。

表4—2　有效样本背景变量的描述性统计

变量及其水平		A校		B校		C校		D校		E校		合计	
		频数	百分比(%)	频数	百分比(%)	频数	百分比(%)	频数	百分比(%)	频数	百分比(%)	频数	百分比(%)
性别	女	40	13.3	62	35.8	33	40.2	53	24.9	28	41.2	216	25.8
	男	260	86.7	111	64.2	49	59.8	160	75.1	40	58.8	620	74.2
学科	工科	221	73.7	99	57.2	12	14.6	154	72.3	49	72.1	535	64.0
	理科	79	26.3	74	42.8	70	85.4	59	27.7	19	27.9	301	36.0
年级	大二	48	16.0	43	24.9	10	12.2	79	37.1	17	25.0	197	23.6
	大三	115	38.3	59	34.1	69	72.0	96	45.1	37	54.4	366	43.8
	大四	137	45.7	71	41.0	13	15.9	38	17.8	14	20.6	273	32.7
生源地	乡镇/农村	177	57.3	90	52.0	54	65.9	125	58.7	55	80.9	495	59.2
	城市	132	42.7	83	48.0	28	34.1	88	41.3	13	19.1	341	40.8
成绩	后25%	21	7.0	5	2.9	5	6.1	4	1.9	0	0	35	4.2
排名	后25%—50%	41	13.7	20	11.6	7	8.5	21	9.9	5	7.4	94	11.2
	前25%—50%	67	22.3	43	24.9	21	25.6	46	21.6	19	27.9	196	23.4
	前25%	171	57.0	105	60.7	49	59.8	142	66.7	44	64.7	511	61.1

这在一定程度上表明科研学习对学生具有较强的吸引力，学生在拥有一次完整的科研学习经历后，极有可能会继续参与科研活动。

　　学生科研参与形式主要有三种，分别是自主申请科研项目、参与教师科研项目，以及参与科技创新团队项目。如表4—3所示，三种科研参与形式的人数基本呈现三分局面，参与科技创新团队项目的学生略多，达到38.2%，而自主申请科研项目的学生略少，占比为25.1%。学科交叉研究已成为现代科学研究的重要特点，大学生科研也不例外，六成多的学生从事的是学科交叉研究，从事非学科交叉研究的学生仅占样本总数的35.3%。在研究类型方面，近五成学生从事的是应用研究，近三成学生从事的是基础研究，还有两成多学生从事的是综合研究。在科研中担任角色方面，担任项目负责人的学生比例（26.2%）与自主申请科研

表4—3　　大学生科研参与次数与科研项目背景变量的描述性统计

变量	水平	频数	百分比（%）
科研参与形式	自主申请科研项目	210	25.1
	参与教师科研项目	307	36.7
	参与科技创新团队项目	319	38.2
项目类型	非学科交叉研究	295	35.3
	学科交叉研究	541	64.7
研究类型	应用研究	378	45.2
	基础研究	242	28.9
	综合研究	216	25.8
担任角色	项目负责人	219	26.2
	核心成员	435	52.0
	非核心成员	182	21.8
科研参与次数	1次	240	28.7
	2次	362	43.3
	3次	146	17.5
	4次及以上	88	10.5

项目的学生比例（25.1%）大致相当；52%的学生担任核心成员，担任项目负责人或者核心成员的学生占到了样本总数近八成，这说明绝大部分学生较深入地参与了科研活动；此外还有两成多学生自认为是非核心成员，说明他们在科研活动中仅处于边缘地位。

（二）大学生的科研学习投入状况

表4—4呈现了样本学生科研学习投入的基本情况。其中，学生从事科研项目持续时间大多在3个月以内或3—6个月，如以学年来看，近八成学生开展的科研项目能在一个学期内完成。平均每周投入时间反映的是时间集中投入度，以每周学习5天来看，约五成学生每天花费1—3小时做研究，另有约三成学生每天投入科研项目的时间超过3小时，剩下不到两成学生每天投入科研项目上的时间不足1小时。结合两个时间变量，可以勾勒出大学生科研学习时间投入的基本面貌，即在参与科研项目的一个学期中，学生每天要花1—3小时进行科研学习，甚至更多。

教师指导是本科生科研的重要特征（Kardash，2000）。在认知学徒制模式看来，科研活动中，作为新手的学生在作为专家的教师指导下学习如何"做研究"。教师对学生科研活动的指导集中于设定研究目标，帮助学生把握学科知识地图，构建研究活动与学科知识体系之间的关系，教师也特别注重科学行为规范，有意培养学生的科学精神和态度（Hunter，et al.，2007）。可见，是否与教师展开充分互动、获得教师的有力指导，是衡量大学生科研学习质量的重要指标。表4—4数据显示，近五成学生从不或偶尔与教师互动，只有10.5%的学生与教师互动非常频繁。相比之下，学生在科研活动中主要的互动对象是同学和学长，与同学互动频繁或与学长互动频繁的学生均在七成左右。另外，经差异性检验发现，在科研活动中，生生互动频率均值显著高于师生互动频率均值（$M_{与同学互动频率} = 1.95 > M_{与学长互动频率} = 1.84 > M_{与教师互动频率} = 1.55$；$T_{与同学互动频率VS与学长互动频率} = 3.488$，sig. < 0.05；$T_{与同学互动频率VS与教师互动频率} = 11.836$，sig. < 0.001；$T_{与学长互动频率VS与教师互动频率} = 9.064$，sig. < 0.001）。据此可见，我国大学生科研学习的突出特点是，教师指导偏少，老生带新生、学生之间相互学习比较普遍。

表4—4　　　　　　　　大学生科研学习投入变量的描述性统计

变量及其水平		频数	百分比（%）	均值	标准差
科研项目持续时间	①3 个月以内	288	34.4	1.87	0.738
	②3—6 个月	367	43.9		
	③6 个月以上	181	21.7		
平均每周投入时间	①0—5 小时	147	17.6	2.79	1.309
	②6—10 小时	251	30.0		
	③11—15 小时	197	23.6		
	④16—20 小时	112	13.4		
	⑤20 小时以上	129	15.4		
与教师互动频率	①从不	52	6.2	1.55	0.764
	②偶尔	359	42.9		
	③频繁	337	40.3		
	④非常频繁	88	10.5		
与学长互动频率	①从不	39	4.7	1.84	0.786
	②偶尔	218	26.1		
	③频繁	416	49.8		
	④非常频繁	163	19.5		
与同学互动频率	①从不	25	3.0	1.95	0.787
	②偶尔	204	24.4		
	③频繁	392	46.9		
	④非常频繁	215	25.7		

　　科研任务认知挑战度指的是学生在参与科研过程中所承担的任务对其认知水平的挑战程度。科研过程中的各项任务对学生认知水平的挑战程度从高到低依次为：项目的提出与设计，撰写研究报告/学术论文/专利申请；进行实验或动手操作，分析整理数据资料与解释结果，项目展示与答辩，对他人的研究活动进行指导；查阅资料，项目任务与进度的沟通协调；辅助性事务。按对认知水平的挑战程度对各项科研任务进行

权重赋值，科研任务认知挑战度即为参与各项科研任务的频率得分与所占权重的积的总和（见表4—5）。经统计，学生的科研任务认知挑战度均值为1.68，标准差为0.53，处于中等水平。

此外，从大学生参与各项科研任务的频率分布（见图4—2）可知，接近或超过50%的学生没有或较少参与"项目的提出与设计""撰写研究报告/学术论文/专利申请""对他人的研究活动进行指导""项目展示与答辩"这些认知挑战度最高以及部分认知挑战度一般的工作；超过70%的学生比较多或非常多地从事"进行实验或动手操作""分析整理数据资料与解释结果"这些认知挑战度一般的工作；接近或超过70%的学生比较多或非常多地从事"查阅资料""项目任务与进度的沟通协调"这些认知挑战度较低的工作。由此可见，学生较多地从事中低等认知挑战度的工作。

表4—5 　　　　　　大学生科研任务认知挑战度的计算

科研任务题项	权重赋值	数值标记			
		没有	比较少	比较多	非常多
项目的提出与设计	3/16	0	1	2	3
撰写研究报告/学术论文/专利申请	3/16	0	1	2	3
进行实验或动手操作	2/16	0	1	2	3
分析整理数据资料与解释结果	2/16	0	1	2	3
项目展示与答辩	2/16	0	1	2	3
对他人的研究活动进行指导	2/16	0	1	2	3
查阅资料	1/16	0	1	2	3
项目任务与进度的沟通协调	1/16	0	1	2	3
辅助性事务	0/16	0	1	2	3

注：科研任务认知挑战度 ＝（项目提出与设计×3＋撰写研究报告/学术论文/专利申请×3＋进行实验或动手操作×2＋分析整理数据资料与解释结果×2＋项目展示与答辩×2＋对他人的研究活动进行指导×2＋查阅资料×1＋项目任务与进度的沟通协调×1＋辅助性事务×0）/16。

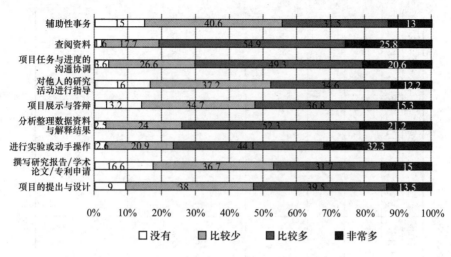

图4—2 大学生参与各项科研任务的频率分布

（三）不同背景学生在科研参与次数和科研学习投入上的差异分析

采用 T 检验或方差分析对不同背景学生的科研参与次数和科研学习投入状况进行差异分析发现（见表4—6）：

工科生的科研参与次数显著多于理科生。这可能是学科专业特点所致，工科生比较多地从事应用性研究，以解决技术问题或制作产品为主，这类研究或工程实践持续的时间短、结题快，因此学生有可能从事更多的项目。相比之下，理科生在实验室开展实验研究，实验的结果往往不可预期，做出真正有价值的结果一般需要较长的时间，因此学生从事的项目个数不会太多。

城市学生的科研参与次数显著多于乡镇/农村的学生。可能是城市学生过往的教育和生活经历使他们具有更强的科研参与意愿。

大四学生的科研参与次数显著多于大二学生。随着年级的增加，学生逐步完成专业基础课程的学习，具备了一定的理论基础以及科研参与意识，时间和精力也相对充裕，加之学校提供了多种科研参与途径，学生具有更强的意愿、基础和条件参与科研活动。大二学生与学长互动频率显著高于大三学生。相对于高年级学生，大二学生刚开始接触科研活动，比较欠缺专业知识、技术和科研经验，更需要在有经验的学长的指导下学习如何做研究。

表4—6　不同背景学生在科研参与次数和科研学习投入上的差异分析

变量及其水平		科研参与次数		科研项目持续时间		平均每周投入时间		科研任务认知挑战度		与教师互动频率		与学长互动频率	
		$F(t)$	水平比较	$F(t)$	水平比较	$F(t)$	水平比较	$F(t)$	水平比较	$F(t)$	水平比较	$F(t)$	水平比较
学科	工科	3.989***	工科 > 理科										
	理科												
生源地	乡镇/农村	−2.002**	城市 > 乡镇/农村										
	城市												
年级	大二											3.923**	大二 > 大三
	大三	3.987**	大四 > 大二										
	大四												
成绩排名	后25%												
	后26%—50%			3.551**	前75% > 后25%			3.767***	前50% > 后50%			6.882***	前75% > 后25%
	前26%—50%												
	前25%												
院校	A												
	B												
	C	13.178***	A > BDE > C	8.674***	CD > B > A; C > E	10.223***	ACDE > B; A > CD	8.557***	D > ABC	16.287***	D > BCE > A		
	D												
	E												

注: 1. **p<0.05, ***p<0.001; 2. 表格仅显示有显著差异的变量。

成绩排名前50%学生的科研任务认知挑战度显著高于后50%学生；成绩排名前75%学生的科研项目的持续时间以及与学长互动频率显著多于后25%学生。学业成绩反映了学生的学习态度、学习能力以及执行力。这种学习态度和能力的差异同样折射到学生的科研学习中，相较于成绩差的学生，成绩较好的学生对待科研学习的态度更为积极，包括花费更多的时间持续从事科研活动，更愿意选择也更有能力承担认知挑战度高的任务，更倾向于多与学长互动。通过交叉分析进一步发现，成绩排名前25%学生更易担任项目负责人，成绩排名前50%学生更易担任核心成员，成绩排名后50%学生更易担任非核心成员。这一发现说明，与成绩靠后的学生相比，成绩靠前的学生更能深入参与科研学习，并在学习中扮演着核心角色，获得更高的科研学习质量。

科研学习投入呈现出显著的院校差异。D校学生的科研任务认知挑战度以及与教师互动频率显著高于其他院校。A校学生的平均每周投入时间显著高于B校、C校及D校，而科研项目持续时间显著低于B校、C校及D校。根据这些特征值，可以概括出两种典型的大学生科研学习投入院校模式，一种是以A校为代表的粗放滚动型模式，其特征是，科研项目持续时间短、强度大、学生独立自主性强；另一种是以D校为代表的内涵式模式，其特征是，科研项目持续时间长、教师指导多、科研任务认知挑战度高。院校差异的原因可从两个维度进行分析：一是学生背景，A校作为研究型大学，其学生的基础和能力显然要好于其他高校，因此，A校学生有能力自主开展研究，相比之下，D校学生则可能缺乏自主开展研究的能力，需要更多依靠教师的指导。二是院校制度环境，院校制度环境是学生学习投入的重要影响因素，D校注重为本科生科研训练营造良好的制度环境，针对学生基础和能力薄弱的现状，学校采用了一系列办法激励教师指导学生的科研活动，在《D校本科生课外科研训练工作管理办法》中规定将指导学生科研训练纳入教师的工作量，制定了根据教师举办学术讲座及报告的次数、指导学生数量、指导学生参加科研训练项目的理论训练学时及实践指导学时等情况计算教师工作量的一整套方案。这些举措极大地激励了教师指导的积极性。教师指导多，相应的学生的科研任务认知挑战度高（"与教师互动频率"和"科研任务认知挑战度"两个变量的相关系数为 0.504，P = 0.000 < 0.001）。

（四）不同科研参与形式在学生背景和科研项目背景上的差异分析

为了考察三种科研参与形式的特征，先通过卡方检验看三种科研参与形式在学生背景变量和科研项目背景变量上是否存在显著差异，再通过相关分析看变量之间的关联强度如何，结果如表4—7和表4—8所示。从卡方检验来看，不同科研参与形式在学科、生源地、年级、项目类型、研究类型、担任角色上的表现有显著差异。这些差异可以被视为三种科研参与形式各自的特点。从样本频数与期望频数的差值能得出三种科研参与形式特点的具体表现：（1）参与科技创新团队项目更容易是学科交叉研究，研究类型更容易是应用研究或综合研究，参与该类项目的学生更容易是工科生、乡镇/农村学生、大二的学生，并且更容易在其中担任核心成员；（2）自主申请科研项目更容易是非学科交叉研究，研究类型更容易是基础研究，参与该类项目的学生更容易是来自城市的学生、大三的学生，并且更容易在其中担任项目负责人；（3）参与教师科研项目更容易是非学科交叉研究，研究类型更容易是基础研究，参与该类项目的学生更容易是理科生、来自乡镇/农村的学生、大四的学生，并且更容易在其中担任非核心成员。

表4—7　　　　不同科研参与形式在学生背景变量上的差异分析

科研参与形式	学科		生源地		年级		
	工科	理科	乡镇/农村	城市	大二	大三	大四
自主申请科研项目	0.1	− 0.1	− 3.0	3.0	− 0.1	1.8	− 1.8
参与教师科研项目	− 2.3	2.3	1.6	− 1.6	− 3.6	− 0.5	3.8
参与科技创新团队项目	2.2	− 2.2	1.0	− 1.0	3.7	− 1.1	− 2.2
卡方检验	6.391 *		8.990 *		24.146 **		
相关分析	0.087 *		0.104 *		0.168 **		

注：1. 表格中呈现的数据为调整后的残差值；2. * 表示 sig. < 0.05；** 表示 sig. < 0.001。

表4—8 　　　不同科研参与形式在科研项目背景变量上的差异分析

科研参与形式	项目类型		研究类型			担任角色		
	非学科交叉研究	学科交叉研究	应用研究	基础研究	综合研究	项目负责人	核心成员	非核心成员
自主申请科研项目	2.2	−2.2	−1.0	1.1	0.0	8.0	−4.0	−3.6
参与教师科研项目	1.3	−1.3	−1.0	3.7	−2.7	−4.1	−0.7	5.2
参与科技创新团队项目	−3.2	3.2	1.8	−4.6	2.7	−3.0	4.3	−2.0
卡方检验	10.925 *		24.510 **			81.911 **		
相关分析	0.114 *		0.169 **			0.299 **		

注：1. 表格中呈现的数据为调整后的残差值；2. * 表示 sig. <0.05；** 表示 sig. <0.001。

（五）不同科研参与形式的学生在科研学习投入上的差异分析

对不同科研参与形式的学生在科研学习投入上的表现差异进行分析发现（见表4—9）：（1）参与科技创新团队项目的学生在科研项目持续时间、平均每周投入时间、与学长互动频率和与同学互动频率方面显著多于自主申请科研项目和参与教师科研项目的学生。（2）在科研任务认知挑战度方面，参与科技创新团队项目学生的表现显著好于参与教师科研项目，但是与自主申请科研项目学生的表现之间没有明显差异。（3）在平均每周投入时间方面，参与教师科研项目的学生的表现要显著好于自主申请科研项目的学生。（4）在与教师互动频率方面，参与教师科研项目学生的表现好于自主申请科研项目和参与科技创新团队项目的学生，但是三者之间没有显著差异。

不同科研参与形式与平均每周投入时间之间的关联强度（ω^2）为0.059，与其他四个变量之间的关联强度介于0.008和0.022之间。根据科恩（Cohen，1988）的跨级相关的判断标准，$0.059 > \omega^2 \geq 0.01$ 为低度关联，$0.138 > \omega^2 \geq 0.059$ 为中度关联，可以得出：不同科研参与形式与平均每周投入时间为中度关联，与科研项目持续时间、科研任务认知挑战度、与学生互动频率、与同学互动频率四个变量均为低度关联。不同科研参与形式变量可以分别解释科研项目持续时间、平均每周投入时间、科研任务认知挑战度、与学长互动频率、与同学互动频率变量总方差中

表4—9　　　　不同科研参与形式的学生在科研学习投入上的差异比较

检验变量	变异来源	平方和(SS)	自由度(df)	平均平方和(MS)	F检验	事后比较 LSD法	ω^2	$1-\beta$
科研项目持续时间	组间	4.922	2	2.461	4.551*	参与科技创新团队项目 > 自主申请科研项目 参与科技创新团队项目 > 参与教师科研项目	0.008	0.774
	组内	450.383	833	0.541				
	总和	455.305	835					
平均每周投入时间	组间	87.844	2	43.922	27.252**	参与科技创新团队项目 > 自主申请科研项目 参与科技创新团队项目 > 参与教师科研项目 参与教师科研项目 > 自主申请科研项目	0.059	1.000
	组内	1342.523	833	1.612				
	总和	1430.367	835					
科研任务认知挑战度	组间	2.582	2	1.291	4.587*	参与科技创新团队项目 > 参与教师科研项目	0.009	0.778
	组内	234.469	833	0.281				
	总和	237.051	835					
与学长互动频率	组间	10.154	2	5.077	8.363**	参与科技创新团队项目 > 自主申请科研项目 参与科技创新团队项目 > 参与教师科研项目	0.017	0.964
	组内	505.687	833	0.607				
	总和	515.841	835					
与同学互动频率	组间	12.688	2	6.344	10.475**	参与科技创新团队项目 > 自主申请科研项目 参与科技创新团队项目 > 参与教师科研项目	0.022	0.988
	组内	504.493	833	0.606				
	总和	517.181	835					

注：1. 三种科研参与形式在"与教师互动频率"上的差异不显著，故结果未列入表中；

2. * 表示 sig. <0.05；** 表示 sig. <0.001。

0.8%、5.9%、0.9%、1.7%、2.2%的变异量。所有统计检验力（1 −
β）均介于 0.774—1.000，即表示此分析推论的决策正确率达 77.4%
以上。

上述统计分析表明，参与科技创新团队项目的学生的科研学习水平
整体上高于参与教师科研项目和自主申请科研项目的学生。

（六）参与不同项目类型、研究类型、不同担任角色的学生在学习投
入上的差异分析

采用 T 检验或方差分析对参与不同项目类型、研究类型、不同角色
的学生在科研学习投入上的差异进行分析，结果如表 4—10 所示。

从项目类型来看，从事学科交叉研究的学生的平均每周投入时间显
著多于从事非学科交叉研究的学生。这说明与传统的学科研究相比，参
与学科交叉研究对学生学习投入时间强度提出了更高的要求。

从研究类型来看，从事综合研究的学生在科研项目持续时间、与教
师互动频率、与学长互动频率上的表现显著好于其他两种研究类型。从
事基础研究的学生在科研任务认知挑战度、与同学互动频率上的表现显
著差于其他两种研究类型。此外，从事基础研究的学生在平均每周投入
时间上显著少于从事应用研究的学生。这些表现差异综合起来说明从事
基础研究的学生的科研学习投入水平比较低。

从在项目中担任角色来看，项目负责人和核心成员在与教师互动频
率和与学长互动频率方面的表现显著好于非核心成员；核心成员在与同
学互动频率方面显著好于非核心成员。此外，在科研任务认知挑战度方
面，项目负责人的表现显著好于核心成员，核心成员显著好于非核心成
员。根据角色理论，社会角色具有两大功能——规范与互动。一方面正
如戈夫曼（Goffman）对角色的界定一样，角色是"与某一特定地位相连
的种种权利与责任"（赵泽洪、周绍宾，2003：91）；另一方面角色的形
成本身就是一个互动的过程，而角色扮演是在互动中进行。在本科生科
研中，项目负责人一般是项目的提出与设计者，具有非常明确的权利与
义务，是整个科研项目的"台柱子"，因此，无论是从外在的角色期望还
是内在的角色认知角度，都可以解释为何项目负责人在多个科研学习投
入变量上的表现好于其他成员。核心成员与非核心成员角色的区分主要在

表4—10　不同科研项目背景的学生在科研学习投入上的差异分析

变量及其水平		科研项目持续时间 F（t）	科研项目持续时间 水平比较	平均每周投入时间 F（t）	平均每周投入时间 水平比较	科研任务认知挑战度 F（t）	科研任务认知挑战度 水平比较	与教师互动频率 F（t）	与教师互动频率 水平比较	与学长互动频率 F（t）	与学长互动频率 水平比较	与同学互动频率 F（t）	与同学互动频率 水平比较
项目类型	非学科交叉研究			-3.352^*	学科交叉研究 > 非学科交叉研究								
	学科交叉研究												
研究类型	应用研究	6.355^*	综合研究 > 应用研究和基础研究	6.527^*	应用研究 > 基础研究	5.567^*	综合研究和应用研究 > 基础研究	7.444^*	综合研究 > 应用研究和基础研究	6.895^*	综合研究 > 应用研究和基础研究	5.496^*	综合研究 > 应用研究和基础研究
	基础研究												
	综合研究												
担任角色	项目负责人	16.102^{**}	项目负责人和核心成员 > 非核心成员	15.407^{**}	项目负责人和核心成员 > 非核心成员	60.408^{**}	项目负责人 > 核心成员 > 非核心成员	9.716^{**}	项目负责人和核心成员 > 非核心成员	8.685^{**}	项目负责人和核心成员 > 非核心成员	4.314^*	核心成员 > 非核心成员
	核心成员												
	非核心成员												

注：1. ** $p < 0.05$；*** $p < 0.001$；2. 表格仅呈现有显著差异的变量及结果。

互动过程中形成，一般而言，与非核心成员相比，核心成员在参与项目设计与推动项目进展等方面的表现要更加积极主动，所以科研学习整体水平也更高。

（七）大学生科研参与次数对科研学习投入影响的回归分析

依据情境认知理论对大学生科研学习过程的解释，大学生科研学习是个持续的过程，随着学生从科研实践共同体的边缘走向中心，他们付出更多的时间和努力，担负更多的责任，承担更多有风险的任务。简言之，过往的科研参与经历会影响当前的科研学习投入水平。为验证理论，采用回归分析检验科研参与次数对科研学习投入的影响大小。

控制学生背景变量的影响后，科研参与次数对 6 个科研学习投入变量均具有显著影响，但影响力介于 0.7%—5.8%，整体而言影响比较微小（见表 4—11）。科研参与次数对平均每周投入时间的影响最大，能解释其 5.8% 的变异量；科研任务认知挑战度次之（3.3%）；再者是与同学互动频率（2.2%）、科研项目持续时间（2.1%）、与教师互动频率（2.0%）；最后是与学长互动频率（0.7%）。

三　研究结论与讨论

（一）基本结论

大学生开展的研究以学科交叉研究为主，研究项目一般持续一个学期，在项目开展期间，学生平均每天投入 1—3 个小时做研究。大学生的科研任务认知挑战度处于中等水平，他们在研究中与教师的互动频率偏低，教师指导较少，老生带新生、生生之间开展合作学习比较普遍。不同背景学生在科研学习投入上存在差异。相较而言，科研参与次数多的学生，参与科技创新团队项目的学生，从事综合研究的学生，以及担任项目负责人和核心成员的学生在科研学习投入上的整体表现更好。此外，成绩排名前 50% 的学生的科研任务认知挑战度更高；大二的、成绩排名在前 75% 的学生与学长互动频率更高；成绩排名前 75% 的学生的科研项目持续时间更长；从事学科交叉研究的学生的平均每周投入时间更多。大学生科研学习投入呈现出两种典型的院校模式，一种是以 A 校为代表的粗放滚动型模式，其特征是，科研项目持续时间短、强度大，学生独立

表4—11 大学生科研参与次数对科研学习投入影响的阶层回归分析

预测变量	科研项目持续时间 β	t值	平均每周投入时间 β	t值	科研任务认知挑战度 β	t值	与教师互动频率 β	t值	与学长互动频率 β	t值	与同学互动频率 β	t值
大二（参照项为大四）									0.070	1.774		
大三（参照项为大四）									-0.036	-0.929		
后25%（参照项为前25%）	-0.081	-2.374*			-0.065	-1.921			-0.147	-4.239**		
后26%—50%（参照项为前25%）	-0.008	-0.224			-0.041	-1.196			0.020	0.561		
前26%—50%（参照项为前25%）	-0.048	-1.389			0.036	1.034			0.004	0.108		
A校（参照项为E校）	-0.112	-1.776	0.061	0.998	-0.128	-2.038*	-0.227	-3.666**				
B校（参照项为E校）	0.015	0.271	-0.143	-2.600*	-0.083	-1.483	-0.054	-0.982				
C校（参照项为E校）	0.123	2.582*	0.011	0.239	-0.017	-0.354	-0.026	-0.555				
D校（参照项为E校）	0.108	1.840	-0.034	-0.586	0.111	1.896	0.120	2.069*				
科研参与次数	0.149	4.274**	0.248	7.308**	0.189	5.464**	0.144	4.236**	0.087	2.538*	0.149	4.365**
阶层一 F值	6.171**		10.223**		6.147**		16.287**		5.492**		—	
阶层一 R^2	0.050		0.047		0.049		0.073		0.032		—	
阶层二 F值	7.796**		19.376**		9.298**		16.884**		5.680**		—	
阶层二 R^2	0.070		0.105		0.083		0.092		0.039		—	
ΔF值	18.267**		53.408**		29.856**		17.945**		6.441**		19.053**	
ΔR^2	0.021		0.058		0.033		0.020		0.007		0.022	

（阶层内学生背景变量；科研参与次数；回归模型摘要）

注：* $p < 0.05$；** $p < 0.001$。

自主性强；另一种是以 D 校为代表的内涵式模式，其特征是，科研项目持续时间长、教师指导多、科研任务认知挑战度高。

大学生科研参与形式包括自主申请科研项目、参与教师科研项目、参与科技创新团队项目三种，这三种形式在数量上大致呈现三分局面，科技创新团队项目形式略多。其中，参与科技创新团队项目的多为工科的、来自乡镇/农村的、大二的学生，学生在其中更多担任核心成员，从事学科交叉研究、应用研究或综合研究；自主申请科研项目的多为城市的、大三的学生，学生在其中更多担任项目负责人，从事非学科交叉研究和基础研究。参与教师科研项目的多为理科的、来自乡镇/农村的、大四的学生，学生在其中更多担任非核心成员，从事非学科交叉研究和基础研究。

（二）讨论

从科研项目背景、科研学习时间投入和科研学习质量多个变量的角度对大学生科研学习经历进行了概况描述和差异分析，较为立体地呈现了本科生科研学习的水平和特点。接下来的问题是，影响大学生科研学习投入的因素是什么。一般教育学理论在探讨教育活动或学习活动的影响因素时，往往从外部资源角度进行挖掘。鉴于此次调查的对象是学习者，从学习者视角难以获得全面评估外部资源的数据，因此本书没有选择从外部资源角度探讨大学生科研学习投入的影响因素。不过，在对学生科研学习投入进行人口学背景差异分析时，也引入了院校的分析维度，并发现学生的科研学习投入存在着显著的院校差异，甚至可以析出不同的科研学习投入院校模式。这种差异的原因确实可以归结于院校不同的制度环境，这能看成是外部资源的解释视角。此外，已有研究揭示出学生科研参与次数越多，其个体认知水平和社会性能力的发展越多（李湘萍，2015），这是从学习经历（参与次数）的角度来解释学习结果（能力发展）。为何科研参与次数越多，学生的发展越多呢？这还需更深入地从学习经历中析出原因。社会情境学习理论用"合法的边缘性参与"来解释新手如何通过情境学习习得专门的技术和方法，向熟手和专家靠拢。这种情境学习是持续的、反复的。前文在对科技创新团队学生科研学习过程进行理论解释时曾指出，学生在长达2—3年的团队经历中，通过多个研究项目的训练，从"合法的边缘性参与"走向"践行专业身份"。当学生以科学家身份开展研究时，他们自主提出研究问题，设计研究方案，全面负责研究项目，充分与研究同行进行互动，这种"践行专业身份"的科研活动是一种高水平的科研学习。由此可见，学生的科研学习是一个不断积累和深入的过程，从研究新手到研究熟手再到专家的过程是由若干次科研参与经历组成，随着科研参与经历的丰富，学生所承担的科研任务认知挑战度更高，与他人的互动更多。前文通过统计检验发现，科研参与次数对科研学习投入 6 个变量都有显著正向影响，虽然影响力较小。这进一步证实了学习理论对大学生科研学习过程的解释力。综上可知，在剥离了外部制度环境的影响后，大学生的科研学习投入度具有自我累积和提升的效应；总的来说，大学生的科研学习投入是大学生个体和院校制度环境互动的产物，院校制度环境的创设和改善对大学生科研学习投入的提升有重要价值。

第 五 章

本科生科研学习的收获

第一节　本科生科研学习收获：
来自西方文献的观点

一　本科生科研学习收获研究的三种范式

（一）质性研究

早期对本科生科研参与收获的研究大多是项目评估性的，所使用的方法以质性访谈为主。在美国，NSF、NIH 和 HHMI 等基金会组织协助大学推行本科生科研的主要目的是促进大学生在 STEM 学科读研、从事科学研究以及就业，这其中也包括提升少数族裔、弱势群体对 STEM 学科的参与。威斯康星麦迪逊大学 LEAD 研究中心的学术团队对中西部 15 所研究型 I 类大学实施的暑期研究机会项目（SROP）进行了评估（Kremer & Bringle，1990；Foertsch，Alexander & Penberthy，1997）。在通过档案数据获得 4585 名参与者的学术表现和毕业去向的基础上，研究者对多名项目管理者、参与项目的本科生以及指导教师进行了深度访谈，研究发现，参与者对研究经历的满意度高，教师实施本科生科研的重要目标是提升学生的认知能力。莱德和李（Ryder & Leach，1999）对 11 名在教师指导下从事了 8 个月科研活动的物理及生物专业的学生进行了访谈，分析表明学生在科研活动中发展了科学推理能力。

除了针对特定目标进行的项目评估外，后来出现了对科研参与收获的开放性、探索性研究。西蒙（Seymour，2004）领导的团队对 4 所文理学院 76 名参与了暑期科研活动的本科生以及指导这些学生的 55 名教师在科研项目结束时进行了半结构化访谈，通过编码及量化处理，最终得到学生科研参与的七个方面收获，分别是人格和专业性发展、像科学家一样思考和工作、多种技能的获得、职业规划、为读研做准备、对研究工作和学习的态度的转变等。西摩团队的研究在理论建设、样本数量和技术方法方面都堪称本科生科研质性研究的经典，尤其是对本科生科研学习结果的挖掘和归纳为后来的量化研究奠定了坚实的基础。

虽然早期侧重于探索学生科研参与收获的质性研究或多或少地对学生科研参与经历进行了描述，分析了其中的重要因素，例如，指出教师指导是科研经历成败的关键因素；暑期科研项目的成功之处在于执行有意义的研究任务、与作为榜样的教师展开互动、与其他学生形成学习共同体（Foertsch, et al., 2000）。但是这类研究并未形成概念性、理论性的解释，所以后来的质性研究不断朝着因果解释和机制解释的方向努力。安迪多坤（Adedokun，2013）以一所研究型大学参加春季本科生科研项目的 28 名学生的书面反思材料为经验资料，归纳出科研参与影响学生职业和教育抱负的三条路径：参与学术交流活动、与其他学者的互动增强了学生对职业选择的认识；研究自信心以及研究者身份意识的建立有助于学生认清自己喜欢的职业路径；做学术汇报、发表文章以及教师指导者的推荐信有助于学生获得更多的职业证书。此外，瑟瑞（Thiry，2012）的研究解释了只有长时段的持续的科研参与才能帮助学生发展科研能力和形成对科研工作的理解：第一学年，学生对科学研究毫无概念，也不懂基本的技术，他们需要往特定研究项目上引导，并逐渐获得关于科学研究的基本知识。大量本科生科研项目的持续时间都少于一年，学生能学会如何建立实验、搜集数据，但极少会分析数据回答研究问题。直到第三学期学生才开始践行科学家的精神、态度和行为。对科研实践缓慢地融入过程有助于解释少于一年的科研参与对于学生理解科研工作并没有太大的作用。

（二）调查研究

调查研究是本科生科研参与收获研究中使用非常广泛的方法，在早期质性研究提供的知识基础上，调查研究开始占据主流，这里面既有对单所学校的调查，也有跨院校的大规模调查。

纳格达（Nagda，1998）和哈撒韦（Hathaway，2002）先后开展了对

密歇根大学学生的调查，前者比较了科研参与者和未参与者在学业保持率和 GPA 上的差异，后者比较了正式参与科研的校友、非正式参与科研的校友和未参与科研的校友在追求更高学历教育上的差异。泽达尼（Zydney，2002）和波尔（Bauer，2003）对特拉华大学本科毕业校友进行了作为本科教育一般结果的 32 项能力的调查，学生被分为参与学校组织的科研项目、参与教师的研究以及没有任何科研经历三个组，波尔的调查结果显示，那些有科研参与经历的校友比没参加过的读研比例更高，在开展研究、获取信息、沟通表达等重要的认知能力和个人能力方面感知到的提升更大，并且对本科教育的满意度更高。

拉波多（Lopatto，2004）对 HHMI 资助的本科生科研项目进行全国性评估，调查了 41 所院校 1135 名参与了暑期本科生科研项目的学生在 20 项能力上的收获及其未来职业计划上的自我评估，对比了计划在科学专业读研的学生和计划不在科学专业读研的学生的能力收获的差异。学生收获最多的方面是对研究过程的理解、为从事更多研究做好准备以及对科学家如何研究真实问题的理解；学生收获最少的方面是对伦理行为的学习、科学写作技能及口头汇报技能。整体上，由 HHMI 项目资助的学生（占比为 55%）在 20 项能力收获上都高于全体学生的平均分。计划不读研学生的 15 项能力收获均分低于计划读研的学生，其中 13 项能力有显著差异。此外，拉波多还对学生的研究经历进行了调查，包括对导师的整体评价、与学生交往的经历、是否会继续选择参与科研项目，以及对科研经历的整体感受。拉塞尔（Russell，1990；2008）领导了对 NSF 资助的本科生科研项目的全国性评估，调查了约 15000 个样本，将学生样本区分为 NSF 项目资助的科研参与者、有正式项目资助的科研参与者、无正式项目资助的科研参与者，以及无科研经历者。调查结果显示，科研参与经历提升了学生从事科学研究工作的兴趣，以及追求博士学位的兴趣，并且有助于学生发展研究能力，增强从事研究的自信心，以及增进对研究生学习、学术工作的理解。

综上，调查研究或通过比较科研参与者与非科研参与者在相关能力方面的表现差异（有对照组），或通过科研参与者评价自身在相关能力方面的增值情况（无对照组）来反映本科生科研参与的收获。调查研究的特点是：在评价科研参与效能时，十分关注学生对科学研究的兴趣、读研的意愿、未来从事科学研究工作的意愿等方面，这显然带有浓厚的项目评估色彩；调查研究极少对学生能力或发展（收获）的调查项目的选取进行详细的阐释以及信度和效度的检验；虽然有的调查研究调查了学生的科研活动情况，但是并未涉及从这些方面去解释学生科研参与收获差异的原因。在调查研究的基础上，出现了更科学地测量本科生科研收获以及探究科研收获影响因素的实证研究。

（三）实证研究

在调查研究比较盛行之时，卡达什（Kardash，2000）较早地进行了一项有关本科生科研效能的实验研究。该研究邀请了57名参与暑期科研活动（在教师实验室工作8周，每周平均工作40个小时）的本科生对自身在14项研究技能方面的表现进行开始前和结束后的评估，此外将45名指导教师对各自所带学生的研究技能的评价作为学生技能水平的客观衡量。研究发现，本科生和指导教师在研究活动结束时对11项研究技能水平的评估结果显著一致，由此证明本科生具有良好的自我能力水平的判断力，自我评估是有效的。这一发现也回应了一直以来对自我评估测量方式的质疑。研究进一步发现，除了"理解控制的重要性"这项技能以外，在其余13项研究技能上，学生结束后的评分显著高于开始前的评分，其中，解释数据、将研究结果与大的背景相关联，以及口头交流研究成果这三项技能的评分差异尤其显著。这项研究采用前测和后测的设计较为科学地证实了科研参与对发展学生研究技能的作用。

在质性研究探索归纳出科研参与带给学生在认知、情感、未来职业意愿等方面的特定收获，以及调查研究大量借鉴学生能力发展研究的指标基础上，开发本科生科研参与收获自评量表的研究开始涌现，量表的开发不仅有助于科学地测量本科生科研参与收获，更重要的是服务于研究影响科研参与收获的因素和机制。最早的科研参与收获自评量表出现在巴克尼（Buckley，2008）的研究中，她师承乔治·库（George D. Kuh），拥有大学生学习和发展研究的理论背景以及编制调查问卷、处理大样本数据的统计技术。她借助2007年NSSE网络调查平台，调查了本科生科研活动经历和收获，样本为63所院校的2670名本科生。在科研学习收获测量方面，通过探索性因素分析（EFA）和验证性因素分析

（CFA）得到了包括认知技能、职业与合作技能、研究技能三个方面的本科生科研参与收获自评指标体系；在影响因素方面，从本科生科研经历中提出5个自变量，分别是科研项目的时长、驱动研究的因素、每周花在研究上的时间、从事的研究任务、与教师互动的内容；此外还设计了包括专业、性别以及是否全职学生的人口学背景因素。通过回归分析发现，上述自变量共能解释学生科研收获三个方面47%、37%和45%的变异量，其中，做研究设计、阅读文献、在项目之初得到教师的详细指导、在对研究的贡献方面得到教师反馈这些因素对学习收获最具有解释力。

　　类似的研究还有两项。塔拉班（Taraban，2012）运用"本科生科研问卷（URQ）"调查了一所公立研究型大学597名参与了科研活动的本科生，测量学生科研学习收获的问卷内容包括研究取向、学术取向、研究方法、教师支持、同辈支持5个方面，采用CFA方法对学生的科研参与收获自评项目进行了信度和效度检验。在影响因素方面，设计了人口学背景和研究活动两个方面共10个自变量，通过阶层回归分析发现，学生的GPA、所修学分、实验课程学分、性别、学科专业，以及与教师和同辈会面的频次是科研学习收获的显著影响因素。

　　丹尼尔斯（Daniels, et al.，2016）对一所大学227名科研参与者进行了问卷调查，科研参与收获的测量指标使用的是威斯通和劳森（Weston & Lausen，2015）的研究成果URSSA问卷，由像科学家一样思考和工作、知识和技能，以及个人发展三个方面构成。研究设计了10个自变量，包括研究开展的时长、教师指导的质量、家庭收入、是否是拉丁裔、在家是否使用英语之外的语言、是否要照顾家人、性别、获得的资源、是否毕业、是否参与多种本科生科研项目。通过广义线性回归模型发现，教师指导质量越高、获得资源支持越多、花更多的时间照顾家人，科研学习结果越多。

　　除了使用回归统计技术检验科研参与经历对科研参与收获的影响作用外，还有一类实证研究采用不同组之间的比较或前中后测对比的方法来检验科研参与的时长对收获的影响作用。瑟瑞（Thiry，2011）使用URSSA问卷调查了2所学校中4个本科生科研项目的73名参与者，依据研究经历的多少将学生分为科研新手和科研熟手两个组，用差异分析的方法比较了新手和熟手在"像科学家一样思考和工作""成为科学家"以及"个体性发展"三个方面表现的差异，从而推论出长时间科研经历对学生发展的作用。安迪多坤（Adedokun，2013）对普渡大学"癌症预防跨学科教育项目"的32名本科生参与者进行了开始前、参与中和结束后三次问卷调查（项目起始于暑期，中间调查开展于暑期集中训练结束时，项目结束于第二年春季），27名学生完成了三次调查。学生的能力测量包括研究能力、研究自信心、对研究过程的理解以及职业意向四个部分共27个题目，研究者采用CFA方法对量表内容进行了信度和效度检验。通过比较3个时间点上学生27项能力指标得分的差异，来证明时间因素对学生科研学习收获的影响，结果显示长时段的科研参与带给学生更多的收获。

总体而言，对本科生科研参与收获的研究经历了从质性研究开放性地探索收获的内容，到调查研究进行大样本调查，对比科研参与者与非科研参与者在多种能力上的差异，再到实证研究的出现，注重学生科研参与收获自评量表的开发和影响因素的挖掘与检验，研究不断朝着纵深方向迈进。

二　本科生科研学习收获的研究发现

在回顾和分析了本科生科研学习收获研究方法的演进基础上，下面归纳了已有研究揭示的本科生科研学习收获的具体内容。

（一）职业抱负与准备

几乎所有本科生科研项目都蕴含着鼓励参与者选择在科学领域从业的目的。科研参与提升了学生在科学领域从业的选择，具体来说包括在科学领域读研的意愿，在科学领域从业的兴趣，以及读研和从业的准备。

科研参与对学生的读研意愿产生了积极的影响（Alexander，et al.，1998）。40%的本科生科研参与者在完成第一个项目后对于获得更高的学位具有较高的期望，并且他们攻读博士学位的兴趣从研究经历开始前的37%增长到之后的57%（Russell，et al.，2007）。学生的科研经历有助于他们申请研究生院（Seymour，et al.，2004），帮助学生选择读研的学校（Russell，et al.，2007），以及理解读研的目标和未来的结果（Ward，et al.，2008）。

拉波多（Lopatto，2004）在2004年进行的大样本调查发现了不一样的情况。超过50%的参与者认为他们在科研参与之前就已经打算在科学专业读研，科研参与经历并未对这种意愿带来任何影响；27%的参与者认为科研经历使自身确认了读研的计划；3.5%的参与者则认为科研经历使自身更倾向于读研；还有4.7%的参与者则因为科研经历做出了不读研的决定。调查结果不禁让人们质疑，科研参与是提升了科学专业的读研率，还是只是对那些事先已经有读研想法的学生起作用。亨特（Hunter，2007）请学生评价科研经历是提升还是降低了他们对从事科学研究工作的兴趣，67%的参与者认为是提升了兴趣，21%的参与者认为是降低了兴趣。有趣的是，8%的参与者认为是降低了在STEM学科领域就业的兴趣。17%的参与者认为"科研并不适合我"。

（二）认知/研究能力

1. 学科知识的概念性理解

理解隐藏于现象下的理论和概念对参与科研的学生来说非常重要。通常，参与真实项目研究的本科生需要去理解的概念和理论往往超出了学生已具备的知识基础，尤其是研究型大学中，学生参与的教师的科研项目都是前沿的科学问题，并不是为本科教学准备的。虽然教育者期望学生能通过参与科研发展出新洞见，但研究发现，学生极少能形成概念性的理解（Kremer & Bringle，1990）。当学生持续从事科研活动长达一年后，他们可能会从阅读文献、与导师交流、参与实验室例会等活动中受益，帮助他们整合关于概念和理论的理解。

2. 研究能力/技能

许多研究证实了科研参与和研究能力获得之间的正相关关系。对校友的调查发现，控制了学科和学业表现后，科研参与者比未参与者在研究能力方面的表现更好（Kremer & Bringle，1990）。参与正式的本科生科研项目的校友比参与非正式项目的校友在研究能力方面有更好的表现（Bauer & Bennett，2003）。

卡达什（Kardash，2000）对科研参与者14项研究技能的专门调查揭示，完成科研项目后，学生收获最多的研究技能是收集数据、将研究结果与学科领域的知识相关联，以及对学科知识概念的理解；其次是识别具体的研究问题、将问题转化为研究假设、设计对假设的测试，以及基于实验发现调整假设。卡达什认为参与者获得了基本的研究技能，但是并没有获得反映批判性思维和科学思维的高级研究技能。

3. 认知发展

许多研究都揭示了科研参与者发展了批判性思维（Bauer，2002；Buckley，2008；Seymour，2004；Ward，2002）。参与科研活动 800 小时以上的本科生在批判性思维测试得分上显著高于未参与研究的和参与时间少于 800 小时的本科生（Bauer，2002）。批判性思维的获得与具体的研究活动密切相关，如进行研究设计、撰写文献综述、解释研究发现以及获得教师的反馈（Buckley，2008）。

巴克斯特（Baxter，2001）对比了来自多个学科专业的科研参与者与非科研参与者的认知发展状况。在完成科研项目后，40% 的"过渡性认知者"（transitional knower，认为有些知识是不确定的，有些知识是确定的）转变为"独立认知者"（independent knower，认为绝大多数知识都是不确定的）；没有参加科研活动的学生则没有发生这种认知上的变化。86% 的"绝对性认知者"（absolute knower，认为绝大部分知识都是确定性的，并来自权威）转变为"过渡性认知者"，相较之下，没有参与科研的"绝对性认知者"中只有 67% 的人发生了这种转变。因为大部分处于过渡性认知边缘的本科生在大学四年中都很难转变为独立认知，所以这种认识论的发展变化是本科生科研的重要价值之一。

莱德和李（Ryder & Leach，1999）使用科学推理这个概念研究学生的认知发展。他们与 11 名本科生一起从事了长达一年的科研工作。研究发现，学生只有从事了需要认识论参与的研究活动，例如提出研究问题、用证据验证研究假设，才会在科学推理能力方面有所发展；如果只是从事依据已有步骤搜集数据等不需要认识论参与的活动，将不会在科学推理方面有收获。此外，学生指出，与教师讨论和阅读文献能帮助他们去思考那些引导研究方向的理论概念。科研活动经历促使学生去理解科学家如何运用理论知识，如何确定研究问题，如何收集和解释数据，以及如何决定是否相信期刊文章中的研究发现。

4. 科学本质观（nature of science）

科学本质观是指对科学研究的复杂性以及研究过程的不确定性的理解。本科生通过参与科研实践，认识到真正的研究工作比预期更具有挑战性、不确定性以及持久性。本科生科研参与者惊讶地发现，真正的研究需要花费很长时间准备，结果是不确定的，甚至当一切进展顺利并且实验有明确的结果时，有些过程还是需要不断重复和验证。

科研参与有助于学生改进对科学研究过程的理解。学生在参与科研之前，只有对科学本质的模糊的意识，例如，学生都认为研究工作应该很高效，并且不会遇到什么挫折。学生可能会把一个程序描述为吹毛求疵或没有必要，殊不知试验和打磨是科学本质的一部分（Bauer & Bennett，2003）。通常，学生对科学本质的理解与科学研究的真实状态都是冲突的。

（三）技能

许多研究揭示出本科生通过科研参与获得了多种技能，具体包括：（1）表达沟通技能，表现为口头汇报、讨论、解释研究发现；就研究事项与他人进行沟通；（2）写作技能，学生通过撰写研究报告、研究论文练习了写作技能；（3）文献阅读技能，在研究过程中，学生需要大量阅读研究文献，而这是在课程学习中较少或不经常发生的；（4）技术技能，具体表现为会操作实验设备，或使用某些专门性分析软件；（5）信息检索技能，学生学会查找文献；（6）数据统计和分析技能；（7）组织合作技能，学生学会如何在一个研究团队中与他人合作进行研究；（8）时间管理技能。

拉塞尔（Russell，2007）对参与了 NSF 资助的本科生科研项目的学生进行的跟踪调查中，请被调查对象评价通过科研参与获得的技能在当前工作或学习中的使用情况，有75%的人（包括读研的和工作的）认为这些技能在当前是有用的。

（四）人格

1. 自信心（confidence）

STEM 学科专业的本科生通过科研参与获得了自信（Lopatto，2004；Russell，2007；Ward，2002），这种自信主要表现为对研究能力的自信以及与教师互动的自信。亨特（Hunter，2009）通过深度的质性调查，揭示出 STEM 学科专业的本科生科研参与者对自身的研究能力、为科学作贡献的能力、呈现研究结果以及对研究进行辩护的能力感到更加自信，虽然研究者在访谈时并没有特意针对自信心方面的收获提问，但是有67%的受访学生谈到了参与科研使自信心得到了提升。此外，自信心的获得对于女性参与者特别重要，她们对自信心收获重要性的评价显著高于男性参与者（Campbell & Skoog，2004）。

除了针对 STEM 学科专业的研究，还有对于各种学科专业科研参与者的调查也揭示出自信心是科研参与的重要收获（Alexander, et al.，1998），这具体体现在，科研参与者对于出现在公众场合、独立工作、自始至终完成一个研究项目，以及应对质疑、对有争议的话题进行建设性讨论等方面变得更加自信。在控制了专业和学业性背景特征后，参与正式的本科生科研活动的校友比参与非正式的本科生科研活动的校友以及无科研经历的校友，在自信心方面的收获更多。在控制了自我选择和学业性背景特征后，有科研经历的弱势群体学生在研究能力自信心方面的自我评价显著高于没有科研经历的弱势群体学生（Joyce，2003），此外，弱势群体学生通过科研参与获得了与教师互动的自信。

2. 自我效能感（self – efficacy）

自我效能感是指个体对自我能力的信任。贝尔克斯（Berkes，2007）开展了一项关注科研参与对学生自我效能感发展作用的调查研究：被调查对象为 71 名生物学专业本科生，他们由毫无科研参与经历到有几年科研参与经历的学生构成；调查工具为"实验室技能自我效能感量表"以及"大学生物自我效能感量表"；研究发现，对科学的自我效能感与在实验室工作的时长呈正相关关系。在随后的质性研究中，贝尔克斯专门调查了一个生物专业教师的实验室，里面包括本科生、研究生、博士后研究者以及教师。研究者追踪了本科生对科学的自我效能感的发展过程，并且呈现和分析了塑造这一过程的实践环境，研究者认为自我效能感的发展是解释其他众多本科生科研收获的一个重要因素。

上述方面囊括了科研参与带给学生在认知、人格和情感等多方面的发展。为了更直观地反映已有的研究成果，下面将呈现几个经实证研究检验过的科研参与收获自评量表。

（1）本科生科研自我评估（Undergraduate Research Student Self – Assessment，URSSA）

由科罗拉多大学波尔得分校西摩、亨特、瑟瑞领导的研究团队，从2000 年开始至今持续进行本科生科研效能的研究。其中包括一项经典的质性研究：对 4 所文理学院暑期本科生科研项目的 76 名参与者和 55 名指导教师进行深度访谈，全方面地探索了本科生科研参与的收获。在质性研究基础上，开发了本科生科研自我评估量表 URSSA，并于 2014 年对美国和加拿大的本科生科研参与者开展了调查，基于 3671 个样本，检验了量表的信度和效度，得到了包含 35 个项目的科研参与收获自评量表，具体项目见表 5—1。

表 5—1　　　　　　　　　　　本科生科研自我评估

像科学家一样思考和工作	个体心理和情感发展
依据模型分析数据	对能为科学做贡献感到自信
提出研究下一步做什么	能适应与他人合作开展工作
会解决研究中的问题	对今后能学好科学课程感到自信
形成能用数据回答的研究问题	能独立开展工作
识别研究方法和设计中的局限	对研究工作的"慢进度"有耐心
理解研究项目中的重要理论和概念	理解日常研究工作的面貌
理解各学科之间的联系	
意识到研究对于课程内容的重要性	
技能	态度和行为
撰写研究报告和论文	参与到真实的科学研究中
做口头报告和展示	感觉像科学家一样
被质询时能为自己的论点辩护	创造性地思考研究项目
向非本领域的人讲解自己的研究	试验自己提出的新想法或程序
准备研究海报	对项目负有责任感
做详细的实验记录	因为对研究很入迷而投入额外的时间
对研究对象开展观察	与校外的科学家互动
运用统计技术分析数据	感觉自己是学术圈的一分子
校准测量需要的工具	
阅读和理解研究文献	
在数据库和网络上检索文献	
时间管理	

资料来源：（Weston & Laursen，2015）。

（2）本科生科研调查问卷（Undergraduate Research Questionnaire，URQ）

德克萨斯技术大学塔拉班开发了本科生科研调查问卷，学生收获部分包括5个维度32个项目，见表5—2。后来，他以该问卷为调查工具，研究了学生科研收获的影响因素。

表5—2 本科生科研调查问卷

研究的思维倾向（mindset）	教师支持
科研经历促使我追求科学研究职业	教师鼓励我学好课程
我追求科学研究职业的动机增强了	我得到了教师的学术指导
对科学研究感到兴奋很重要	教师鼓励我达成学术目标
科研经历促进了我对研究的兴趣	教师是我的学习榜样
我所处的学术环境激励我追求科学研究职业	我能找到教师讨论关于职业的想法
科研经历帮助我更科学地思考	我能找到教师讨论关于研究的想法
开展科学研究是本科学习中很重要的经历	教师对我的写作提出了有用的反馈
科研经历提升了我的自信心	
研究方法	**学术的思维倾向**
我能设计实验	我学到了高效率地开展学术工作
我能处理实验中的问题	我学到了如何平衡课程和其他活动
我知道如何汇报实验结果	我有更好的时间管理技能
我会提出研究假设	学术工作中我变得更加独立了
我会进行数据分析	我掌握了一套完成学业工作的常规方法
我会进行实验操作	我对学术工作更加负责了
时间管理	
同辈支持	
同学鼓励我学好课程	
同学帮助我认清职业目标	
同学是我学习的榜样	
我的学习得到了本专业同学的帮助	
我的学术汇报得到了同学们的反馈	

资料来源：（Taraban & Rogue，2012）。

（3）本科生科研经历的收获（Outcomes of Undergraduate Research Experiences）

普渡大学安迪多坤对该校的跨学科本科生科研项目进行评估时，开发了测量本科生科研参与收获的指标，见表5—3，她研究了科研收获内部的关系以及时间对收获的影响。

表5—3　　　　　　　　　　本科生科研经历的收获

研究技能	研究自信心
观察和搜集数据	对自己在相关领域就业的能力感到自信
写作中组织研究观点	对自己的研究能力感到自信
将相关结果与研究假设进行比较从而解释数据	对自己读研的能力感到自信
口头汇报和交流研究结果	我有能力成为一名成功的研究者
为发表撰写研究论文	我具备从事研究工作的动机并且能够坚持下去
独立开展研究工作	我有强烈的从事科研工作的兴趣
检索研究文献	我有强烈的从事研究工作的意愿，能帮助我
记录研究程序	克服各种困难和障碍
运用软件对数据进行统计分析	我理解研究的程序，对此我很自信
将研究结果置于研究领域的知识图示中理解	
撰写研究结果	
制作研究海报	
撰写文献综述	
阅读并理解研究文献、期刊论文	
在研究中与他人合作	
将数据输入数据表	
理解研究过程	意愿/抱负
如何设计研究项目	了解了研究生院
如何开展研究项目	了解了指导教师的专业知识和技能
对研究过程的整体性理解	认识到有多种研究工作机会存在
科学知识是如何被建构出来	认识到有多种研究职业的选择
理解研究工作的本质	愿意读研
	愿意从事研究工作

资料来源：（Adedokun, et al. , 2013）。

（4）本科生科研收获自评（Student Self – Reported Gains of Undergraduate Research Experiences）

印第安纳大学巴克尼开发了本科生科研收获自评指标（见表5—4），并放入 2007 年 NSSE 调查中，有 63 所院校 2670 名学生填答了问卷。使用 EFA 和 CFA 检验了指标的信度和效度，研究了科研参与经历和学生个人背景对收获的影响作用。

表5—4 本科生科研收获自评

认知技能	职业和合作技能
审辨性和分析性思考 综合、整合和组织观念与想法 清晰而有效地写作 富有想象力地思考	解决复杂的真实世界问题 与他人有效地工作 清晰而有效地表达 获得职业相关的技能 承担学术风险
研究技能	
理解知识是如何被创造的 理解研究是如何开展的 将理论运用于实践 判断信息的质量 依靠自己有效地学习	

资料来源：(Buckley, et al. , 2008)。

总体而言，已有研究为本书提供了丰富的知识基础，但由于中西方本科生科研实践有着根植于制度、环境和历史文化传统的差异性，西方研究文献能提供的更多是方法上的启示，这也是前文梳理研究方法演进的用意所在。目前，国内关于本科生科研参与收获或效能的经验研究非常缺乏，有两项研究可以关注。李湘萍（2015）利用一所高校的学情调查数据分析了科研参与对大学生发展的作用，该文使用的评价学生发展的指标是通用性能力指标（包括认知能力和社会性能力两个方面），数据结果表明科研参与次数多的学生对认知能力和社会性能力的自我评估更高。范皑皑（2017）使用首都高校学生发展状况监测数据分析了大学生科研参与对其读研学位类型选择的影响，研究发现，有科研参与经历的学生更倾向于选择学术型硕士。相较之下，对中国大学生科研参与收获的针对性和整体性的测量与评价非常缺乏。要做好这项工作，除了可以借用国外学者研究得到的学生科研参与收获自评量表之外，还需要对中国大学生的科研学习收获进行本土经验的把握。因此，本书开展了一项混合研究：首先，对中国大学生科研学习收获进行质性研究，开放性地探索科研学习带给学生各方面的发展和变化，归纳出中国大学生科研学习收获的基本内容，形成对科研学习收获的定性认识。其次，基于本土经验和国际研究成果设计大学生科研学习收获自评量表，通过问卷调查和统计方法，检验量表的信度和效度，评价大学生科研学习收获的水平和特点，挖掘科研学习收获各维度内在的关系，提出并检验科研学习收获的影响因素。

第二节 本科生科研学习收获：对"大创"
项目负责人的调查

在大学生科研参与的三种途径中，参与"大创"项目是覆盖面最广、参与人数最多、组织管理比较健全的形式，并且是由国家政策推动、国家出资建设，明确提出了教育期望和价值。选择以参与"大创"项目来考查学生科研参与收获，一是能较为全面地展现学生科研参与收获，二是能比较学生实际收获与政策期望之间的关系。

一 质性研究的设计与实施

质性研究的基本设计参见第一章第三节"质性研究的设计"部分。还需进一步说明的是：在访谈对象选取上，通过对 H 大学 2012 年和 2013 年"大创"项目的立项数目进行统计，从中选取了 5 个学科专业共 31 名学生，这些学生均为项目负责人，其专业和年级分布如表 5—5 所示。其中 2010 级本科生刚完成"大创"项目，对"大创"的体验记忆犹新；考虑到参与科研的收获可能具有滞后性，选取了已完成"大创"项目一到两年的 2009 级学生，出于访谈可行性的考虑，选取的是留在 H 大学继续读研的学生。访谈从 2014 年 3 月至 8 月进行。访谈内容集中于学生参与"大创"项目的经历和收获，以开放的询问方式让受访者自由地谈论对研究经历和收获的主观感受，鼓励受访者对所谈到的收获进行细致的描述和实例列举。所有访谈均是单独地面对面进行，持续约 60—90 分钟，事后对访谈录音进行了逐字逐句的整理，并使用了 Nvivo 质性数据分析软件。

表 5—5　　　　　　　　　　　访谈样本情况

学科专业	2010 级	2009 级	合计
物理	3	0	3
化学	3	0	3
生物	6	4	10
机械	3	3	6
能源	6	3	9
合计	21	10	31

数据分析经历了开放式编码、主题归纳和频数统计三个步骤。首先，基于研究问题对每个访谈文本进行信息搜索，将有关科研收获的信息标示出来，依据"以受访者的用语为主，但若实在不准确则替换以更合适的短语"这一原则对收获信息进行开放式编码。其中，受访者在谈到科研收获时会给出描述和例证，这一段话往往包含了几个意思，每个意思都被单独编码。编码完成后，将编码用语整理成编码簿。其次，进行主题归纳，这也被称为关联式登录，将开放性编码中得出的各项范畴联结在一起（安塞姆·斯特劳斯，朱丽叶·科尔宾，1997：165）。将围绕特定主题（theme）的编码组成了主题名（domain），在主题名之下可能还存在子类别。由于一个编码所概括的意思可能与不止一个主题相关，编码用语可被归于多个主题，因此，从访谈文本中生成了一个既分支又联

系的编码和主题结构图。最后，为了能进一步探讨学生科研收获的主要内容，也为了挖掘收获主题的深度，对收获编码和具有该收获编码的人都进行了频数统计。

在进行频数统计时，采用保守性计算规则，以避免过分计算某编码的权重。例如，在一个访谈文本中，即使受访者多次提到某个收获，关于这个收获的编码只计算一次。某主题下各编码的频数相加就得到了该主题的频数从而反映出了某些主题的相对重要性。由于受访者是从特定目标人群中选出，不是随机抽样，这些频数统计不能进行统计学意义的检验。质性研究得出的结论可以通过今后的随机抽样调查来进一步验证。

二 研究发现：科研学习收获的内容解读

被调查的参与国家"大创"项目的 31 名项目负责人总共报告了 454 次积极的收获，人均 15 次。将 454 次收获编码归纳为了 5 个收获主题：其中，"技能"方面是学生最主要的收获，占到了收获总数的 34.8%；"研究生教育/职业道路的选择和准备""专业知识的理解和运用"以及"心理和社会性收获"三个方面的收获相当，分别占收获总数的 18.7%、18.1% 和 16.5%；此外，"对科研工作所需品质和态度的体认"收获相对较少，占总数的 11.9%（见表 5—6）。下面将对各收获主题的内容进行具体分析。

表5—6　　　　　　　　参与科研的收获主题统计表

学生报告的收获主题	言论频数	百分比（%）	人数	百分比（%）
1. 技能	158	34.8	31	100
2. 研究生教育/职业道路的选择和准备	85	18.7	29	93.5
3. 专业知识的理解和运用	82	18.1	30	96.8
4. 心理和社会性收获	75	16.5	28	90.3
5. 对科研工作所需品质和态度的体认	54	11.9	27	87.1
总计	454	100		

（一）技能

学生报告的技能收获方面包括了 7 种特定的技能。其中，报告最多的是沟通能力和团队领导合作能力，分别占技能收获总数的 34.8% 和 17.1%；其次是实验/动手能力、信息检索技能和计算机技能，分别占技能收获总数的 13.9%、13.9% 和 10.8%；此外，学生还报告了在学术阅读能力和事务能力方面的提高（见表5—7）。

表5—7　　　　　　　　　　学生报告的技能收获统计表

主题	编码和子类别	言论频数	百分比（%）	人数	百分比（%）
1. 技能	1.1 沟通能力	55	34.8	28	90.3
	1.1.1 人际沟通能力	23	14.6	23	74.2
	1.1.2 写作能力	21	13.3	21	67.7
	1.1.3 学术报告能力	11	7.0	11	35.5
	1.2 团队领导合作能力	27	17.1	23	74.2
	1.2.1 团队领导能力	17	10.8	17	54.8
	1.2.2 团队合作能力	10	6.3	10	32.3
	1.3 实验/动手能力	22	13.9	22	71.0
	1.4 信息检索技能	22	13.9	22	71.0
	1.5 计算机技能	17	10.8	17	54.8
	1.6 学术阅读能力	8	5.1	8	25.8
	1.7 事务能力	7	4.4	7	22.6
	合计	158	100		

有 90.3% 的学生提到了沟通能力的进步，这包括一般的人际沟通能力和与科研活动联系紧密的学术报告能力和写作能力。有 23 人谈到人际沟通能力的提升：那些性格内向、不善交际的学生提到，"平时较少主动与人打交道，不知道怎么跟不熟悉的人说话，做项目时跟团队成员交往得多，变得愿意和喜欢交流了（生物7，09 级）"；学生报告更多的是学会了如何与教师和学长沟通，之前无论是在课程学习还是课外活动中，

他们都缺乏这种与专业人士就专业问题互动的经历，"跟老师和学长打交道与跟同学打交道不一样，他们学识更丰富，年纪更长，我不能空着脑子去，要做好充分的准备，要会讲重点（生物9，09级）"；还有少数学生在与校外人的互动中发展了更加社会化的沟通能力。

> 在这过程中你会知道跟不同性格、不同身份的人怎样去交流沟通，材料加工要找外面的工程师，跟他们沟通，你会遇到瓶颈，比如说我要加工到某个尺寸，他说他们做不到，你想要的结果他说他实现不了，这个过程就是你们互相交流的过程，你要用道理去说服他，让他相信你，才会帮你。（能源4，09级）

与科研活动密切相关的沟通能力还有学术报告能力和写作能力。理科生的"大创"项目通常在教师的实验室中进行，实验室定期召开的集体例会成为他们学习学术汇报的场所。"在实验室中我们每两周有例会，每个人都要做汇报，你要讲近期做的事情、下一阶段的计划。之前我完全不会讲，慢慢地学习师兄师姐都是怎么汇报的，还有ppt是怎么做的。现在让我做学术汇报就会有底气了（化学2，10级）"。工科生的"大创"项目大多是各类科技竞赛项目，准备比赛的展示环节极大地锻炼了他们的学术报告能力。"在比赛的汇报中你要讲前期的设计、材料的准备，到建模、完善和调研反馈整个过程，你不仅要做得好，还要讲清楚。这是一个非常费脑的过程，我们尝试过各种形式，最后以故事的形式讲了，很精彩。怎么回答评委的提问也准备了好长时间（机械6，09级）"。除了学术报告能力，有21人谈到写作能力的提升，主要表现在学会使用学术性语言、注重逻辑性、会用文字表达观点、掌握了论文和报告的格式等方面；这主要通过撰写大创项目申报书、季度工作报告、中期检查报告和结题报告得到锻炼。

学生在技能方面的第二大收获是团队领导合作能力。"大创"项目一般由3—5名学生组成研究团队申报，组长是项目负责人。"大创"对学生而言，不仅是一个科研项目，也是一个团队活动，能否领导队员顺利开展活动直接影响到科研项目的成败。有17人谈到了自己如何从"带不动队伍"到能很好地领导团队的过程。他们所报告的领导能力包括：知人善用，"知道谁适合做什么事情"；采用各种方法激励队员，如建立团队愿景、物质奖励、谈心交心等；建章立制管理团队，"以前总有人因为这事那事的不来开会，后来我们就定了规矩，不来的人后果自负"；身先士卒，脏活累活自己先干；会协调化解内部矛盾，"两人之间有矛盾了，我两边都'哄着点'"。此外，这些作为团队负责人的学生还从团队的运行中领悟到了合作的重要性及方法："不能光想着自己的工作，要注意把自己的事与别人的工作连接起来""不一定是要用最有效的方法去做，而是用大家都可以接受的方法""合作得好靠与团队成员多沟通交流"。

13.9%的技能收获的言论描述了实验/动手能力的提升：理科生使用"实验技能"的表述，他们在实验室中学习实验技术、仪器使用、做实验记录，进而掌握实验方法和过程；工科生使用"动手能力"的表述，搭建模型是他们最常做的事情，期间经常遇到各种实地问题，"密封性不好漏水""打洞拧螺丝不管用""切割机到不了位"等，解决这些问题锻炼了他们的动手能力。同样，信息检索技能的提升占到了技能收获报告的13.9%：学生学会了通过图书馆、电子数据库搜索专业文献，而此前他们用得最多的是百度搜索。计算机技能的提升占到了10.8%：学生为做项目自学了一系列计算机的操作知识。

还有少量的言论提到了学术阅读能力的提升，这主要是指阅读外文文献的能力以及能批判性地审视学术文献的能力。有7名学生谈到锻炼了"跑事务"的能力，他们学会了如何购买仪器、借用设备和报销科研经费等事情。许多学生在谈到某类技能收获时都强调了它的可迁移性。

（二）研究生教育/职业道路的选择和准备

学生报告的参与"大创"项目的第二大类收获是研究生教育/职业道路的选择与准备。其中，55.3%的言论谈到增进了对科学研究的兴趣、确认了读研的选择、认清了真正感兴趣的专业方向；44.7%的言论谈到对研究生院校的录取有帮助、提供了"实地工作经验"、获得了论文、比赛名次、专利等成果，以及对就业有帮助（见表5—8）。

表5—8　学生报告的研究生教育/职业道路的选择和准备收获统计表

主题	编码和子类别	言论频数	百分比（%）	人数	百分比（%）
2. 研究生教育/职业道路的选择和准备	2.1 认清了对研究生教育/职业道路的选择	47	55.3	24	77.4
	2.1.1 增进了对科学研究的兴趣	19	22.4	19	61.3
	2.1.2 确认了读研的选择	14	16.5	14	45.2
	2.1.3 认清了真正有兴趣的专业方向	12	14.1	12	38.7
	2.1.4 认清了研究并非自己想要从事的职业	2	2.4	2	6.5
	2.2 研究生教育或职业准备的加强	38	44.7	25	80.6
	2.2.1 对研究生院校的录取有帮助	17	20.0	17	54.8
	2.2.2 提供了"实地工作经验"	11	12.9	11	35.5
	2.2.3 获得了论文、比赛名次、专利等成果	6	7.1	6	19.4
	2.2.4 对就业有帮助	4	4.7	4	12.9
	合计	85	100		

　　通常，本科生科研被认为能促进读研的选择。访谈揭示，有19名学生报告参加"大创"项目激发和促进了他们对于科学研究的兴趣，并且他们对此种兴趣有较高的评价：它是一种基于对科学研究工作有了一定了解基础上的"真正的兴趣"，区别于先前并不了解而宣称的"伪兴趣"。尽管对科学研究有了更多的兴趣，但是大部分学生并没有将之与教育或职业规划相联系，只有几名学生提到因为对科学研究更有兴趣了，所以更有意愿去读研。有14名学生报告"大创"经历帮助他们确认了读研的选择：其中有4名学生是因为参与科研改变了先前的职业规划，选择了读研；有10名学生是再次确认了初定的读研选择。促使学生做出和确认读研选择的原因是，他们在课堂之外通过亲身参与科研来感受这种工作到底需要什么、他们关于知识和学科的兴趣是否可以转变为一种日常的工作投入，从而能够回答"我适合做科研吗""我会喜欢做这种工作吗"等问题。

　　进"大创"之前，我对科研不懂不了解，做完以后，我对这个事情（科研）更了解之后，就坚定了我要继续走下去。我觉得我适

合做科研，我的性格不太张扬，比较容易定下心来思考问题。（生物4，10级）

> 如果没有做科研的经历，我就不会选择去读研，（我会）和大多数人一样毕业之后找工作。在这个过程当中学到了很多科研方面的技能和知识，通过这个经历，我觉得我不适合去做销售或者服务性的行业，只适合去做技术。做技术的话，凭我现在的知识和能力是不够的，所以就想通过读研来增长自己的专业技能和知识，到时候再到公司里面做技术的话应该会容易很多。（生物1，10级）

同理，有2名学生发现研究并不是他们想要从事的事业，"大创"经历使他们的注意力从研究转向了更符合其兴趣或性格的工作类型。

科研经历不仅使学生体验和感受到了他们是否适合从事科研，也帮助他们认清了自己真正喜欢和向往的专业方向，确立了他们未来的专业追求，有14.1%的言论谈到了这方面的收获。

此外，有44.7%的言论是关于研究生教育或职业准备的加强。有17名学生谈到"大创"经历有助于他们被研究生院校录取，因为研究生导师十分看重他们的科研经历，相较考试分数而言，导师更在意他们在科研经历中学到的知识和技术。另外，6名学生通过"大创"项目获得一些"功利性收获"，包括发表论文、专利和获得奖项等，这些专业性成绩使他们的简历增色不少。但在对31名学生的参与动机的单独分析中发现，没有学生仅出于丰富简历的功利性目的而从事科研，他们通常表述的原因是"有兴趣去做"和"想体验下科学研究究竟是什么样子"。因此，有助于被研究生院校录取和丰富简历只是科研活动的额外收获。相应地，有11名学生报告"大创"为他们提供了"实地工作经验"，使他们有机会去看看科学研究工作到底是什么样的，有机会去衡量自己是否能满足该工作模式的要求。

> 做了这个项目之后我对科研的认识就比较全面、比较真实了，不像没做之前我说要当科学家，然后我去考研或者保研，可能会发现跟我先前想的完全不一样。我做了之后，然后说要去搞科研，认

识上比较深刻了，确确实实是了解了我要干的事情。（生物2，10级）

对于有志于从事研究工作的学生而言，他们通过实地经验了解了未来的工作；而对于那些已经发现自己不适合做研究或者对其职业道路仍没有明确方向的学生来说，他们认同在做研究过程中学到的技能和经验能够迁移到其他的工作和实践中。

（三）专业知识的理解和运用

学生报告的第三个方面的收获是专业知识的理解和运用，如表5—9所示，包括提高了运用专业知识和技能的能力（51.2%）以及深化了对专业知识的理解（48.8%）。

表5—9　　　　学生报告的对专业知识的理解和运用收获统计表

主题	编码和子类别	言论频数	百分比（%）	人数	百分比（%）
3. 专业知识的理解和运用	3.1 提高了运用专业知识和技能的能力	42	51.2	29	93.5
	3.1.1 能运用知识和技能解决研究中的问题	21	25.6	21	67.7
	3.1.2 学习了提出问题和做研究设计的科研方法	21	25.6	21	67.7
	3.2 深化了对专业知识的理解	40	48.8	24	77.4
	3.2.1 深化了对课程和书本知识的理解和掌握	20	24.4	20	64.5
	3.2.2 把不同领域的专业知识联系起来	8	9.8	8	25.8
	3.2.3 自学了新知识	8	9.8	8	25.8
	3.2.4 深化了对某专业领域的了解	4	4.9	4	12.9
	合计	82	100		

在运用专业知识和技能方面，25.6%的收获言论谈到了能运用知识

和技能解决研究中的问题，25.6%的言论谈到学习了提出问题和做研究设计的科研方法。

学生们都谈到做科学研究对他们来说是一种不同于课堂的全新的学习经历：他们面对的是真实的从未遇到过的问题，没有现成的答案，他们要充分调动自己所有的专业知识、思维能力和技术方法来找出前进的方向，攻克研究问题。于是，他们去查阅文献，"看别人是怎么解决这样的问题"；开始尝试各种方法，"试了几种，一个不行，就要试另一种，你就会慢慢搞清楚为什么这种不行那种可以"；这期间，他们不断反思已学到的课程和书本知识，自学新的知识，向教师和学长请教；慢慢地，他们学会了运用批判性思维，"换一个看问题的角度和思路"，提高了解决问题的能力，"做东西是有一个套路的"，"解决问题的方法……就像一个一个模子摆在那里"。

> 我们做的那个节能减排项目，最初是有同学做出了一个初步的东西，就是电脑CPU的散热器，我们是接着往下做。最开始我们想的是怎么通过改进结构来提高性能，后来发现结构已经很好了，其实是生产工艺的问题，之前做的是接触的，不是一体的，性能可能就不好，后来我们就用压制的，使它贴得比较紧密，性能就提上去了。(能源3，10级)

参与科学研究带给学生认知上的发展，其重点体现在学生了解并初步掌握了科学研究的方法。学生并非在开展研究之前就清楚研究的程序和步骤，但当他们做完了项目之后，他们开始知道了做研究的基本方法和过程，这样，"我今后更清楚怎么提炼问题，怎么做研究设计了"。当学生从具体的研究中掌握了一套从运用到设计到实施的科学研究步骤，他们的思维经历了一个从具体到抽象的发展。不仅如此，这种研究性的思维和做事方式能迁移到其他领域。

> 我们这个项目就是一个从分析问题到解决问题的过程，这个过程理解了，以后我做其他的事情就有了一套方法，做起来就很容易

了。我就更加明白了，我可以去做很多非本专业的事情，比如暑假我帮别人做一个财务方面的东西，与我的专业不相关，我首先分析问题，然后尝试解决问题，由此获得的解决问题的能力，让我受益匪浅。(机械5，10级)

除了获得运用知识和技能解决问题的能力外，学生还深化了对课程和书本知识的理解和掌握（24.4%的言论），把不同领域的专业知识联系起来，以及自学了新知识。通常，课堂的专业学习让学生大多停留在知道和一般性理解的层面，而通过应用和实际操作，能促进学生真正理解知识，并建立属于自己的知识地图。

专业课老师一节课讲很多，很多概念就算课下去巩固，也只是单纯地记得那个知识。但是像我做分子生物学实验，如果之前我不懂那个实验，老师只是那样讲，我总觉得它做不下去，可自从我做了那个实验后，我就一下子把那方面的知识给理顺了。还有知识的理解方面，比如说某某东西之前让我去背，我可能不理解，但是做实验熟悉了以后，我就知道这个东西为什么这样去做，再往后就把整个知识给连贯起来了，不像之前那样死记硬背，并且我也理解了这个过程，脑子里不只有文字，还有图画。(生物3，10级)

此外，有学生发现，课程学习和研究之间是理论和实践的互动过程，要重视课程学习，以便能为研究提供扎实的理论基础。有9.8%的收获言论谈到为了解决研究问题，学生自学了许多专业知识，而这又有助于后续的课程学习。

在接触这个项目以后，会学到很多专业知识，后面学专业课的时候，很多同学都没有接触过，但是我们做过这些就容易很多，比如图像处理，课程理解起来特别容易，使我对专业知识理解更深入。(生物6，10级)

还有9.8%的言论谈到他们学习了其他专业的知识，把不同领域的专业知识联系起来，"你会发现电学和能源学科还是有很大交叉的，热流和电流还是有很多相同之处的（能源4，10级）。"

（四）心理和社会性收获

学生获得了积极情感体验——自信心和成就感，也可以称之为科研自我效能感，并建立起紧密的人际关系——专业伙伴和生活朋友以及师生指导关系，这些收获也与学生的专业性发展密切相关（见表5—10）。

表5—10　　　　　　学生报告的心理和社会性收获统计表

主题	编码和子类别	言论频数	百分比（%）	人数	百分比（%）
4. 心理和社会性收获	4.1 自信心	20	26.7	17	54.8
	4.1.1 因为取得了成绩而自信	10	13.3	10	32.3
	4.1.2 对做研究的能力感到自信	8	10.7	8	25.8
	4.1.3 因为解决了研究难题而自信	1	1.3	1	3.2
	4.1.4 因为同学的认可感到自信	1	1.3	1	3.2
	4.2 成就感	25	33.3	25	80.6
	4.3 专业伙伴和生活朋友	29	38.7	21	67.7
	4.3.1 共同学习和工作的专业伙伴关系	12	16.0	12	38.7
	4.3.2 生活中的好朋友	10	13.3	10	32.3
	4.3.3 认识了许多人，扩大了交往圈	7	9.3	7	22.6
	4.4 与教师建立起充分的指导关系	1	1.3	1	3.2
	合计	75	100		

学生报告的自信心的增长并不是一般意义上的自信心，而是特指他们对科研的能力感到自信，因为他们"掌握了很多技术""知道了科研的流程""比别人懂得更多"。自信心的提升反映出学生对自我所具备的专业能力的认同，是推动他们继续从事科研活动的动力，"以前觉得项目很高深，这么难，肯定做不出来，但最后结题了，老师说这其实是给博士生做的。现在我觉得再难的东西（比如，我正在学的编程），只要通过努

力，我就可以做出来（物理2，10级）"。

学生报告的另一积极情感体验是成就感。当学生谈到成就感时，是把自己当成潜在的科学家，体验到了攻克研究难题带来的喜悦和满足。成就感的获得是专业性学习经历的重要部分，它或许不是艰苦的科研活动的必需品，但却是"润滑剂"，激励学生在科研道路上继续前行。

> 最开始做脉冲发动机模型时，那个模型是刚提出来的，把它应用于图像处理领域还没人做过，那时候特别困难，如果你走的方向是错的，你就要从头再来，当后来找到一个合理的解决办法而且效果很好时，非常开心。就是做了很久很久，走了很多弯路，终于把这个事做出来了，可能以后在别人的研究当中会提出更好的方法、更好的理论，但至少我做出来了，很有成就感，像一个专业的研究者一样。（生物1，10级）

学生个体性收获的另一重要方面是与同学或高年级学长建立起共同学习和工作的专业伙伴关系。对大多数学生而言，与同学一起组建团队参加"大创"项目，是一种全新的学习经历：他们有了一个"高大上"的学术性团队，它既不同于一般的课外兴趣社团，也区别于课堂作业小组；团队成员有着共同的目标；他们充分合作，严肃认真工作，创造出一种智识上的力量。

> 我们实行每天早上小组讨论方式，和电信（专业）的同学交流能学到很多电路方面的知识，这些是我在机械（专业）这边学不到的。大家互相讨论，能学到更有效的方法。有时在解决问题的方法上会有冲突，那我们就去试验，看谁的行。（机械4，10级）

团队成员之间围绕研究问题和工作进展进行讨论，使他们体验到讨论作为一个专业性习惯的重要价值，也增进了他们对科研工作的理解。除了团队成员之间的工作伙伴关系，还有学生谈到了高年级学长对自己的指导与帮助，因为来自于更高的学识和经验，这种指导的作用巨大。

> 学长对我们的帮助很大。首先他专业知识比我们丰富，再加上他做了半年多类似研究，有一些（技术上的）经验，他充当的是指导老师的角色。我很佩服这个学长，他特别勤奋，总是在寝室关门前一点点回来，他也很严谨，对科研又有热情。那一年，我没有什么成果、没有专利、没有论文、只是结题了，但是在课题组认识的学长学姐教会我对于科研的热情和追求，推动我现在真正想做科研。（化学1，10级）

在共同学习和工作的专业伙伴关系中，学生除了体验"怎样做专业性工作"之外，还在合作对象身上挖掘自身所缺乏的品质，"她做事很仔细，不放过每个细节""他很擅长观察，而我比较缺乏""她的一些实验习惯非常好，我受益匪浅"，他们成为彼此的"镜子"，"我要向他学习"成为改变自身的动力。

还有10名学生谈到他们收获了生活中的好朋友。在"大创"项目中，从未经历过的研究任务带给学生智识和情感上的多重挑战，团队成员之间，与智识共同成长相伴随的是情感上的相互支持。专业性工作带给学生超越工作关系而渗入生活中的友谊。此外，还有9.3%的言论谈到参与"大创"项目使他们认识了许多人，扩大了交往圈。

有2名学生报告与教师建立起充分的指导关系。围绕科学研究问题与教师展开的互动，区别于课堂上的师生关系。在指导教师实验室的例会上，教师倾听学生的实验汇报，围绕实验中的问题深入讨论，让学生感受到"就像科学家之间的对话一样"；教师为他们建立了科学研究过程的规范，包括与同事探讨、积极应对失败和挫折、做出复杂的决策等。这本身就是很有价值的专业性学习经历，也促进了其他收获的获得。

（五）对科研工作所需品质和态度的体认

学生在科研经历中，不仅获得了智识上的发展，还收获了专业社会化，即认识和体验了研究工作所需要的品质和态度。学生意识到科研不仅是一项智力活动，也是一种社会性和文化性活动。在学生报告的科研工作所需的品质和态度中，耐心和毅力以及责任感是两种最主要的品质，都占到了该类收获总数的 35.2%，其他三个方面的品质，包括严谨和踏实、专注以及敢于质疑权威，共占 29.7%（见表5—11）。

表5—11　学生报告的对科研工作所需品质和态度的体认收获统计表

主题	编码和子类别	言论频数	百分比（%）	人数	百分比（%）
5. 对科研工作所需品质和态度的体认	5.1 耐心和毅力	19	35.2	19	61.3
	5.2 责任感	19	35.2	19	61.3
	5.3 严谨和踏实	9	16.7	9	29.0
	5.4 专注	5	9.3	5	16.1
	5.5 敢于质疑权威	2	3.7	2	6.5
	合计	54	100		

学生在科研活动中时常遇到各种问题和挫折，这让他们理解了科研工作的复杂性和困难性。对此，学生谈到做科研要投入很长的时间，"编程序时候经常熬夜地弄"；有些实验任务很沉闷，反反复复，"科研是枯燥的""实验就是重复来重复去"；而要获得理想的结果又多么不容易，"好长时间都没什么进展"。这些已经远远超出对研究的智识上的认识，他们意识到不断受挫、失败和重复是科研过程中的常态，因此，科研需要一种对待困境和挫败"天然的"或"习得的"容忍和坚持下去。

> 做科研是枯燥的长久战，很需要毅力恒心，要耐得了寂寞，不能有一点困难就逃跑。当时申请专利时，我写的申请书被大师兄改得面目全非，我很灰心，特别不想继续做了，大师兄鼓励我说做科研就是这样，需要不断试错和改正。（生物6，10级）

学生谈到科学研究另一重要的品质是责任感。作为项目负责人，他们深感自己肩负着带领整个团队把项目做完的责任，尤其当遇到各种困难时，责任感成为他们克服困难、坚持走下去的动力。

> 作为项目负责人，我要对大家负责，对项目负责，做的过程中我就心心念念地说，要做好，不能对不起大家。我觉得提高了很多，以前都是觉得对得起自己就行了，现在想着要给大家一个交代，让大家满意，还有老师那边。（生物6，10级）

仔细分析会发现，学生谈到的责任感并不是科学研究内容本身所赋予的，而是科研作为一种团队活动对其领导者的要求。很自然的是，学生把这种品质迁移到其他活动和个人生活中去，"这种责任感肯定会迁移到别的事情上，比如班级集体活动时，我就想我一定要把事情做好，因为这是集体的事情。"

共有26%的收获言论谈到了做科学研究工作要严谨和踏实、要专注，"在研究中要实事求是，不能你觉得不好的结果就不要""（做科研是）真正地做一件自己的事情，要很专注地投入进去"。还有2名学生谈到了科研需要敢于质疑权威。

虽然学生开始认识到科研工作需要某些共享的品质和态度，但这并不意味着他们已经采用甚至习惯于这种专业性实践。从访谈中发现少数学生身份上的变化，用他们自己的话说就是"感觉像科学家一样"；这种感觉会反映在他们行为和态度的改变上，有学生谈到在经历了科研中的挫折后，他们更愿意去挑战新的问题，更具有主动性，自己设计研究方案，忍受着实验室程式化工作的枯燥。而对多数学生而言，这种变化并不明显。

三　讨论与结论

(一)"大创"科研参与收获的基本结论与评价

通过对学生"大创"经历收获的主题归纳和分析，从整体上揭示出，"大创"项目作为本科生参与科研和创新活动的重要形式和途径，是一种具有充分专业价值的学习经历，它对学生的专业知识和技能的习得、专业性价值观的获得、专业发展道路和职业的选择都有促进作用。对5个收获主题的频数统计则进一步显示出"大创"经历收获的特点,从而反映出"大创"项目的教育价值:第一,学生最主要的收获集中在技能方面,约占收获总数的1/3,且所有受访者都谈到了在该方面的发展。技能在本质上具有实践性,是在操作中学习和获得,技能的发展表征着实践能力的提升,从这个意义上来说,参与"大创"项目有力地促进了学生实践能力的发展,这也是国家推行"大创"项目的主要政策目标。第二,学生收获的第二大方面表现为研究生教育/职业道路的选择和准备,占收获总数的近1/5,超90%的学生报告了此方面的收获。虽然,政策层面没有明确提出通过实施"大创"项目增进学生选择研究生教育,并且访谈也没有充分证据显示学生是因为参与"大创"而选择了读研究生,但是,访谈结果揭示"大创"经历让学生的读研选择更加理性,无论他们先前是否选择了读研,"大创"让他们能在基于对科研活动的全面认识上认清自己是否适合与想要读研,形成对自我在专业化道路上角色的初步认知。这方面的收获并不在政策目标之中,如果能在政策目标中明确提出促进学生对专业化道路的了解及理性选择,呼吁有志于选择研究生道路的学生积极参与科研活动,那么将可能减少当前大学生盲目追求研究生教育的现象,为提高研究生教育质量提供了一种源头性的解决方式。

第三,将学生收获的第三个和第五个主题聚集在一起讨论,因为这两个主题集中反映了学生的专业化发展。第三个主题"专业知识的理解和运用"表征着学生在专业上的智识性发展,其中,有近70%的学生谈到能运用知识和技能解决研究中的问题,以及学习了提出问题和做研究设计的科研方法。从本杰明·布鲁姆(1986:2)提出的教育目标分类系统来看,这些收获是关于"整合"和"应用"的高阶认知能力,也正是教育者期望通过科研活动使学生获得的主要能力。瑟瑞(Thiry,2011)发现少数学生发展了一种更高水平的思维能力,开始思考"科学"和"真理"的本质以及研究在建构"知识"中的角色,而本书的调查没有这方面的发现。第五个主题"对科研工作所需品质和态度的体认"表征着学生的专业社会化发展。有60%的学生报告了体会到耐心和毅力以及责任感对开展科研活动的重要性,但只有极少数学生开始践行专业性身份,用更形象化的话表述就是"像科学家一样的思考与工作"。在国外教育者和研究者看来，推进本科生参与科研活动最主要的目的在于促进学生的专业化发展。相较之下，我们在"大创"项目的政策目标表述中强调培养创新人才，但对于什么是创新人才，它由哪些能力和心理因素构成的探讨却十分不足，以使得"创新人才"的概念频繁出现在政策文本中，可对于人才培养改革实践却没有切实的指导意义。基于此，本书指出，需要进一步研究"大创"项目的政策目标，以及加强关于创新人才、创新素质的研究。

第四，最后一个讨论的收获主题是"心理和社会性收获"，它包括学生获得的自信心和成就感以及各种社会关系，这些方面与学生的专业化发展密切相关。此前的研究没有特别指出学生获得了"成就感"，而本书的调查中有80%的学生报告了这个方面，对他们而言，成就感的获得有助于"像科学家一样"的专业身份感觉的建构。此外，学生在"大创"经历中，相较于与教师建立专业性关系，他们更多地收获了与同伴的专业伙伴关系和日常生活中的友谊。这一点与瑟瑞的研究发现正好相反，瑟瑞（Thiry，2011）指出，本科生在暑期科研活动中最明显的收获是与指导教师建立了同事式的工作关系。此种收获差异主要源于科研实践形式的差异，在瑟瑞调查的美国文理学院中，本科生科研参与的主要形式是教师指导下的师生学徒制，学生与教师开展了充分专业性互动；而"大创"项目主要是学生组建团队自行开展研究活动，学生与教师的互动较少。

（二）"大创"经历的收获与创新素质之间的关系

尽管上文谈到目前关于创新人才和创新素质的研究比较滞后，但从政策评估的角度而言，还是需要在创新素质的框架内来评价"大创"经历的收获。本书在第一章第二节界定"创新人才"时，初步建立了大学生创新素质7因子模型，它包括专业知识的深厚广博，分析和解决问题能力，沟通协调能力，思维的深刻、敏捷和独创，坚持、自信和批判，求知欲与想象力，以及好奇心与兴趣七个方面。通过比较学生的"大创"收获编码及统计频数与创新素质的因子内容，可以发现二者之间的密切关系：近80%的学生报告自学了新知识、把不同领域的专业知识联系起来、深化了对课程和书本知识的理解和掌握，以及能运用知识和技能解决研究中的问题，这些属于创新素质中创新知识、创新能力和创造性思维的内容；超70%的学生报告了人际沟通能力的提升，这是创新素质中创新能力的内容；此外，超50%的学生收获了自信心，60%多的学生增进了对科学研究的兴趣，收获了耐心和毅力，这属于创造性人格的内容。而求知欲与想象力、好奇心这些属于创造性人格的内容，并没有反映在学生的"大创"收获报告中，由此可以推论出求知欲、想象力、好奇心等是促使大学生主动参加科研活动的动力因素，而不是科研参与的结果。综上，对本科生科研参与收获的探讨进一步解释了科研参与如何促进了创新素质的发展。

第三节　本科生科研学习收获的测量

一　本科生科研学习收获测量指标

（一）测量指标编制

依据对"大创"项目负责人科研参与收获的质性研究结果，结合国外相关研究文献，提炼出科研学习收获测量的一级和二级指标。一级指标有5个，分别是研究能力、学术技能、社会性能力和关系、专业社会化，以及职业/教育道路的选择和准备二级指标由47个项目构成。

"研究能力"是指学生在如何开展科学研究方面的能力表现，包括会提出研究问题、设计研究方案、解释数据结果、识别研究不足等；"学术技能"主要指服务于科学研究的具体技能，包括学术汇报能力、学术交流能力、数据分析技能等；"社会性能力和关系"是指在科学研究中与人交往的能力，包括组织能力、合作能力、人际沟通能力，以及通过科研参与而获得的社会关系；"专业社会化"是指对科学研究工作所需要的品质和态度的认知与实践，包括认识到受挫和失败是研究过程中的常态，认识到研究需要严谨踏实，认识到研究要敢于质疑权威，能做到客观看待事物，能做到严谨踏实地进行实验操作或求证等；"职业/教育道路的选择与准备"是指对未来道路的选择有了认识和准备，包括认清了是否要继续读研，认清了喜欢和向往的专业方向，为未来的研究生学习做了准备等。

（二）指标的信度和效度检验

样本情况详见第一章第三节"定量研究的设计"以及第四章第五节"数据来源"。采用验证性因素分析对理论模型进行检验与修正，删除每个维度中相关较低的条目后，最终形成一个二阶单因子一阶五因子模型（见图5—1）。五因子的内容和名称与理论模型一致，但是项目从47个减至28个。修正后的模型拟合指数如表5—12所示：一阶五因子模型和二阶单因子模型的 RMSEA 均为 0.045，小于 0.08，GFI、AGFI、IFI、TLI、CFI 等各拟合指数均大于 0.9，自由度与卡方的比值也均小于 3.000，说明修正模型的拟合效果非常好。单个项目的标准化因素负荷量范围介于 0.544 和 0.706 之间，大于 0.5 的可接受标准，且均具有较高显著性水平；表5—13呈现了五个潜变量的建构信度（CR）介于 0.73 和 0.83 之间，远大于 0.6 的可接受标准，表明该量表整体信度及各维度内部一致性较高；五个潜变量的平均变异数抽取量（AVE）范围介于 0.40 和 0.44 之间，接近 0.5 的可接受标准，表明该量表具有一定的聚合效度。表5—14列出了大学生科研学习收获28个项目的得分均值。

表5—12 修正后的科研学习收获模型拟合指数

统计检验量 （适配标准）	RMSEA （<0.06）	GFI （>0.90）	AGFI （>0.90）	IFI （>0.90）	TLI （>0.90）	CFI （>0.90）	CMIN/DF （<3.000）
一阶五因子模型	0.045	0.922	0.906	0.933	0.925	0.932	2.682
二阶单因子模型	0.045	0.919	0.905	0.931	0.924	0.931	2.696

表5—13 修正后的科研学习收获模型信度、效度检验结果

	Y1	Y2	Y3	Y4	Y5	Y 总
所包含题项数	5	4	6	6	7	28
CR	0.77	0.73	0.82	0.82	0.83	0.93
AVE	0.41	0.40	0.43	0.44	0.41	0.73

备注：1. Y1是研究能力，Y2是学术技能，Y3是社会性能力和关系，Y4是专业社会化，Y5是职业/教育道路的选择与准备 Y总是科研学习收获。

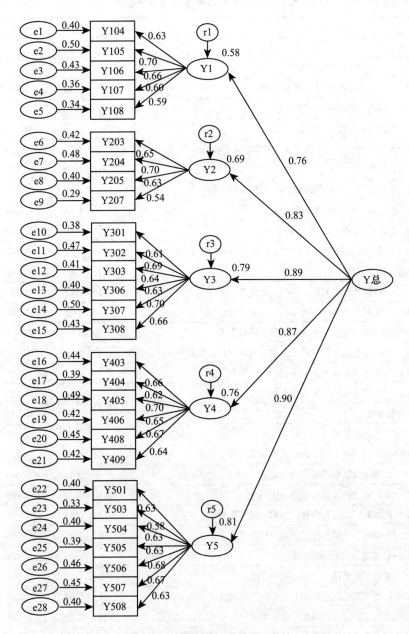

图5—1　大学生科研学习收获五因子 CFA 模型图

注：1. Y1 是研究能力，Y2 是学术技能，Y3 是社会性能力和关系，Y4 是专业社会化，Y5 是职业/教育道路的选择与准备，Y 总是科研学习收获。

表 5—14   **大学生科研学习收获各项目得分均值**

	均值	标准差
研究能力	1.81	0.543
Q1. 能提出一个具体的研究问题	1.79	0.754
Q2. 能针对具体的研究问题提出研究假设	1.84	0.746
Q3. 能提出一套可行的研究方案	1.75	0.775
Q4. 能识别研究设计的不足之处	1.79	0.748
Q5. 能运用所学专业知识和技能解决研究中的问题	1.89	0.736
学术技能	1.88	0.550
Q6. 能向非本研究领域的人解释清楚所做的项目	1.85	0.730
Q7. 能进行研究项目的口头汇报	1.86	0.746
Q8. 能在被质问时捍卫自己的观点	1.91	0.720
Q9. 能运用相关的专业技术对数据进行分析	1.88	0.797
社会性能力与关系	2.03	0.537
Q10. 能组织他人共同完成一项研究任务	1.87	0.725
Q11. 能在研究小组中与他人合作完成研究任务	2.05	0.726
Q12. 能围绕研究工作与他人进行沟通与交流	2.04	0.703
Q13. 与同学或高年级学长建立起共同学习和工作的专业伙伴关系	2.00	0.769
Q14. 与其他团队成员成了生活中的好朋友	2.12	0.736
Q15. 认识了更多人，扩大了交往圈	2.11	0.787
专业社会化	2.09	0.537
Q16. 认识到受挫和失败是研究过程的常态	2.07	0.765
Q17. 认识到做研究需要敢于质疑权威和接受挑战	1.93	0.781
Q18. 认识到做研究需要严谨踏实	2.14	0.746
Q19. 认识到做研究需要耐心和毅力	2.20	0.730
Q20. 能做到客观看待事物，尊重客观事实	2.11	0.694
Q21. 能做到严谨踏实地进行实验操作或求证	2.07	0.719
职业/教育道路的选择与准备	1.96	0.554
Q22. 增进了对于从事科学研究的兴趣	1.90	0.765
Q23. 认清了自己真正喜欢和向往的专业方向	1.98	0.795
Q24. 为自己能够攻克难题、完成研究项目感到很有成就感	2.06	0.746
Q25. 为自己能够取得奖项、论文或专利等成果感到很有成就感	1.94	0.850
Q26. 对自己有能力在未来的研究生学习或工作中做很好感到自信	1.99	0.777
Q27. 为自己有能力为科学作出贡献感到自信	1.90	0.799
Q28. 为未来的研究生学习/工作做了准备	1.96	0.811

二 大学生科研学习收获状况及差异分析

表5—15列出了学生科研学习收获五因子的均值，并通过成对样本 T 检验确认了两两差异的显著性。第一，整体来看，五个收获因子的均值在1.81—2.09，都高于理论均值1.5，这说明大学生科研学习收获整体较多。第二，从五个收获因子的内部关系来看，科研学习最大的收获是专业社会化；其次是社会性能力和关系；再次是职业/教育道路的选择与准备；科研学习收获最小的方面是研究能力和学术技能。教育者赋予科研学习活动首要的目的是发展学生的认知能力，尤其是高阶认知能力，然而在最能反映认知能力的研究能力和学术技能两个方面，学生的收获反而最低；相反，被教育者所忽视的专业社会化、职业/教育道路的选择和准备方面，以及并未被看作是科研学习的主要目的——社会性能力和关系方面，学生的收获却更多。由此可见，科研参与带给学生的收获与教育者的期望和设想并非一致，这是何原因，后续讨论将进一步回答该问题。

采用 T 检验或方差分析对不同背景以及不同科研参与次数学生的科研学习收获状况进行差异分析发现（见表5—15），来自城市的学生在专业社会化方面的收获显著多于来自乡镇/农村的学生；成绩排名位于前75%的学生在科研学习收获的五个因子及整体表现上均显著优于成绩排名后25%的学生；D 校学生在科研学习收获各因子以及整体表现上显著好于其他四所院校；在除研究能力之外的四个收获因子上，科研参与次数在2次以上的学生显著多于只参与过1次的学生，而研究能力方面，参与过4次及以上的学生显著高于只参加过1次的学生。

三 不同科研参与形式学生科研学习收获的差异分析

对不同科研参与形式学生科研学习收获的差异进行分析发现（见表5—16），参与科技创新团队的学生在研究能力、学术技能、社会性能力和关系、专业社会化，以及职业/教育道路的选择和准备五个收获因子上的得分都显著高于自主申请科研项目和参与教师科研项目的学生，这表明科技创新团队科研参与形式的效能最好。另外，自主申请科研项目的

表5—15　　学生科研学习收获的基本情况及其在任学生背景变量和科研参与次数上的差异分析

科研学习收获	基本情况			学生背景变量的差异分析						科研参与次数	
	M	SD	成对样本T检验	生源地		成绩排名		所在学校			
				F (t)	水平比较	F (t)	水平比较	F (t)	水平比较	F (t)	水平比较
Y1	1.81	0.54	$T_{Y1\&Y2} = -3.457^*$　$T_{Y1\&Y3} = -12.098^{**}$			5.215^*	前75% > 后25%	3.898^*	D > ABCE	5.764^*	4 次及以上 >1 次
Y2	1.88	0.55	$T_{Y1\&Y4} = -15.016^{**}$　$T_{Y1\&Y5} = -8.354^{**}$			3.806^*	前75% > 后25%	12.220^{**}	D > ABCE	7.963^{**}	2 次及以上 >1 次
Y3	2.03	0.54	$T_{Y2\&Y3} = -9.059^{**}$　$T_{Y2\&Y4} = -12.257^{**}$			8.931^{**}	前75% > 后25%	7.687^{**}	D > ABCE；A > E	13.348^{**}	2 次及以上 >1 次；
Y4	2.09	0.54	$T_{Y2\&Y5} = -4.885^{**}$　$T_{Y3\&Y4} = -3.536^{**}$	-2.215^*	城市 > 乡镇/农村	4.933^{**}	前50% > 后25%；前25% > 51%—75%	12.383^{**}	D > ABCE；A > E	8.155^{**}	2 次及以上 >1 次
Y5	1.96	0.55	$T_{Y3\&Y5} = 4.747^{**}$　$T_{Y4\&Y5} = 7.974^{**}$			6.390^{**}	前75% > 后25%	11.674^{**}	D > ABCE	11.262^{**}	2 次及以上 >1 次

注：1. Y1 是研究能力，Y2 是学术技能，Y3 是社会性能力和关系，Y4 是专业社会化，Y5 是职业/教育道路的选择与准备；2. $*p<0.05$，$**p<0.001$；3. 表格仅显示有显著差异的变量。

学生在社会性能力和关系收获因子上的得分显著高于参与教师科研项目的学生，两者在其余收获因子上的得分不存在显著差异，这表明，自主申请科研项目和参与教师科研项目这两种科研参与形式在效能上大致相当。

表5—16　　　不同科研参与形式学生科研学习收获的差异分析

检验变量	变异来源	平方和（SS）	自由度（df）	平均平方和（MS）	F检验	事后比较 LSD法	ω^2	$1-\beta$
Y1	组间	7.726	2	3.863	13.490**	参与科技创新团队项目 > 自主申请科研项目	0.029	0.998
	组内	238.544	833	0.286		参与科技创新团队项目 > 参与教师科研项目		
	总和	246.271	835					
Y2	组间	2.923	2	1.462	4.877*	参与科技创新团队项目 > 自主申请科研项目	0.009	0.804
	组内	249.639	833	0.300		参与科技创新团队项目 > 参与教师科研项目		
	总和	252.563	835					
Y3	组间	6.497	2	3.249	11.572**	参与科技创新团队项目 > 自主申请科研项目	0.025	0.994
	组内	233.843	833	0.281		参与科技创新团队项目 > 参与教师科研项目		
	总和	240.340	835			自主申请科研项目 > 参与教师科研项目		
Y4	组间	3.192	2	1.596	5.603*	参与科技创新团队项目 > 自主申请科研项目	0.011	0.858
	组内	237.263	833	0.285		参与科技创新团队项目 > 参与教师科研项目		
	总和	240.455	835					

续表

检验 变量	变异 来源	平方和 （SS）	自由度 （df）	平均 平方和 （MS）	F 检验	事后比较 LSD 法	ω^2	$1-\beta$
Y5	组间	3.286	2	1.643	5.410*	参与科技创新团队项目 > 自主申请科研项目 参与科技创新团队项目 > 参与教师科研项目	0.010	0.845
	组内	252.992	833	0.304				
	总和	256.278	835					

注：* $p < .05$ ；** $p < .001$ 。

Y1 为研究能力，Y2 为学术技能，Y3 为社会性能力和关系，Y4 为专业社会化，Y5 为职业/教育道路的选择和准备。

不同科研参与形式与科研学习收获五个因子之间的关联强度（ω^2）均小于 0.059，属于低度关联；不同科研参与形式变量可以分别解释研究能力、学术技能、社会性能力与关系、专业社会化、职业/教育道路的选择和准备 5 个因子总方差中 2.9%、0.9%、2.5%、1.1%、1.0% 的变异量；所有统计检验力（$1-\beta$）均大于 0.8，表示此分析推论的决策正确率达 80% 以上。

第四节　本科生科研学习投入
对学习收获的影响

一　相关分析

对科研学习投入 6 个变量与学习收获 5 个因子进行相关分析发现（见表 5—17）：科研学习投入 6 个变量间均呈现显著正相关（$P < 0.05$），相关系数介于 0.070—0.504，属于中低度相关，不存在共线性问题。科研学习投入 6 个变量与科研学习收获 5 个因子之间均呈现显著正相关（$P < 0.001$），除了科研项目持续时间和平均每周投入时间与学习收获 5 个因子之间的相关系数小于 0.3，以及与同学互动频率和学术技能收获之间的相关系数小于 0.3，呈现弱相关以外，其余相关系数介于 0.300—0.470，属于中度相关，这可能预示着后续回归分析中科研项目持续时间和平均每周投入时间对科研学习收获的影响不显著。

表 5—17

相关矩阵

	科研项目持续时间	平均每周投入时间	科研任务认知挑战度	与老师互动频率	与学长互动频率	与同学互动频率	Y1	Y2	Y3	Y4	Y5
科研项目持续时间											
平均每周投入时间	.208***										
科研任务认知挑战度	.191***	.275***									
与老师互动频率	.130***	.173***	.504***								
与学长互动频率	.217***	.178***	.324***	.290***							
与同学互动频率	.070**	.253***	.325***	.198***	.298***						
Y1	.165***	.295***	.470***	.325***	.349***	.303***					
Y2	.163***	.227***	.459***	.375***	.342***	.276***	.542***				
Y3	.163***	.276***	.391***	.353***	.387***	.405***	.521***	.567***			
Y4	.149***	.225***	.368***	.371***	.325***	.300***	.517***	.573***	.656***		
Y5	.179***	.256***	.439***	.407***	.323***	.323***	.565***	.581***	.667***	.641***	

注：1. Y1 为研究能力，Y2 为学术技能，Y3 为社会性能力和关系，Y4 为专业社会化，Y5 为职业/教育道路的选择和准备。2. *** 表示在 0.001 水平（双侧）上显著相关；** 表示在 0.05 水平（双侧）上显著相关。

二 阶层回归分析

以科研学习收获5个因子为因变量进行阶层回归分析,将自变量分成两大区组投入回归方程式中,区组一主要为学生背景变量,区组二为学生科研学习投入6个变量,以探讨排除学生个人背景影响的情况下,科研学习投入变量对科研学习收获是否有显著的解释力及解释力大小。由前面不同背景以及不同科研参与次数学生的科研学习收获的差异分析可知,不同生源地、成绩排名、院校以及科研参与次数的学生在科研学习收获上存在显著差异,为减少误差,在做回归分析时,只对这4个变量加以控制(吴明隆,2010:377)。

阶层回归结果如表5—18所示,科研学习投入对科研学习收获具有显著的解释力,科研学习投入6个变量可以解释研究能力、学术技能、社会性能力与关系、专业社会化、职业/教育道路的选择与准备的25.2%、22.0%、24.7%、18.1%、21.3%的变异量,这说明科研学习投入是学习收获的重要影响因素。具体来看科研学习投入各变量对学习收获各因子的影响关系:科研项目持续时间对科研学习收获5个因子均不具有显著影响;平均每周投入时间、科研任务认知挑战度、与教师互动频率、与学长互动频率以及与同学互动频率对5个收获因子都有显著影响。从影响值大小来看:对研究能力、学术技能影响最大的两个因素均是科研任务认知挑战度以及与学长互动频率;对社会性能力和关系影响最大的是与同学互动频率以及与学长互动频率;对专业社会化影响最大的是与教师互动频率以及与学长互动频率;对职业/教育道路的选择与准备影响最大的是与教师互动频率和科研任务认知挑战度。

表5—18 　　　　科研学习投入对学习收获影响的阶层回归分析

因变量＼自变量	Y1	Y2	Y3	Y4	Y5
科研项目持续时间	0.018	0.021	0.025	0.019	0.035
平均每周投入时间	0.139**	0.067*	0.094*	0.075*	0.080*
科研任务认知挑战度	0.293**	0.258**	0.116*	0.114*	0.187**

续表

因变量 自变量		Y1	Y2	Y3	Y4	Y5
与教师互动频率		0.071 *	0.137 **	0.148 **	0.191 **	0.195 **
与学长互动频率		0.164 **	0.164 **	0.190 **	0.155 **	0.116 **
与同学互动频率		0.101 *	0.079 *	0.235 **	0.138 **	0.138 **
控制变量	A 校（参照项为 E 校）	0.089	0.138 *	0.173 *	0.187 *	0.079
	B 校（参照项为 E 校）	0.076	0.111 *	0.137 *	0.127 *	0.029
	C 校（参照项为 E 校）	0.041	0.034	0.038	0.092	0.062
	D 校（参照项为 E 校）	0.113 *	0.234 **	0.202 **	0.274 **	0.177 *
	成绩前 25% （参照项为后 25%）	0.142	0.089	0.257 **	0.123	0.191 *
	成绩 26%—50% （参照项为后 25%）	0.121	0.039	0.197 *	0.090	0.186 *
	成绩 51%—75% （参照项为后 25%）	0.064	0.068	0.134 *	0.028	0.139 *
	生源地	—	—	—	0.044	—
	科研参与 2 次 （参照项为参与 1 次）	0.008	0.040	0.043	0.043	0.065
	科研参与 3 次 （参照项为参与 1 次）	0.000	0.053	0.046	0.049	0.034
	科研参与 4 次及以上 （参照项为参与 1 次）	0.018	0.050	0.094 *	0.060	0.106 *
△修正 R^2		0.252 **	0.220 **	0.247 **	0.181 **	0.213 **
修正 R^2		0.296 **	0.303 **	0.343 **	0.270 **	0.318 **

注：1. Y1 是研究能力，Y2 是学术技能，Y3 是社会性能力和关系，Y4 是专业社会化，Y5 是职业/教育道路的选择与准备；2. * $p < 0.05$ ； ** $p < 0.001$ 。

三 结果讨论

大学生科研学习收获得分均值结果显示大学生的科研学习收获中，与认知能力密切相关的研究能力和学术技能是最少的两个收获，这非常不符合教育者的期望和设想。进一步通过大学生科研学习投入对学习收获的影响的回归分析发现，对研究能力和学术技能影响最大的因素是科研任务认知挑战度，其回归系数远高于其他科研学习投入变量。样本学生科研任务认知挑战度的均值为 1.68，标准差为 0.53，这说明科研任务认知挑战度处于中等水平。另外，对学生从事的科研任务的分项统计表明，约 50% 的学生没有参与"项目的提出与设计""撰写研究报告/学术论文/专利申请"等高认知挑战度的工作；超过 70% 的学生比较多或非常多从事"进行实验或动手操作""分析整理数据资料与解释结果"等认知挑战度一般的工作；超过 70% 的学生比较多或非常多地从事"查阅资料""项目任务与进度的沟通协调"这些认知挑战度较低的工作。因此，可以推论出由于学生在科研活动中开展的科研任务认知挑战度一般，导致在研究能力和学术技能方面的收获偏低。

阶层回归结果证实了科研学习投入是学习收获的主要影响因素。通过比较回归系数可知，科研学习投入各变量中，代表投入时间的"科研项目持续时间"和"平均每周投入时间"对学习收获的影响力小于代表投入质量的"科研任务认知挑战度"和"与教师互动频率""与学长互动频率"以及"与同学互动频率"三个人际互动变量，这说明科研学习投入质量比数量更重要。在投入时间的两个变量中，科研项目持续时间对学习收获五个因子均无影响，而平均每周投入时间对学习收获五个因子均有显著影响，即使影响比较小，但这说明并非研究项目持续时间越长越有利于学生的发展，能促进学生收获的是集中的时间投入。以时间集中度来看美国大学中盛行的本科生暑期科研项目会发现，此种集中于暑期的项目设计比较科学；而中国大学生的科研活动大多在学年中进行，学生如果特别专注于科研活动，可能会与课程学习相冲突，这种时间冲突有碍学生的科研学习投入，从而影响到科研学习的效能。

在投入质量的 4 个变量中，科研任务认知挑战度对研究能力和学术技能的影响最大，这很好地验证了学习理论对本科生科研学习过程的解释，即用有认知挑战度的活动挑战学生的大脑，促使学生通过动手实践，习得研究技能，发展高阶认知能力。同时数据显示，与教师互动频率对研究能力的影响最小，这与教育者的预期和前人的研究相反；由于只调查了师生互动的频率，如能深入到调查师生互动的具体内容及程度，则能更清晰地显示怎样的师生互动能促进研究能力的发展。此外，数据表明与教师互动频率是专业社会化的最主要影响因素，这符合社会情境学习理论对科研学习过程的解释，即在科研实践共同体中，学生围绕科研活动与教师展开互动，通过观察、感受和反思教师对待科研的态度和精神，从而习得专业价值观和精神。学生不仅通过教师习得专业观念，还在学长身上习得，与学长互动是影响力仅次于与教师互动的因素。此外，与学长互动频率是科研学习收获四个因子的次重要影响因素，这很符合中国大学中盛行的"学长为师"指导模式的实际和特点。

第 六 章

本科生科研中的教师指导

　　本科生科研作为一项高影响力的教育活动，教育者在其中的角色不可或缺。许多经验研究揭示，教师指导是本科生科研效能最重要的影响因素（Lopatto，2006）；本科生的科研活动收获取决于其受到的指导质量（Ishiyama，2002）；科研活动中教师的情感性和社会性指导对学生的研究能力、专业社会化和研究经历满意度的影响最大（Haeger & Fresquez，2016）。在前文呈现的学生科研学习收获的影响因素中，师生互动频率是学生专业社会化和未来道路选择的最主要的影响因素。可见，教师在本科生科研活动中发挥着至关重要的作用，教师的指导行为直接关系到本科生能否完成科研任务，学生的能力和品质能否得到有效锻炼和发展，因此，教师指导被视为本科生科研的本质。

　　本章首先呈现已有文献中对教师指导及其功能的认识，这些观点大多出自西方学者，能为我们理解本科生科研中的教师指导行为提供概念化的知识基础。其次，将通过一项质性研究，基于中国本科生科研的实践探讨教师的有效指导行为。通过厘清教师的有效指导行为，能够进一步解释教师指导与学生发展之间的关联，并且能为提升教师指导能力的实践活动提供参考和借鉴。最后，再通过一项质性研究，针对当前中国本科生科研中教师指导偏少偏弱的现实问题，揭示影响教师指导意愿的激励和阻碍因素，从而为提升教师指导意愿的院校改进行动提供参考。

第一节　教师指导及其功能

一　教师指导的内涵

指导，英文为 mentor，它起源于古希腊神话。在《奥德赛》中，主人公奥德修斯（Odysseus）委托他的朋友 Mentor 帮助他备战特洛伊战争。Mentor 作为一个明智、有责任心和值得信赖的指导者，指导了奥德修斯的发展（Miller，2002）。因此 mentor 一词成为良师的代名词，现代英语中多译为导师、指导者。20 世纪 70 年代，有关指导的研究在管理学、心理学和教育学领域兴起，各领域的学者对指导给出了规范性定义。

管理学/组织行为学领域将指导界定为："一个学识渊博、经验丰富的人担当支持者的角色，监督、鼓励一个学识较少、经验不足的人，以便促进他的专业和个人发展（Roberts，2000）。""一个组织中经验丰富的成员向经验较少的成员提供教育和支持行动，以帮助新成员获得成功（Campbell，1997）。""处在领导的位置照顾你、给予建议或使你的成就引起公司其他领导的注意（Fagenson，1989）。"

心理学领域对指导的界定是"一个人通过提供道德和情感支持，来帮助另一个人的心理、社会发展过程（Levinson，1978）"。

在高等教育研究领域，指导是"一种专业社会化形式，在该过程中，一个更有经验的（通常是年长者）个人对一个缺乏经验的个人（通常是年轻人）担任指导、榜样示范和支持者的角色，这种关系的目的是进一步发展和改进年轻人的技能、能力和理解力（Moore & Amey，1988）"。"教授将本科生收归麾下，帮助学生设定目标和发展技能，并促进学生成功进入学术圈和专业圈（Moses，1989）"。

不同领域对指导的界定有着共同之处，即年长的有经验的人实施支持、教育的行为，以帮助其对象成长和发展。

在高校中，指导的现象大量存在。教师、行政人员、教辅人员、高年级学生，以及同辈学生都可能担任指导者的角色，但从指导的功能和大学生发展的角度而言，教师无疑是最重要的指导者。教师对本科生的指导，不仅体现在课堂内外各类教育活动中与学生"自然"的互动，也反映在正式设立的指导项目中，例如指导本科生开展科学研究、进行职业规划指导等。

20 世纪 80 年代中期以来，"指导"概念的操作性界定方面取得了较大的进展，许多定量研究中都给出了教师指导的测量工具，这些研究中较多使用师生互动的概念（student – faculty interaction）。下面将列举一些调查工具。

1. 高年级本科生调查（The College Senior Survey，CSS）[①]

调查内容包括教师指导的内容、师生互动频率以及互动质量。（1）教师指导的内容：下设 10 个项目，评价学生接收到的来自教师的各种形式的支持，包括学业反馈、帮助达成专业目标、对参与各种教育活动的建议，以及情感方面的支持和鼓励。（2）师生互动频率：与教师在课堂内和课堂外联系的频次，例如学生在课堂内挑战教师的观点以及与教师建立常规的联系。（3）师生互动质量：学生对师生互动的感受，包括学生感受到教师鼓励自己提问题，教师给予学生学习的选择空间；以及学生对教师指导可得性和互动频次的满意度。

2. 全国学生参与度调查（The National Survey of Student Engagement，NSSE）[②]

调查内容包括师生互动的频率和质量。（1）师生互动频率：与教师交流职业规划；除了课程作业外，与教师一起开展活动；在课堂外与教师讨论思想和观点；在教师指导下开展研究活动。（2）评价与教师互动的质量。

3. 大学生就读经验调查（The College Student Experience Questionnaire，CSEQ）[③]

调查内容包括在不同活动领域里师生互动的频率，以及师生互动对学业投入的影响。（1）学术互动的频率：与教师交流课程内容；讨论学术项目；向教师咨询关于学业的建议；与教师讨论课程论文撰写。

---

① See http://heri. ucla. edu/researchersToolsCodebooks_041216. php.

② See http://nsse. indiana. edu/html/survey_instruments. cfm.

③ See http://cseq. indiana. edu/cseq_generalinfo. cfm.

（2）人际互动频率：与教师沟通个人所关注的事物。（3）课堂外的互动频率：课堂外与教师的联系；课堂外与教师的讨论。（4）在教师指导下进行研究的频率。（5）与教师互动所带来的学业投入度：教师反馈带来的更勤奋地学习；努力学习去达到教师的期望。

4. 加州大学本科生就读经验调查（The University of California Undergraduate Experience Survey，UCUES）①

调查内容包括师生互动频率、师生互动的影响以及学生对师生互动的评价（师生互动的质量）。（1）学术互动频率：与教师参与小型的研讨会；在课堂上与教师的互动。（2）课堂外的互动频率：与授课教师在课堂外的交流；与教师一起开展课程作业以外的活动。（3）因与教师互动更加努力学习：为了达到教师的要求而更加努力。（4）学生参与科研和创新活动的程度：担任教师的研究助手是，以志愿者身份、为了课程学分、为了物质报酬。同理，与教师一起开展创新性活动是，以志愿者身份、为了课程学分、为了物质报酬。（5）学生的评价：教师的支持度；对教师提供的学术建议的满意度；教师的可接触程度。

从上述四种调查工具的项目内容不难看出，对师生互动的操作性界定通常都包含了数量和质量两个方面，数量是指在多种活动领域中师生互动的频率；质量的衡量包括师生互动对学生积极学习行为的影响以及学生多方面的满意度。

二 教师指导的功能及其分类理论

早期研究特别关注了指导的功能和作用，并据此提出了有效指导的研究主题。"有效"是从功能的角度来认识指导，即导师的指导行为对学员学习或发展的作用。布莱克威尔（Blackwell，1989）对此前研究者所提出的指导的15项功能进行了整理。在揭示指导功能的同时，许多研究者还尝试着对其进行分类。克拉姆（Kram，1988）通过对高校师生进行深度访谈，将教师指导的功能分为两类：职业功能和社会心理功能。具有职业功能的指导行为旨在帮助学生为学业或事业上的成功做准备。具

① See http：//studentsurvey. universityofcalifornia. edu/admin/survey. html.

有社会心理功能的指导行为建立在人际关系的基础上，旨在促进学生的个人成长、自我效能感和专业认同。后来，欧立安（Olian，1988）等人对公司经理的调查揭示，导师指导的功能除了上述两个方面，应该还包括榜样示范。雅各布（Jacobi，1991）在对早期文献进行全面回顾后指出，指导的 15 项功能可以归为三类：情感和社会心理支持、直接的职业和专业发展帮助，以及榜样示范。

拉波多（Lopatto，2003）较早将指导功能分类理论运用于研究本科生科研，他在调查教师对本科生科研特征的认识时，将教师在本科生科研中的指导工作分为结构性指导和情感性指导。前者包括任务分配、计划工作进度、指导文献检索等，这些工作帮助学生融入科学研究中，是一系列指向学术的行为；后者包括协商、关心、帮助等，这些工作指向给予学生情感上的支持。后来，格林等人（Glennet，et al.，2012）研究学生对教师指导功能的认识时，运用雅各布所总结的 15 项指导功能对拉波多的分类框架进行了丰富，确立了教师指导的两大类功能——结构化功能和社会情感功能，其下包括了为实现这些功能的 7 类指导行为。结构化功能围绕科学研究活动展开，指向学生完成科研任务，具体指导行为包括澄清研究项目、分配挑战性任务、训练和榜样示范。社会情感功能侧重对人的关怀，关注科研过程中本科生的社会情感需要，具体指导行为包括联系、帮助、反馈。格林的研究是对前人理论概念的整理和综合，缺乏对 7 类指导行为的具体内容进行研究，因此有关本科生科研中教师有效指导行为具体是什么并不清楚，这正是本书所要探究的问题。因此，本书在后续研究中将以格林提出的本科生科研教师指导行为的功能分类框架为分析框架，同时由于中西方大学本科生科研实践以及教师指导实践存在差异，在采纳格林的分类框架时也应注重保持开放的归纳路径，以便能对中国大学教师指导的实际情况进行更恰当的解释。

三　本科生科研中突出的教师指导行为

在中文文献中，只有少数文章在思想层面阐发了本科生科研中教师指导的重要性（邬家瑛、钱辉，2009；李正、林凤，2009），揭示"好的""重要的"教师指导行为的经验研究非常缺乏。在英文文献中，随着

20 世纪 90 年代美国研究型大学积极推进本科教学改革，将本科生科研视为研究型大学本科教学的特点进行推广，关于本科生科研的研究呈现出繁荣局面，其中一个重要主题就是本科生科研中的教师指导。大量经验研究，或通过教师的自我报告，或通过学生汇报他们所需要的教师指导，不断揭示出教师有效指导行为的具体内容。有学者通过文献考察将已有研究揭示出的教师有效指导行为归纳为以下十个方面（Shanahan, et al., 2015）：

1. 充分考虑学生在研究过程中可能出现的各种需求和状况而提前规划；

2. 为学生设置清晰的、有较好支撑的研究目标；

3. 传授特定学科开展研究的方法和技术；

4. 平衡严格要求和情感支持之间的关系；

5. 建立学习共同体，发挥高年级学生的指导作用；

6. 经常开展面对面、手把手的指导；

7. 逐渐提高学生对研究的责任感，把研究当成自己的事情；

8. 通过合作和解释学科规范支持学生的专业化发展；

9. 营造同辈学习的机会促进学生学习指导技能；

10. 通过传播学生的研究发现来鼓励和引导学生。

国外学者的研究为理解本科生科研中的教师指导行为提供了丰富的知识基础。但需要指出的是，中美本科生科研的开展形式具有很大的差异，美国大学中，本科生科研主要采用"教师指导的结构化项目"，学生集中时间参与教师的真实项目，教师对学生的指导经历了像课程教学一样的周密设计；而中国大学中，本科生科研有自主申请科研项目、参加科技创新团队项目、参与教师科研项目三种主要形式，教师的指导依靠个体经验，每种形式中教师的指导程度有明显不同，具体指导行为存在差异。因此，需要立足于中国本科生科研的实践来探究相关的教师指导行为。

第二节　教师对本科生科研的学术指导

教师究竟如何指导本科生开展研究活动完成科研任务？关于这个过程，尚缺乏全景式的描述和揭示。为此，对 25 名全国范围内的优秀指导教师进行深度访谈①，通过对他们所报告的自身指导经历的内容进行归纳整理，形成了对教师如何指导本科生完成科研任务的基本"图景"。其中，主要聚焦于教师对学术方面的指导，社会情感方面的指导涉及不多。

一　确保研究的真实性：教师如何指导学生确定研究问题

（一）帮助学生选题的两种方式

研究始于一个真实的、有意义的研究问题。教师首先要帮助学生确定一个有意义的科学问题，其次对该问题进行设计，使之适合于本科生在有限资源和时间内开展。通常为本科生选择研究项目有以下两种形式：

教师根据自身的研究或学术兴趣拟定一个研究课题，本科生承担这个课题的一个部分。在课题开展的过程中，新加入的学生沿着前面已完成的部分继续往下做，教师对课题方向一般都有较好的把控能力。这样，对本科生而言，研究方案已经设定，他们清楚自己要开展的具体研究活动。通常学生开展的研究活动是验证教师的想法和观念，只有少数极有天赋和能力的本科生会提出有意义的问题来推进教师课题的进展。

那些不能提供自己的研究课题的教师则会关注他们专业领域内的问题。他们往往针对一个没有解决的、开放性的、能较好界定的问题来设计后续的研究，并且适合本科生的难度。例如，指导参加学科竞赛的学生时，教师手中的项目可能并不适合比赛的需要，那么教师就会依据比赛的规定，帮助学生结合相关领域的研究进展来确立主题。

（二）谨慎对待学生自己选题

无论研究项目的来源是什么，教师认为好的研究项目应该在概念上

---

① 为了表述的流畅，关于访谈方法的设计和开展参见第六章第三节"一、德尔菲法的设计"部分。

和技术上都适合初学者。一个好的本科生研究课题应该是：在基础理论部分，本科生运用已有的知识能够理解；所涉及的技术是本科生已经学习过的，或者本科生能快速学会的，从而使他们在一定时间内能感受到自己的进步；视野是中观的，既能简单化，也能深向拓展；在一定的时间内能做出结果。

教师们尽量避免"危险的"课题：界定不清或很宏大；需要未经测试的、比较难的或复杂的技术；很耗费成本、有危险性，或需要花费大量时间；容易损伤仪器，或者要耗费很多时间来追踪不确定的结果。

关于学生是否、以及在何种条件下能有自己的课题，已被广泛地讨论。教师们通常认为学生在某种程度上会参与课题选定，并且他们期望看到学生在最初的工作基础上做出独立的思考和研究。但是，大部分教师都认为学生不可能一开始就能自己设计课题。这种提出问题和解决问题的能力只有通过持续的科研参与才能获得，因此，这是科研学习的结果，而不是科研学习的开端。教师们也指出不需要为了使学生具有研究的自主性和责任感而要求学生提出研究课题。

二　研究开展中的教师指导

（一）勾画大的框架

一旦研究选题被确立后，马上进入正式的研究阶段。这时教师会比较正式地、面对面地约谈学生，为学生勾画出一个"大的框架"：一是研究要达到什么目标，在相关研究领域中处于何种地位，学生需要完成的工作和相应的进度，以及最终的成果形式等；二是立规矩，包括投入的时间、实验室安全操作规范、学生要做的准备工作，以及如何与教师展开联系和沟通的注意事项等。

教师会马上布置任务，而这些任务可能还不是真正开展研究工作，而是为此打基础。例如，学生需要去研读一些专业书籍和研究文献，尽快掌握某些知识和理论；学习使用研究设备、电脑软件；以及熟悉实验室的人和实验室规则。如此，快速地将学生带入研究的工作氛围中。

（二）注重提高学生知识能力

在项目开始初期，教师会有意识地促进学生的知识增长，提高学生剖析问题、解释理论和掌握已有研究的能力。教师通过指导性阅读和讨论，使学生能够运用和延伸现有的知识理解研究问题，运用不同模块的知识解决问题，以及学会寻找与本学科相关的概念体系。另外，教师通过分享研究经验提高学生对研究问题的感知以及研究热情。

（三）在解决问题中学习

教师往往利用项目中遇到的问题提高学生运用知识的能力，迫使他们能够应用已有的知识建立事物之间的联系。在真实的问题解决的情境中使学生明白，获得理想的研究结果需要时间和耐心，科学就是不断地试错，没有人能一次获得正确的结果。

（四）培养独立能力

基于问题解决的指导方式使学生在思维、学习方法和方向选择上变得独立。当教师认为学生有足够的能力时，会要求学生独立开展工作，告知学生他们现在已经是独立的科研人员，要放弃对教师的心理依赖，并鼓励他们主动寻求学长、实验室技术人员和其他教师的帮助。教师们认为尽早放手有时候会有意想不到的效果，"本科生都挺聪明的"。

（五）正确认识科研的不确定性

教师通过科研实践中不可避免的挫折来教导学生如何应对风险，告诉学生研究总是有风险的，"你不能保证成功"。一项研究可能出现设计有缺陷，设备坏掉，数据不确定等问题。教师向学生传达尝试、错误、坚持不懈以及运气在科研工作中的角色，让学生明白科研中的不确定性是正常的，学生会有意识地模仿教师如何面对挫折和困难。

（六）适时干预

教师通常会对每个学生的能力有基本的判断，从而对学生通过自己的思考和努力可以解决的问题有基本的把握。如果一个问题被判定在学生的能力范围之内，教师就不会给学生答案或为他们解决问题。教师希望学生能够承担研究给他们带来的问题，并通过自己的努力解决问题。

教师也不会让学生一直在困难中挣扎。当教师干预时，会指导学生分析问题出在哪里，怎么去解决；引导学生回顾情况，讨论研究中的假设、方法和数据。即使如此，教师还是会鼓励学生进行诊断性思考，学会把项目分成若干部分，并通过大量地阅读文献提出解决思路。

（七）通过讨论解决问题

当学生确定了问题的可能原因之后，教师通过提出问题来提示学生问题解决的可能方向，学生则思考各种可能的方案，自主决定下一步应该做什么。教师会鼓励学生以创造性的方式运用已有知识挑战自己。

三　训练学生的技能

技能的训练是本科生科研中的重要环节，相较于"研究能力"的获得需要持续的科研参与，技能的获得相对"快速"，并且即使今后学生不从事研究性的工作，某种技能也会大概率地在工作中用得上。

（一）阅读能力

学生需要通过文献阅读了解研究中的概念，以及获得关于研究进展方面的信息。一般教师会提供阅读的书单，而不是完全让学生自己去找资料；并且教师会注意让学生从阅读简单文献过渡到复杂文献，另外，很多研究文献都是英文发表的，学生此前非常缺乏阅读英文文献的经验，这时候还需要教师手把手地指导。教师首先会引导学生研究论文的篇章结构，一般学术论文都会有比较"八股"的格式，对论文结构的掌握在某种程度上也是在学习研究设计；然后剖析论文核心内容，关注实验如何完成，数据如何产生，结果如何解释。教师一般不会轻易让初学者撰写文献综述，只是会要求学生尽可能地多读文献，但如果是高年级学生，教师则可能会要求学生撰写文献综述，较为全面地掌握某个领域的研究进展。

（二）技术能力

掌握某种实验或仪器使用技术，对建立学生的自信心很重要。因为技术在研究中随时会用到，并且不会不行，一旦掌握了某种技术，学生就能"正儿八经"地做实验，产生数据，学生就会获得成就感。通常，教师会让实验室的研究生去教本科生学习实验或仪器技术，因为研究生可能比教师操作起来更熟练，毕竟教师已经极少亲自动手做实验了。有的教师也坚持亲力亲为，他们会解释每一件设备的用法，负责操作和演示；监督学生试用仪器，确保学生遵守程序；指定阅读实验室手册；要求学生熟悉实验室资源；指导学生使用特定软件进行数据分析。教师会叮嘱学生多多练习，要在短时间内达到预期的技术水平。

（三）记录能力

教师会要求学生对研究工作做详细记录并教他们如何准确记录实验数据。这种能力很重要，或者说这是一种态度，代表着认真和负责。实验室中有很多学生，如何把握每个学生的研究进展，除了听学生口头汇报，就是看学生的实验记录。所以，学生既需要做规范细致的记录，以供自己今后分析数据、遇到问题进行反思时使用，也需要通过提供实验记录，让教师了解自己的研究情况。打算长期从事研究工作的学生更需要学习并养成数据管理和记录的好习惯。教师通常通过提供范本展示如何做记录，许多实验室都会流传着"某某师姐的实验记录简直就是葵花宝典"的故事。记录的技术不难掌握，更需要的是认真和严谨踏实的态度。教师会要求学生写每周的活动总结和实验结果日志，记录整理数据的过程，提出下一步研究计划。

（四）沟通和学术报告能力

教师将学术交流作为一种工具，培养学生的概念性思维和专业社会化等多项能力。教师有意识地教导学生如何解释他们的研究工作，以便他人能够理解和讨论。从项目开始，教师向学生介绍如何构建一个流畅的叙事逻辑，并让他们习惯与他人交谈自己的想法；指导学生有逻辑地呈现研究问题、方法、数据分析和研究结论；鼓励学生在研究小组讨论会上充分发言。此外，在实验室例会上，教师还帮助作为倾听者的学生学会如何用尊重而理性的方式发出质疑的声音。

（五）写作能力

获得论文写作能力有时被作为本科生参与科研的结果，然而与口头交流相比，学生在论文写作方面取得的进步并没有那么明显，因为教师极少会对学生的写作能力提出期望。一般来说，学生真正从事科学写作的机会很少，有不少教师谈到他们从未指导过参加项目的本科生撰写论文。显然大多数学生发表论文的机会很少，就算遇到教师与学生合作论文的情况时，也是教师负责谋篇布局，操刀整个写作过程，仅让学生负责制作图表和数据，这时，学生只负责学习专业的制图软件。即使有些勤奋而进取的学生尝试着写了论文，教师肯定需要花大量的时间打磨甚至全部重写，但是教师不会打击学生的积极性，而是鼓励他们再接再厉。

第三节　教师有效指导行为指标体系构建

已有的经验研究虽然揭示了教师指导是影响本科生科研效能的重要因素，但对其中影响机制的挖掘还比较缺乏。从教育活动设计的角度出发，可以依据经验对其中的影响机制做一些推论：本科生科研作为一项教育活动，对其效能的关注，首先需确立效能的基本标准；而本科生参与科研活动的形式有多种、所开展的研究内容各不相同，同时又存在着很强的学科专业特性，何以确保从事不同研究项目的学生，所接受的能力锻炼水平是相当的，从而获得的能力发展能达到基本的标准？要回应这个问题，教师的指导是关键，只有通过细化教师的指导行为，将教育者期望的效能与教师指导行为之间进行关联，才能使学生的科研学习过程变得标准化，从而实现本科生科研学习过程可监控，效能可评估比较。

此外，从实践层面而言，厘清本科生科研中教师的有效指导行为有助于提升教师的指导能力。虽然当前本科生科研已成为一项重要的人才培养实践活动，指导本科生科研成为教师教学工作的重要组成部分，但是，无论是研究界还是实践界，都极少认识到教师指导能力的"存在"，更没有将指导能力看成是教师教学能力的组成部分，由此造成，对本科生科研的指导还只是教师个体的活动，并未得到大学组织的关注和有针对性的培训与帮助。

因此，探究本科生科研中教师有效指导行为的具体内容，在理论上有助于揭示教师指导对本科生科研效能的影响机制，在实践中能服务于提升教师指导能力。基于此，本书采用德尔菲法，对全国71名优秀指导教师进行访谈和问卷调查，试图从他们的指导经验中揭示出教师有效指导行为的具体内容，并对其进行分析和归纳。

一　德尔菲法的设计

德尔菲法（Delphi Method），又名专家意见法，在20世纪40年代由奥拉夫·赫尔姆（Olaf Helmer）和诺曼·达尔克（Norman Dalkey）首创，经过西奥多·戈尔登（Theodore J. Gorden）和兰德公司进一步发展而成。

德尔菲法的特点在于高效率地从专家小组内收集到观点并达成共识，具体来说，它为某一群体的专家提供了基于他们的体验和实践去交流对某一问题的看法和观点的机会，具有通过多次与专家交互的循环过程，使分散的意见逐次收敛成协调一致的结果的特点，非常适合缺少信息资料和历史数据的研究。作为一种主观、定性的方法，德尔菲法被广泛运用于各种评价指标体系的建立和具体指标的研究中（Estepp，2016）。在充分考察使用德尔菲法进行研究的文献后，本书将德尔菲法设计为三轮数据搜集，分别是专家访谈、专家评价和专家判断。

专家的选择是决定德尔菲法信度与效度的关键。为了确保所选取的专家是那些在指导本科生科研方面有丰富经验和良好表现的教师，本书采取了以下三种方法来获取专家：（1）相关新闻和优秀事迹报道。如浙江大学××学院网站报道"记××教授指导本科生科研项目"。（2）官方网站披露。如"挑战杯"官方网站公布"第十四届'挑战杯'全国大学生课外学术科技作品竞赛优秀指导教师名单（共160名）"，网站附有详细的获奖情况及指导教师信息。（3）教师推荐。部分专家推荐了其他优秀教师，因为是专家推荐，所以可信度大。依据统计学知识，专家人数多少可根据研究项目大小和涉及面的宽窄而定，一般在8—20人，还可根据预测问题的规模和重要程度适当进行调整（徐国祥，2005：11）。由于设计了三轮数据搜集，所以专家规模应相对较大。最终，确立了来自12个省市23所大学的71位优秀指导教师作为专家样本，专家基本信息见表6—1。

表6—1 专家基本信息

变量	水平	频数	百分比（%）
性别	男	62	87.3
	女	9	12.7
职称	副高	31	43.7
	正高	40	56.3
学科背景	理科	41	57.7
	工科	30	42.3

二 德尔菲法的开展

数据收集的第一阶段——专家访谈。从专家样本中选取 25 名进行了访谈，25 名教师指导本科生科研的形式涵盖了自主申请研究项目、参与科技创新团队项目和参与教师科研项目三种。针对研究目的，访谈设计了两个核心问题：第一个问题是"为了帮助本科生完成科研任务，您通常会进行哪方面的指导，哪些指导实践您认为尤其有效"？第二个问题是"作为一名成功的指导者，除了上述指导外，在指导过程中您还会注重做到哪些方面"？第一问题旨在了解教师的结构化指导行为，即为了帮助本科生完成科研任务所开展的一系列科研任务导向的指导行为；第二个问题旨在了解教师的情感指导行为，即在指导本科生科研过程中教师提供的服务于学生情感需求的指导和互动行为。对教师的回答进行编码和汇总，得到了描述中国大学教师有效指导本科生科研的 27 项行为。

数据收集的第二阶段——专家评价。以第一阶段获得的 27 项本土化教师指导行为为基础，与已有研究所揭示的教师有效指导行为进行比对。通过文献，增加了三项教师有效指导行为，分别是"引导学生思考研究与学科知识体系之间的关系"（Thiry, et al., 2011; Coker & Davies, 2006; Shanahan, et al., 2015），"指导学生安全地、合伦理地开展研究"（Hunter, et al., 2007）以及"与学生交流科学的本质，引导形成研究者身份意识"（Hunter, et al., 2007; Marcia, et al., 2015）。然后将 30 项教师指导行为编制成问卷，请专家评价其重要性。每个项目均采用李克特 5 分量表（1 = 非常不同意—5 = 非常同意）。对专家样本中的 45 位发放了问卷，36 位教师给予回复，有效回复率为 80%，专家积极系数高。之后统计了每个项目的平均数，均值大于 3.5 的项目被认为满足要求，可进入下一轮问卷（Harder, et al., 2016）。

数据收集的第三阶段——专家判断。本轮调查目的是将专家意见收拢，请专家对通过重要性评估的 30 项有效指导行为给出"同意"和"不同意"的判断。向专家样本中的 30 位教师发放了问卷，有 24 位回复，有效回复率 80%，专家积极系数高。统计了每个项目的专家认同率，认同率大于 70% 的项目可以保留作为最后的分析依据（Estepp, et al., 2016）。

三　研究发现

（一）专家访谈揭示的本科生科研中教师有效指导行为

对 25 位专家教师访谈的结果进行编码和整理，得到了 27 项教师有效指导行为；为了反映具体指导行为在受访专家中的普遍性，统计了指导行为编码的频数；结合已确立的指导行为功能分类框架，对每项指导行为进行了归类，详细结果见表 6—2。

表 6—2　　　　　　　　　教师有效指导行为的开放式编码

案例材料列举	指导行为编码	频数	结构化指导行为	社会情感指导行为
会定期开展会议，让每个学生汇报工作，或者说说有什么想法				
我基本上一周或每两周要找他们去开会，及时了解每个学生的进展	1. 与学生定期开展面对面会议	21		√
因为学生都有一定的惰性，所以老师要经常跟他们有个讨论和总结，比如每周或每两周我们都会开正式的会				
指导老师首先是对研究方向的选定，当然难度也要适中，如果太难他们做不出来，太简单他们没兴趣，也不能培养能力				
……评价学生前一段工作的阶段性成果，给出选题建议，协助创意的提炼	2. 对学生的研究选题把关，确保研究创新性和可行性	19	√	
老师主要起 2 个作用，一是对学生选题把关，即题目选的好不好或创意不够前沿……				

续表

案例材料列举	指导行为编码	频数	结构化 指导行为	社会情感 指导行为
学生自己先梳理文献，我再进行指导，因为这是探索式学习	3. 指导学生进行文献检索和阅读	16	√	
会给他们一些简单文献，然后召集他们讨论文献				
……首先是怎么查找合适的文献，接下来是去读，读完后让学生定期开展汇报，了解学生是怎么理解的，我再进行引导				
基本的实验技能要培训，因为课题里有很多研究生，每个研究生都有不同的专长，我一般派几个研究生先去指导他们掌握技术	4. 安排研究生对学生进行具体的指导和帮助	16		√
技术层面研究生更懂，某个技术或编程语言，一般发挥研究生传帮带作用				
在实验室里面有研究生、博士后，我直接面向研究生和博士后，本科生遇到问题，他们往往会先找我的研究生和博士生去讨论				
老师起引导作用，要充分发挥学生的主动性和主动实践能力	5. 引导学生对项目承担更多责任，培养研究自主性	15	√	
学习是由本科生自己来完成，我会推荐相关的资源，他们的总结和体会很重要				
如果很小的事就找老师的话，他们没有经过思考和学习的过程，对他们来说收获并不大				

案例材料列举	指导行为编码	频数	结构化指导行为	社会情感指导行为
在检查汇报时，（学生）展示他的研究方案和技术是怎样的，我会重点看这一部分，提出一些综合的意见	6. 指导学生设计研究方案	15	√	
从最开始的整体方案设计到做的细节，都会遇到各种各样的问题，只要有问题就提出，我们再讨论指导				
学生有疑问，可随时通过微信、E-mail 联系我	7. 为学生提供及时的答疑	15		√
平时老师起什么作用呢，起一个答疑的作用，你有什么问题主动找老师，我都会及时反馈				
有需要的话随时都可以联系，包括微信、电话、E-mail 等				
除了文献以外，可能有一些东西，如计算机工具，该学的要指导他们去学	8. 指导学生学习研究所需的技术方法	14	√	
一般遇到技术细节问题，不理解的情况下，首先会跟带他的师兄师姐进行探讨……我统一给他们讲这些技术细节，数据分析和技术原理……由老师进行系统的分析				
主要是把关他们的项目方向，做一定技术上的指导，提供更多的技术、经费的资源和支持，保障项目顺利进行				

案例材料列举	指导行为编码	频数	结构化指导行为	社会情感指导行为
本科生做研究开展不下去很正常，作为老师我会从各方面鼓励和支持他，让他不要轻易放弃，此外也会启发他	9. 当学生遇到挫折时，给予关心和鼓励	14		√
学生在做的过程中受挫，我们一定要有鼓励，没有鼓励肯定出问题				
一般我会从各方面鼓励和支持他，让他不要轻易放弃，通过心理访谈告诉他们项目很重要，工作已经取得比较好的结果				
做大创项目最重要的是能够调动学生的积极性，这中间老师最重要的一个事情，就是能够调动起学生的兴趣和积极性，这个是比什么都重要的	10. 激发学生做研究的兴趣和积极性	14		√
科研周期比较长，本科生容易打退堂鼓，我会持续关注他们的感受，告诉他们科研生态环境，激发他们的科研兴趣				
适当地激发他们的兴趣和成就感，让他们觉得自己做的东西很有价值，像最开始做一样一直持续高昂地做下去				

续表

案例材料列举	指导行为编码	频数	结构化指导行为	社会情感指导行为
因为学生都有一定的惰性，所以老师要经常性地跟他们有个讨论和总结，及时跟踪他们的进展	11. 与学生保持密切联系，如邮件、微信等	14		√
会密切关注学生学习进展，了解需要后给予针对性指导				
我会经常问他们最近的状况，可以通过电话、QQ 或微信等方式				
因为他们最开始没什么概念，没什么背景知识，所以一定要给他们定一个非常详细具体的目标……	12. 为学生制定阶段性目标和任务	13	√	
本科生为科研初学者，又比较年轻，所以规划都是我为他们做好，但要给他们讲明白，规划一般比较具体、简单				
通过制定合理有创意的目标保持兴趣，学生才会主动学习				
无论是本科生还是硕博士生，进入我们团队，我都会作一个报告《怎样撰写科技论文》，引导学生进行论文写作	13. 指导学生撰写研究报告或学术论文等	10	√	
如何按照相应的学术规范把研究成果呈现出来，学生从来没有进行过，那么这些规范和方法也要告诉学生				
老师要有意识地指导和培养学生的综合能力，不仅有科研动手能力，还有写作的能力，所以老师很关键，特别是对没写过论文的人来说，必须手把手地教				

案例材料列举	指导行为编码	频数	结构化指导行为	社会情感指导行为
学生知识基础不同，一对一指导针对性更强	14. 花时间对学生进行一对一指导	10		√
平时会有集体答疑和一对一个别答疑，指导方式多样，主要是根据学生的需求				
指导方式上我会具体情况具体对待。通病就例会讨论处理，个例就单独指导				
充分让本科生表达他们的观点看法，想做的一定让他们做	15. 鼓励学生充分表达自己的意愿和观点	10		√
我基本上会尊重学生的意见，在他们的想法和研究方案的基础上进行指导				
大学生头脑挺灵活，有新意就尊重他们，差的就补齐				
本科生没受过正规科研训练，他们不知道研究的过程和研究方法，教师要规划研究过程和教授研究方法	16. 指导学生学习研究方法	8	√	
看什么文献，用什么研究方法也会跟他们讲清楚，然后他们自己学				
我觉得做"大创"相当于指导学生做研究，完整的研究路径，包括研究的方法需要给学生讲				

案例材料列举	指导行为编码	频数	结构化指导行为	社会情感指导行为
我基本上是每1—2周指导一下，整个竞赛可能有10次左右，每次1小时，主要是评价学生前一段工作的阶段性成果，给出针对性的建议	17. 对学生的研究工作予以持续的评价和反馈	8		√
学生在做的过程中很难一步到位，经常性的讨论能及时发现问题，提供建议和反馈				
本科生一旦取得一定成绩后，很容易骄傲，所以此时作为指导教师一定要正确引导，要不就是伤仲永				
答辩环节如何去表现，给他们讲解并进行训练，模拟答辩的场合	18. 训练学生的口头表达能力	7	√	
挑战杯不但要有好的科研成果，发表好的学术论文，还要用简单通俗的语言汇报成果，外行人也能听得懂，要打动评委专家，我觉得这方面的指导很重要				
对我个人而言，本科生找我我义不容辞，必须答复他，而且是认认真真地解决他的问题。我都尽可能准确地给他答复，包括我不能帮助他的，我会给他讲×××，肯定是能够帮他解决的	19. 向学生提供咨询和建议	7		√

续表

案例材料列举	指导行为编码	频数	结构化指导行为	社会情感指导行为
学生做研究过程中遇到挫折，我会跟学生聊聊分析下问题是什么原因造成的，假如是技术层面，我们请教的范围就更广了，全国范围内哪些做得较好，都可以虚心请教学习，假如不感兴趣或兴趣发生转移了，我会鼓励或推荐他到其他教师那学习他感兴趣的东西 他也会讲他都做了哪些工作，做到什么程度，遇到什么样的问题，我一是给予方案上的指导，另外，在我力所能及的范围内提供帮助，包括买材料，做测试，如果这些工作我做不了，我会告诉他我们学院哪个老师更擅长	19. 向学生提供咨询和建议	7		√
科研周期比较长，本科生在做研究过程中可能会达不到预期产出，中途打退堂鼓，我会持续关注学生的感受，关注他们的学习进展，了解学生的实际需要后再进行适当的引导和沟通 最开始与学生聊天，了解学生参与项目的诉求，为什么参加项目，希望通过项目达到什么样的目标，如果想多一个体验，就会按照一般的训练模式，如果希望发文章，当作推免的资本，在各个环节包括时间节点都会严格要求	20. 倾听学生，理解他们多样化的需求	6		√

案例材料列举	指导行为编码	频数	结构化指导行为	社会情感指导行为
因为本科生思维很活跃，不僵化……所以要想让本科生参与到科研过程中，并完成科研目标，我要对本科生的需求有深入了解，了解学生的状态，找到合适的项目和方法，与本科生进行合作，这样学生的干劲更大，更会热情的投入	20. 倾听学生，理解他们多样化的需求	6		√
积极引导他们快速入门，鼓励他们多动手，从基本的简单实验开始，培养他们的成就感	21. 及时肯定学生，激发学生的成就感	4		√
一定要让学生找到一种成就感，否则到后面可能就疲沓了，所以要谈谈做这些东西的价值，让他们觉得自己做的东西很有意义				
要善于结合他们的兴趣爱好，甚至特长去激发他们的兴趣点，让学生带着兴趣学，比如说有的同学善于机械设计控制……一方面能够因材施教，另一方面也能激发学生的成就感，这是比较重要的一点				
科学研究最重要的就是怀疑精神，我们的学生从小接受应试教育，非常缺乏怀疑精神，所以科学研究训练就要注重训练他们的怀疑精神	22. 培养学生对已有研究或发现的质疑精神	3	√	

续表

案例材料列举	指导行为编码	频数	结构化 指导行为	社会情感 指导行为
很多时候数据出来了，学生就接受，不习惯去思考这数据对不对，有没有问题，还能不能优化，这是一个理性思考的过程，这个过程叫作质疑，研究就是在质疑中前进，这点很重要，我很注重对学生这方面的指导	22. 培养学生对已有研究或发现的质疑精神	3	√	
让他们快速了解科研重要性，特别是即将开展的研究的重要性	23. 使学生了解所要开展的研究活动及其重要性	3	√	
使学生了解这些问题对社会有什么贡献，往小了说对学科对这个领域有什么贡献，值不值得去做				
所以要谈做这些东西的价值，让学生觉得这个领域很新，会有一定实际应用价值				
因为现在知识爆炸，知识越来越多，个人不可能什么都懂，那么需要的就是分工合作，训练学生团队意识和沟通能力	24. 培养学生的沟通合作能力	3	√	
遇到挫折甚至是难以逾越的鸿沟时，要经得起打击，这也是我经常给学生讲的逆商	25. 向学生展示坚持认真和坚持的科研品质	2	√	
科学研究本身就不是一帆风顺，人生道路上还会遇到很多困难，这种情况下更要面对困难勇往直前不退缩，这才是人生态度				

续表

案例材料列举	指导行为编码	频数	结构化指导行为	社会情感指导行为
所谓创新就是要站在前人的基础之上，所以文献的调研和写文献综述是基本的要求，老师都要进行指导 告诉他们要学会查文献，学会总结文献，发现里面的问题	26. 指导学生撰写文献综述	2	√	
设计和调研解决问题的方法，实施原型方案，开展测试实验，分析对比这些实验数据、结果，如果不理想再回到前面	27. 指导学生科学地解释研究发现	1	√	

（二）专家对教师有效指导行为项目重要性的评价结果

表6—3列出了专家评价结果。30个项目的重要性均值都在3.5分以上，说明全部可以保留。值得注意的是，基于文献补充的3个项目的得分分别为4.11、4.72和4.11，都通过了重要性评价。

表6—3　　　　教师有效指导行为项目重要性专家评价结果

项目	均值
对学生的研究选题把关，确保研究创新性和可行性	4.83
使学生了解所要开展的研究活动及其重要性	4.72
指导学生安全地、合伦理地开展研究	4.72
指导学生设计研究方案	4.50
对学生的研究工作予以持续的评价和反馈	4.50
向学生提供咨询和建议	4.50
培养学生对已有研究或发现的质疑精神	4.50
引导学生对项目承担更多责任，培养研究自主性	4.47
及时肯定学生，激发学生的成就感	4.47

续表

项目	均值
向学生展示认真和坚持的科研品质	4.44
为学生制定阶段性目标和任务	4.44
指导学生学习研究方法	4.44
指导学生科学地解释研究发现	4.44
当学生遇到挫折时，给予关心和鼓励	4.42
与学生定期开展面对面会议	4.39
鼓励学生充分表达自己意愿和观点	4.39
激发学生做研究的兴趣和积极性	4.39
培养学生的沟通合作能力	4.33
为学生提供及时的答疑	4.33
指导学生学习研究所需的技术方法	4.31
与学生保持密切联系，如邮件、微信等	4.31
训练学生的口头表达能力	4.22
倾听学生，理解他们多样化的需求	4.17
指导学生进行文献检索和阅读	4.17
安排研究生对学生进行具体的指导和帮助	4.11
与学生交流科学的本质，引导形成研究者身份意识	4.11
引导学生思考研究与学科知识体系之间的关系	4.11
指导学生撰写研究报告或学术论文等	4.00
花时间对学生进行一对一的指导	3.91
指导学生撰写文献综述	3.86

（三）专家对教师有效指导行为项目认同的结果

表6—4列出了专家意见收拢的结果，30个项目中，除了"安排研究生对学生进行具体的指导和帮助"这一项目的认同率低于70%，需要删除，其余可以保留。

表6—4　　　　专家对教师有效指导行为项目的认同结果

项目	认同度（%）
对学生的研究选题把关，确保研究创新性和可行性	100.00

续表

项目	认同度（%）
为学生制定阶段性目标和任务	100.00
指导学生撰写研究报告或学术论文等	100.00
指导学生安全地、合伦理的开展研究	100.00
引导学生对项目承担更多责任，培养研究自主性	100.00
激发学生做研究的兴趣和积极性	100.00
培养学生的沟通合作能力	100.00
当学生遇到挫折时，给予关心和鼓励	100.00
指导学生设计研究方案	100.00
向学生展示认真和坚持的科研品质	95.83
培养学生对已有研究或发现的质疑精神	95.83
为学生提供及时的答疑	95.83
使学生了解所要开展的研究活动及其重要性	91.67
与学生保持密切联系，如邮件、微信等	91.67
指导学生科学地解释研究发现	91.67
指导学生学习研究方法	87.50
指导学生撰写文献综述	87.50
鼓励学生充分表达自己的意愿和观点	87.50
向学生提供咨询和建议	87.50
与学生定期开展面对面会议	87.50
对学生的研究工作予以持续的评价和反馈	87.50
倾听学生，理解他们多样化的需求	87.50
与学生交流科学的本质，引导形成研究者的身份意识	83.33
引导学生思考研究与学科知识体系之间的关系	83.33
指导学生学习研究所需的技术方法	83.33
及时肯定学生，激发学生的成就感	75.00
指导学生进行文献检索和阅读	75.00
训练学生的口头表达能力	75.00
花时间对学生进行一对一的指导	75.00
安排研究生对学生进行具体的指导和帮助 *	54.17

注：＊项为排除项，因该项目不满足认同率在70％及以上的标准。

（四）教师有效指导本科生科研行为指标体系的构建

通过专家访谈和问卷调查，最终得到了 29 项教师有效指导行为。进一步利用格林的教师指导行为功能分类框架对这 29 个项目进行归类和整理，从而构建了一个教师有效指导本科生科研的行为指标体系（见表6—5）。"对学生的研究选题把关、确保研究创新性和可行性""为学生制定阶段性目标和任务""使学生了解所要开展的研究活动及其重要性"，以及"引导学生思考研究与学科知识体系之间的关系"这 4 项指导行为是指向在研究开展之初，帮助学生选定研究问题、明确研究重要性、设立目标任务和确立研究活动，它们不仅包含"澄清研究项目"的行为，还包括更为基础性的"规划研究项目"的指导行为。因此，可将格林的教师指导行为功能分类框架中"澄清研究项目"的二级指标名称调整为"规划研究项目"。这种调整十分符合中国本科生科研中大量存在的学生自主提出研究选题的现象。由于学生缺乏研究经验，教师首先要做的指导工作就是对研究选题进行把关，帮助学生规划研究项目。相较之下，美国高校中本科生科研开展的形式主要是学生参加教师的研究项目，因此研究问题通常是教师给定的，而学生则需要了解研究项目是什么，有何价值，包括哪些研究活动，这即是格林所提出的澄清研究项目的意思。

"指导学生设计研究方案""指导学生科学地解释研究发现"等 4 项指导行为（完整的指标见表6—5，下同）中涉及的研究活动专门针对学生运用高阶认知能力，也是体现本科生科研"用具有认知难度的活动挑战学生的大脑，从而锻炼学生的高阶认知能力"的精髓所在，因此，将其归纳为"布置挑战性任务"二级指标。"指导学生学习研究方法""指导学生检索和查阅文献"等 6 项指导行为包含着对学生进行特定方法和技能的训练，故将它们归入"训练"二级指标。最后，"向学生展示认真和坚持的科研品质""培养学生对已有研究和发现的质疑精神"等 4 项指导行为指向学生的专业社会化发展。科学研究中不仅需要认知能力，还需要相应的专业精神和品质，教师在"传授"专业精神和品质时，主要通过榜样示范。因此，将这 4 项指导行为归入"榜样示范"二级指标。"规划研究项目""布置挑战性任务""训练""榜样示范" 4 个二级指标共同构成了一级指标"结构化指导行为"。

此外，"与学生保持密切联系，如微信、邮件等""定期开展面对面会议"等3项指导行为都是关于教师和学生之间的互动，可将之归纳为"联系"二级指标。"激发学生做研究的兴趣和积极性""及时肯定学生、激发学生成就感"等4项指导行为侧重的是对研究过程中学生的情感和心理予以关心和支持，使他们或从具体的建议，或从兴趣与成就感的支撑，或从他人的鼓励中得到力量，从而能克服困难坚持下去，可将之归为二级指标"帮助"。"鼓励学生充分表达自己的意愿和观点""倾听学生，理解他们多样化的需求"等4项指导行为侧重于教师的"教"与学生的"学"之间的交流与对话，可将之归为二级指标"反馈"。"联系""帮助""反馈"3个二级指标构成了一级指标"社会情感指导行为"。

最终，得到了一套包括2个一级指标、7个二级指标、29个三级指标的教师有效指导本科生科研的行为指标体系。

表6—5　　　　　　教师有效指导本科生科研的行为指标体系

一级指标	二级指标	三级指标
结构化指导行为	规划研究项目	对研究选题进行把关，确保研究创新性和可行性
		为学生制定阶段性目标和任务
		使学生了解所要开展的研究活动及其重要性
		引导学生思考研究与学科知识体系之间的关系
	布置挑战性任务	指导学生设计研究方案
		指导学生科学地解释研究发现
		指导学生撰写文献综述
		指导学生撰写研究报告、学术论文等
	训练	指导学生学习研究方法
		指导学生检索和阅读文献
		指导学生学习研究所需的技术方法
		指导学生安全地、合伦理地开展研究
		训练学生的口头表达能力
		培养学生的沟通合作能力

一级指标	二级指标	三级指标
结构化 指导行为	榜样示范	向学生展示认真和坚持的科研品质
		培养学生对已有研究或发现的质疑精神
		引导学生对研究承担更多责任，培养研究自主性
		与学生交流科学的本质，引导形成研究者的身份意识
社会情感 指导行为	联系	与学生保持密切联系，如邮件、微信等
		定期开展面对面会议
		花时间对学生进行一对一的指导
	帮助	激发学生做研究的兴趣和积极性
		及时肯定学生、激发学生的成就感
		向学生提供咨询和建议
		当学生遇到挫折时，给予关心和鼓励
	反馈	鼓励学生充分表达自己的意愿和观点
		倾听学生，理解他们多样化的需求
		为学生提供及时的答疑
		对学生的研究工作予以持续的评价和反馈

从对全国71名本科生科研优秀指导教师指导行为的调查和分析来看，将教师有效指导行为区分为结构化指导行为和社会情感指导行为的概念框架对这些教师的指导实践具有很好的解释力。但同时也发现，结构化指导行为和社会情感指导行为之间是密不可分的，许多指导行为同时具有帮助学生完成科研任务和提供心理与情感支持的双重功能。究其本质，教师指导是教师和学生之间的一种互动行为，它以各种形式发生和展开，例如面对面的交谈，手把手的传授，邮件、电话的沟通等。种种师生之间的"联系"让学生真实地感知到教师对自己的指导，增强了学生对指导关系的心理认同，而这种"联系"所指向的具体内容主要是学生的科研任务，因此，"联系"指导行为兼具结构化功能和社会情感功能。结构化指导行为和社会情感指导行为的高度关联性带给教师指导的启示是，不用刻意为指导教师贴上高结构化指导或高社会情感指导的标签，虽然这种交叉分类有其理论价值，但对实践而言重要的是，教师们

能够认识到各种指导行为所指向的教育功能及其追求的教育结果，如此，教师指导才能彰显出教育性和科学性。

从方法层面而言，德尔菲法是一种主观的、定性的方法，由于目前国内关于本科生科研中教师指导行为的研究十分缺乏，采用德尔菲法能够有效地进行探索性研究，比较准确和科学地揭示出教师有效指导行为的具体内容，在此基础上，依据相关理论框架构建出一套本科生科研中教师有效指导行为的指标体系。这套指标的价值在于增进对本科生科研中教师有效指导行为的理性认识，并强化一种从教育目标和教育结果的视角来认识教师指导行为的观念。如果要对实践中的教师指导行为进行测量和评价，这套指标体系还只是一种理论构想，后续还有许多定量研究的工作可做。

第四节　教师指导意愿的影响因素

尽管研究已经证实了教师指导是本科生科研效能的重要影响因素，教师指导是本科生科研的本质，但目前本科生科研实践中，教师的参与和指导状况并不理想。本书对大学生科研学习投入的调查显示，接近60%的学生在科研活动中从不或偶尔与教师互动，只有 7.3% 的学生与教师的互动非常频繁。此外，一项对河北省 6 所高校本科生科研活动展开状况的调查结果显示，只有四成学生的科研活动有教师指导，而指导的次数和质量不能满足学生的需求；只有不到 20% 的学生受到教师全面且细致的指导（刘莎莎，2009）。因此，需要深入探究影响教师指导意愿的激励和阻滞因素，从而为提升教师指导意愿的改进行动提供依据和参考。

一　教师指导意愿的影响因素：来自文献的观点

对教师指导意愿的研究是"本科生科研"研究领域里相对探索较少的主题，这些为数不多的研究显示出了从质性研究发展到定量研究的方法演进趋势。泽达尼（Zydney，2015）是最早开始从教师的角度研究本科生科研的学者，他对特拉华大学本科生科研实践的系列研究中就包含了对该校 155 名本科生科研指导教师的调查，对教师指导本科生科研的动机的调查结果显示,"期望能影响学生的职业意向""有助于提升自身的研究""有助于提升在大学中的生活质量"以及"院校政策的鼓励"等是激励教师指导本科生科研的主要因素。

此后,在很长一段时间内,这个主题的研究都处于沉寂阶段,直到两项探索性研究出现。安迪多坤(Adedokun, 2010)对普渡大学的本科生科研项目进行评估时,用开放性问卷调查了 18 名指导教师对自身指导经历的评价以及在指导工作中遇到的困难和挑战。通过对教师的回答进行内容分析,作者将教师所感知的指导本科生科研的收益归纳为"有助于教师的研究"以及"有助于构建更广泛持久的师生之间的专业性关系";教师指导工作面临的挑战主要是"时间冲突",以及"在较短时间内让学生熟悉研究十分困难"。

亨特团队(Hunter, et al. , 2010:179 - 194)利用大规模的教师访谈(4 所院校 80 名指导教师和管理者),归纳和提炼出教师指导本科生科研的多项收益和损耗。其中,教师们集中指出了指导本科生从事真实的科研存在许多内在的、固有的困难,包括每天都在平衡研究效率和学生专业发展之间的冲突;缺乏足够的时间和精力去指导本科生;难以在指导本科生科研、各种专业活动,以及个体和家庭事务中取得平衡,尤其是对女教师而言。此外,院校需求以及制度环境的变化给教师指导带来了更多的压力,包括院校不断提升的本科生科研需求;改变工作方式指导本科生科研的难度越来越大;一直未得到较好解决的对教师指导进行制度认可的问题。教师指导本科生科研的收益包括学生的研究工作有助于教师获得经费和论文发表,教师从学生的发展中获得了满足感,教师享受与学生形成的朋友关系,以及教师自身在其中的发展。

质性研究通过深入地与经验对话,较为全面和有效地揭示了影响教师指导意愿的各种因素,为定量研究提供了坚实的基础。随后,一些定量研究利用调查问卷和统计技术,验证质性研究所提出的各种影响因素在不同院校和不同教师人群中的重要性。

伊根(Eagen, 2011)利用 2007—2008 年的教师调查数据,运用阶层广义线性模型(hierarchical generalized linear modeling)分析了 194 所院校4832 名 STEM 学科教师吸纳本科生参与研究项目的行为的影响因素。

61%的样本教师在过去两年中指导过本科生科研。伊根设计了作为影响因素的七类自变量，包括性别、种族和母语等人口学背景变量；聘任状态、职称、学科、单位工作年限等职业背景变量；教授各类课程的教学活动；除教学活动以外的其他学术活动；包括发表、经费获得等在内的教师学术绩效表现；教师的本科教育目标；以及教师所感知到的所在院校的声望偏好。回归分析结果表明，院校层面的变量中，工作于传统的黑人院校（Historically black colleges and universities，HBCUs）的教师，以及文理学院的教师相较于其他类型院校的教师更可能吸纳本科生参与研究；此外，具有高筛选性的院校的教师更可能接受本科生。教师个体层面的变量中，人口学变量对结果没有显著影响；生命学科的教师、承担荣誉课程和跨学科课程教学的教师、在期刊上发表更多论文的教师、获得过政府科研经费的教师、持有促进学生学术性思维习惯的理念的教师、认为院校的学生具有较好学术准备的教师，以及认为院系同事高度认可自身研究的教师，越可能接受本科生参与研究；相反，在单位工作年限越长的教师，以及教授研究生课程的教师越不可能吸纳本科生参与研究。

伊根的研究有几个特点，首先，该研究考察的结果变量为教师是否吸纳本科生参与研究的行为，而非意愿，考察已经发生的行为更具有客观性；其次，该研究设计的自变量包括了相当广泛的因素，模型整体预测力达到了59%，但是，该研究却没有将院系的奖励制度纳入其中，而这是许多研究已经揭示出的重要影响因素。

韦伯（Webber，2013）调查了450所四年制本科院校40000余名教师，分析了个体层面和院校层面影响教师参与本科生科研指导的因素。在个体层面，非裔教师以及拥有博士学位的教师更愿意指导本科生科研；青年教师、男性教师，授课量大的教师，以及教学经历丰富的教师相对更愿意指导本科生科研。在院校层面，研究型还是教学型大学、公立或私立属性，以及院校规模对教师参与本科生科研指导的意愿都没有显著影响。

伊根和韦伯的跨院校大规模的调查中，并未限定本科生科研的形式，针对此问题，莫拉莱斯（Morales，2017）以一个正式的区域性跨院校本科生科研项目为实践考察对象，调查了实施该项目的13所院校中的536

名教师。该研究提出了影响教师指导本科生科研意愿的 5 类自变量，分别是包括性别、种族、学科和职业生涯阶段在内的人口学背景变量；教师所预期的收益和损耗；过往的指导经历；包括奖励结构、与学生互动的机会以及经费支持等院校制度因素；以及教师个体观念因素。通过阶层广义线性模型分析发现，在教师所预期的收益和损耗因素中，教师越强烈地认为指导本科生科研非常耗费时间，越不愿意指导本科生科研，而教师是否认为指导本科生科研有助于自身的研究对其指导意愿没有显著影响。在教师个体观念因素上，教师越认为本科生科研有助于提升学术界的多样性，则越倾向于指导本科生科研。在院校制度因素上，教师越认为院校的奖励结构不支持指导本科生科研，教师与本科生接触的机会越少，越不愿意指导本科生科研。在人口学背景变量上，越是处于职业生涯晚期的教师越不愿意指导本科生科研。

综上所述，对本科生科研的研究主要集中在本科生的科研经历和个体发展上，聚焦于教师的指导行为及其意愿的研究相对薄弱，但是相关研究也获得了许多有解释力和现实指导意义的发现。相较于国外研究的逐步繁荣，中国学界比较缺乏针对该主题的独立的经验研究，与此相关的研究有对大学教师"重科研、轻教学"行为的探讨。基于此，本书主要采用质性研究方法，立足于中国高校教师指导本科生科研的现实状况，通过开放式访谈了解影响高校教师指导本科生科研意愿的激励和阻滞因素。

二　教师指导意愿的激励和阻滞因素：一项质性研究

前文介绍道，课题组通过多种途径搜集本科生科研优秀指导教师信息，最终获得了来自 12 个省市 23 所大学的 71 位优秀指导教师样本；随后对其中 25 名教师进行了深度访谈，访谈目的除了获悉教师的有效指导行为外，还包括了解教师所感知到的影响其指导意愿的因素。为此，访谈设计了两个核心问题，"激励您参与本科生科研指导的重要因素是？"以及"哪些因素会对您指导本科生科研的意愿产生消极影响？"对访谈结果进行编码和整理，得到了教师指导意愿的激励因素 4 项和阻滞因素 4 项；为了反映各因素在受访教师中的普遍性，还统计了提及该因素的人数，详细结果见表6—6。

表6—6　　　　　　本科生科研中教师指导意愿的影响因素

影响因素	项目内容	人数	编码关键词
激励因素	教师的"道德感"和兴趣	17	责任感、良心、服务奉献
	服务于教师的科研	9	能干活、教学相长
	学生发展带来的满足感和成就感	6	学生让我骄傲、有成就感
	学校（学院）的激励	13	学院鼓励、学校支持
阻滞因素	学生的学习意愿不强	12	随意性、惰性、功利
	教师的时间和精力不足	15	太占用时间、没时间、没精力
	"重科研、轻教学"的教师评价制度	18	职称评定、科研导向、考核制度

（一）教师指导意愿的激励因素

1. 教师的"道德感"和兴趣

在访谈中，多数教师指出指导本科生科研活动是一种自觉的个体行为，是完全出于个人意愿的义务活动，这些工作超出了正常的教学和科研等工作职责，他们之所以指导本科生，并不是为了获取好的奖励或报酬，而是出于内心的责任认知和道德感。

教师的职责就是教书育人，要有这样的职业道德，额外指导学生就是一种良心活，要有责任感。我不是为了工作量……也不是为了奖励，而是觉得当老师的就应该教（指导）学生。

还有教师谈到做"分外之事"是出于个人的兴趣。

指导学生课外竞赛本不是我们的分内职责，更大意义上讲，还是有这个兴趣，才更愿意往这个方面投入，因为指导本科生非常累。

组织公民理论是组织行为学领域中深受关注的内容之一。巴特曼和奥根（Bateman & Organ，1983）将组织公民行为（Organizational Citizenship Behavior，OCB）定义为：未被正常的报酬体系明确规定的员工自觉的个体行为，这些行为一般都超出了对员工工作的描述，完全出于个人意愿，既与正式奖励制度无关，又非角色内所要求的行为。影响组织公民行为的因素主要包括工作满意度、组织承诺感、领导支持、个体差异等。该理论特别适合用来解释虽然面临诸多潜在的障碍，教师仍然愿意指导本科生开展科研活动的原因（Eagen，2011）。本科生科研指导工作超出了组织对教师的预期，教师为本科生提供帮助和指导这一行为没有被组织授权或补偿，由于教师对所在机构有强烈使命感，并且将指导工作自觉看作是自身工作的一部分，所以才会主动承担起超出组织要求的职责。该理论也同样适用于解释中国高校教师在并未被组织要求或支持，以及并未获得相关奖励和认可的情况下，仍然愿意指导本科生科研活动。这是因为教师们怀有强烈的"教书育人"的责任感和道德心，只要是培养学生、有利于学生发展的活动，他们都视为是自身的责任和义务，这与组织是否要求和奖励无关。

2. 服务于教师的科研

尽管在教师看来，指导本科生科研是一项教学工作，但本科生从事的是真实的科学研究活动，其目标是指向解决研究问题、发展新的知识。因此，在某种程度上，本科生的科研活动也能为教师的研究贡献力量。

访谈中，有一位资深教授指出他所在的院系中本科生科研的缘起在于教师缺乏科研劳动力。

> 我们学院有本科生科研的传统，较早的时候，大约 2001 年时，老师们去外面接了很多企业的项目，那时跟现在不一样，研究生少，老师的项目没人做，于是就找本科生来做……当时本科生培养中也一直讲动手实践不够，学生实践能力差，科研项目正好可以培养学生的实践动手能力……这个传统留下来，后来成立了学生科技创新团队，学生团队自己去接企业项目了，因为有传统，即使不再是做老师的项目，老师也会去指导。

在研究生教育蓬勃发展、研究生招生规模快速增长的新背景下，教师招收了足够的硕士生、博士生作为科研助手，本科生作为一种科研劳动力的重要性正在逐步丧失。但是不排除一些教师出于"性价比"的考虑愿意指导本科生科研。

> 指导大学生创新项目在我们学院不算工作量，但与我的工作和要研究的问题相关；再说很多时候是教学相长，是一件双方都可获益的事情。
>
> 老师的项目有纵向的，也有横向的，纵向的一般让本科生参与的少，至少我是这样的，我一般接纳本科生参与横向项目，里面有很多技术性的问题可以让本科生来做，要说有多少科学创新，可能谈不上，但是能解决企业的问题，学生也能锻炼实际的工程应用能力和技术能力。这些工作可能研究生做多了会不太愿意。

还有的教师为了获得更好的科研人力资源，将指导本科生科研作为一种选苗子、培养苗子的策略。

> 现在对硕博士生生源的竞争很激烈，像理科的科研，老师提出的 idea 需要有好的学生来实现，所以好学生很重要啊。好学生哪里来呢？这讲起来又很复杂了……我开发出一个策略，从本科生中挑选和培养。每年来找我指导"大创"项目，想进我实验室做科研的本科生，我都认真对待，按照我的标准挑选、培养，发现不错的学生，我会引导他们继续读我的硕士和博士，这样长期培养、合作的学生，他会收获很大，对我的研究和学生团队建设也很有用。

3. 学生发展带来的满足感和成就感

无论教师最初选择指导本科生科研的动因何在，其指导的结果——学生的发展以及生师互动带来的良好生师关系，让指导教师有满足感和成就感，从而更激发和强化了他们的指导意愿。

（大家都说）教学是个良心活，老教师都有种教育情怀，总想着多帮学生一些……你从学生身上会看到惊喜，很多学生对研究很上心，很投入，周末通宵达旦的做项目，放假都待在学校，整天整天的干，这样的学生成长得很快，不仅技术掌握纯熟，也开始思考科学问题，持续训练两个学期，就能独当一面……不是每个学生都很优秀，学生个体差异性大，但是他们的发展都让老师感到欣慰，感到教育者的价值。这种成就感是上课体验不到的。

对于年轻的教师和没有承担本科生课程的教师而言，指导本科生科研，加强了他们与本科生的联系，使他们更了解和融入学校，强化了他们作为教育者的意识。

我才回国几年，现在的岗位是特聘研究员，也就是不用上课，主要是做研究，我带研究生，但是没有本科生的课。指导本科生科研让我和本科生有了接触，通过他们，我更了解学校和当前的本科教育状况。我和本科生像朋友一样交往，他们还会在一些事情上指点我……师生互动是一个互惠的过程，我帮助学生学习研究技术和方法，他们让我体验教育者的身份，更了解学校。

社会交换理论认为个体更愿意与那些能给自身带来好处的人交往和进行资源交换，这种交换能带来个体的发展（Blau，1968：452－457）。教师对是否以及在何种程度上指导学生的决定建立在他们所感知的成本和收益平衡的基础上。在师生共同开展科研活动的情境中，教师和学生开展重要资源的交换，例如时间、知识以及劳动，教师做出参与这类活动的决定依赖于他们对潜在好处（例如研究劳动力、友谊）和成本（例如时间和精力）的估算，如果教师感到对自身科研有帮助，或者从中获得了工作的成就感和满足感，他们则愿意指导学生的科研活动。

4. 学校（学院）的激励

以上都是从教师个人的角度分析其指导意愿的激励因素，也可以看成是对内部因素的探讨。除了内部因素外，个体意愿还强烈地受到外部因素的影响，最主要的外部因素就是学校的激励措施。学校的鼓励和支持为教师提供一种感知到某个事件重要性的氛围，在高发展氛围下，若个体做出某种行为会受到组织更多的重视和奖励，则会增强个体的行动意愿。当前本科生科研已成为重要的创新人才培养改革举措在越来越多的高校中推广，高校除了不断开拓本科生科研的途径，为更多学生提供科研参与机会外，也开始建立相应的激励制度和措施，促进教师的参与，增强教师对学生科研活动的指导。这些激励措施包括物质奖励（奖金）、工作量的认可（课时量），考核和职称晋升的条件，以及评奖评优（"优秀指导教师"称号）等。

> 学校这几年为了鼓励老师指导"大创"活动，采取了一些针对性的措施，包括发放指导津贴、发放优秀指导教师奖金、核算工作量……还有一些硬性规定，比如青年教师在入职的第一个聘期内必须每年指导多少个"大创"项目和"挑战杯"项目等。奖励性措施还是能够调动老师的积极性的，比如以前我指导学生是出于个人的兴趣和考虑，现在有了学校这些激励措施，我感到了学校的重视，会更加肯定这事，也想把这事做得更好……但是青年教师对于硬性规定是有一些抱怨的，这可能还是跟他们的聘任期考核压力大有关系，科研任务量不减，教学工作量增加，这肯定不受欢迎。

学校的激励措施在一定程度上能够调动和激发教师的指导意愿，但目前在这方面有较大力度改革和资源投入的学校并不多。所以在询问受访教师如何才能吸引更多的教师投入本科生科研指导时，他们提到学校应建立健全激励制度，包括物质性的、工作认可等多方面的举措。

> 我想物质奖励最直接，没物质奖励，花时间没好处谁干呢，这个奖励不是给你300、500，肯定要上力度，否则老师不愿意投入，在学院层面认工作量也会激励一部分老师投入到这个事情当中来。
>
> 课外竞赛不是老师分内事，但作为培养学生创新能力的一种举措，还是应大力提倡……主要靠学校政策引导，在教师年终考核时

把指导学生课外科技创新活动的业绩也作为加分项，通过这种激励方式引导老师，调动老师的积极性。

（二）教师指导意愿的阻滞因素

1. 学生的学习意愿不强

艾伦（Allen，2000）对比了学生的能力和学习意愿对导师选择学生、提供指导行为的影响，结果发现后者的影响效应更强，可见学生的学习意愿会影响到导师的指导意愿。艾伦（Allen，2004）还进一步发现，学生的学习意愿能弥补其能力的不足。从内部动机来看，学习意愿较强的学生往往表现出更强的知识需求和学习期望，此时导师更容易产生同理心，导师的指导会被学习意愿较强的学生认真吸收，这也会使导师产生较强的自我满足感。因此，学生较高的学习意愿在极大程度上激发了导师共享知识的内在动机。同理，在本科生科研中，教师往往更倾向于为学习意愿强的本科生提供指导（Lancy，2003）。

访谈中，教师们谈到在本科生科研活动中，由于缺乏约束机制，学生的学习意愿强弱决定了科研活动的开展程度，经常出现中途放弃的学生，无法形成稳定的指导关系，影响了教师指导的积极性。

> 任务布置下去约定好时间汇报，学生可能会往后拖，拖了几次就放弃了；有的开始是课题组成员，中期结题的时候就自动退出；没有对学生构成实质性约束……学生学习意愿不强，遇到一些情况或别的事情，就很容易中途放弃，这样很浪费老师的时间和精力。

除了对学生学习意愿的探讨外，教师们还谈到了学生身上新出现的负面情况，包括"功利性"动机，"玩票性"举动等。

> 有些学生带有很强的功利心理来参加科研活动，想的就是老师给我写推荐信，我在这个实验室里的经历能写在简历里面……功利性的想法没大错误，但如果想太多，不认认真真、踏踏实实地做事，这种学生能干什么，我的实验室是宁缺毋滥。

有些压根没想清楚就来了，搞了几天就玩消失，我要尽到教师的责任，还主动去联系，结果收到学生的邮件说，他体验到了科学研究的奥妙……可能学校对本科生科研宣传虽多，但没讲到位，如果觉得科研跟玩票似得，尝个新鲜，真的不要来参加，问题是这种学生还不少，见多了都心累。

本科生在科研参与中的这些负面行为影响了教师指导的意愿，要纠正行为偏差，可以在制度和规则方面进行调整。

2. 教师的时间和精力不足

对学生而言，科研参与是与课程学习并进的学习方式；对教师而言，指导本科生科研是与课程教学一样的需要投入大量时间精力的教学行为。一项对美国新汉普郡大学（University of New Hampshire）138 名本科生科研指导教师的问卷调查显示，24%的教师一学期中指导一名学生的时间为11—30 个小时，20%的教师为 31—50 个小时，还有 20%的教师指导时间少于 10 个小时，以及 17%的教师指导时间在 50 个小时以上（Potter, et al., 2009）。根据该调查的结果，取每学期 30 个小时为中间水平进行大致估算，如果一名教师每学期指导 2 名本科生的科研活动，那么每周花费在指导工作上的时间约为 3 个小时，即为半天的工作时间，这对于时间永远不够用的大学教师来说，确实是一种时间负担。

访谈中大部分教师都难以给出确切花费的时间，因为指导活动涉及方面多，既要全程指导学生的研究活动，还要关注学生的心理和情感体验。此外，通过多种方式进行指导，不仅有正式的面谈，还有 QQ、微信等即时通信方式的互动，所以教师普遍感到指导本科生科研是一项耗时耗力的活动。

通常，我会定期与学生面谈，了解他们的工作进展，下一步的方案，平时还通过 E－mail、QQ 留言等途径回复他们的疑问和想法，有时候还要专门给他们加油打气，讲讲科学研究的行为规范和良好的精神品质。总而言之，如果想要做好的话，指导本科生（科研）还是挺花时间精力的，有时候遇到基础差、领悟力差的学生，还得花更多的时间。

指导本科生科研需要耗费许多时间和精力，而大学教师承担的教学、科研和服务工作已经让他们不堪重负，有调查显示，大学教师的工作时间每周超过了 50 个小时，再增加工作时间已经很艰难。那么在 50 个小时的工作时间内，他们如何在各种任务之间分配时间？

> 大学老师的科研工作忙，教学工作量也大，本科生、研究生课程加起来，都不少，现在本科生参加科研活动的人也越来越多，来找我的学生也很多，我即使很愿意，但确实时间上顾不过来……我现在的经验是严格挑选学生，把时间花在有价值的学生身上。

有的教师也许就直接以时间不够为由拒绝这项活动；那些有强烈指导意愿的教师会选择接受这项工作，但是控制指导数量，减少工作量。

3. "重科研，轻教学"的教师评价制度

制度因素作为重要的外部因素，会对教师的指导意愿和行为产生重要的导向作用。目前阻碍教师指导本科生科研的最主要因素还是"重科研，轻教学"的教师评价制度。"重科研，轻教学"的教师评价制度具体是指，在教师的年度考核、聘期考核以及职称晋升中，侧重对科研产出的指标性评价，例如，发表各种级别和影响因子的期刊论文数量、撰写和主编的著作数量、获得的各类级别的科研项目数量、申请的专利数量等；但与此同时，只评价教学基本工作量，轻视对教学投入和成果的评价；在科研成果上胜出的教师能获得各种奖励和认可。"重科研，轻教学"的评价制度势必将教师的工作重心引向科研一端，从而导致在教学工作上投入较少。

在教师看来指导本科生科研主要是一项教学活动，并且是体制外的教学活动；体制内的课堂教学工作尚且得不到制度的重视，更何况是体制外的教学工作。在访谈中，多名教师指出现有的教师评价制度会挫伤教师指导本科生科研的热情，是导致部分教师不愿意指导本科生科研活动的一个重要因素。

　　目前争议很多的一个问题，即教学跟科研孰轻孰重的问题，指导本科生对老师来说所谓的收益基本上没有，评职称没用，发的奖金基本上很少。

　　老师最关键的是职称评定，现在整个大的"重科研，轻教学"的环境，部分老师都不想上课，谁还想去指导那个。

　　尽管近年来，在提高高等教育质量的改革背景下，科研和教学的矛盾已经引起了广泛的重视，许多高校开始强调本科教学的重要性，要求教师重视教学工作，投入大量的资源帮助教师提升教学能力，奖励优秀的教学行为，但是，院校内部的举措依然难以根本扭转"科研是王道"的局面。对于教师个体而言，考核晋升中对科研成果的要求丝毫没有降低，甚至不断加码，同时又加强了对教学工作的要求，比如，要求在教学比赛中获奖，发表教学类论文，获得教学研究项目等，教师感到不堪重负。以提升教学质量为由加强对教师教学工作的考核评价，但并不减少甚至增加科研成果指标要求，只是增加了教师的工作量，让教师感到更大的工作压力，并不利于教师真正投入教学。

　　类似的状况在美国大学中也存在。欧米拉和布拉斯坎普（O'Meara & Braskamp，2005）发现，从 1991 年到 2001 年这十年间，尽管学校分管学术事务的领导越来越期望教师能参与到学生指导中，但是这种期望的增速赶不上对科研绩效的期望增速。

　　前文提及，部分高校率先实施了激励教师指导本科生科研的措施，但是在"重科研，轻教学"的制度环境没有得到根本性改变的前提下，局部的激励措施难以发挥好的效果。

第 七 章

本科生科研的未来

第一节　本科生科研是培养创新
人才的有效途径

　　本科生科研是培养创新人才的有效途径吗？站在价值正确的立场上，抱着对这个问题的肯定回答，政策者开始大力推行本科生科研。在本科生科研被广泛深入实践的今天，再来问这个问题，如果答案是肯定的，人们希望能看到证据，如果答案是否定的，还是需要证据。所以，要寻找证据才能回答问题，由此需要实证。

　　本书是一项为寻找证据而开展了五年研究的产物。这五年研究从三个角度层层递进来提供证据和结论。

　　首先，进行对比研究——通过分析有科研参与经历的本科生和没有科研参与经历的本科生在创新素质因子上的得分是否有显著差异，来回答有科研参与经历的本科生的创新素质是否高于没有科研参与经历的本科生。如果高，那么极有可能是科研参与经历导致的。

　　对 H 大学 781 名本科生样本的调查数据进行分析发现，有科研参与经历的学生在创新素质七个因子上的得分均值都高于没有科研参与经历的学生，在专业知识的深厚广博、分析和解决问题的能力，以及思维的深刻、敏捷和独特三个因子上存在显著差异；在属于创造性人格的三个因子（坚持、自信和批判；求知欲与想象力；好奇心与兴趣）以及沟通协调能力上不存在显著差异。此外，控制学生背景信息后，学生科研参与次数可以正向预测全部 7 个创新素质因子。其中，科研参与次数对专业知识的深厚广博、分析和解决问题能力以及思维深刻、敏捷和独创这 3 个因子的影响要比对其他创新素质因子的影响更大（郭卉等，2014）。

由上述研究发现可以推论出，科研参与能促进学生习得创新知识，发展问题解决能力，以及提升创新性思维，并且随着科研参与次数增多，学生在创新知识、创新能力和创新思维方面将会有更多的发展。但是，科研参与促进学生创造性人格发展的假定没有得到证据支持。心理学家的研究认为创造性人格和创造性思维是创新人才的主要特点，本书所建构的创新素质 7 因子模型中有 3 个因子属于创造性人格的内容，但是科研参与并没有对创造性人格的发展起促进作用。这一原因可能是，相比知识、能力和思维，人格具有较强的稳定性，不容易发生改变。创造性人格的培养应该往前追溯至中小学教育阶段，应在中小学教育中强调培养学生的好奇心、求知欲和想象力，引导他们形成批判性思维倾向。到了大学阶段，好奇心、求知欲等创造性人格可能会影响学生是否主动选择参与科研训练的意愿，所以，创造性人格特质可能是是否愿意参与科研的前置性变量。而科研参与要能促进创造性人格的发展，需要持续性和强度，因为人格具有稳定性，不容易改变，所以，要通过持续的科研参与和较大的时间和精力投入，才可能促进创造性人格的发展。这些推论需要更深入的实证研究予以检验。

上述实证研究的设计，与第五章第一节中介绍分析的本科生科研学习收获的调查研究范式类似，通过比较有科研参与经历和无科研参与经历学生在某些能力素质上的差异，来证明科研参与对学生发展的正向积极作用。这种设计不属于实验或准实验方法，难以证明因果关系，即学生的能力素质发展是因为科研参与导致，而只能证明相关性，即科研参与与学生的能力素质发展非常相关，在没有控制样本学生其他的学习经历的情况下，不能把能力素质发展进行单独的归因。

接下来的研究转换了研究视角，不再假定学生获得了创新素质，而是直接探究学生通过科研参与获得了什么，以及科研学习过程如何塑造出这些收获。针对此，设计了一项开放式探索的质性研究。对 H 大学 31 名"大创"项目负责人进行了半结构化的深度访谈，让受访者自由地谈论对科研参与经历和收获的主观感受，事后对访谈资料进行编码、主题归纳和频数统计。31 名样本学生总共报告了 454 次积极的收获，人均 15 次。这些收获被归纳为五个主题，按照频数从多到少分别是，技能、研究生教育/职业道路的选择和准备、专业知识的理解和运用、心理和社会性收获，以及对科研工作所需品质和态度的体认。展开来看："技能"下面包括了沟通能力、团队领导合作能力、实验/动手能力、信息检索技能、计算机技能、学术阅读能力、事务能力；"研究生教育/职业道路的选择和准备"包括认清了对研究教育/职业道路了选择（读研还是就业），以及研究生教育或职业准备的加强；"专业知识的理解和运用"包括深化了对专业知识的理解，以及提高了运用专业知识和技能的能力；"心理和社会性收获"包括自信心、成就感、专业伙伴和生活朋友，以及与教师建立起充分的指导关系；"对科研工作所需品质和态度的体认"包含了耐心和毅力、责任感、严谨和踏实、专注、敢于质疑权威。

总体来看学生科研参与的收获，可以认为，科研参与是一种具有充分专业价值的学习经历，它对于大学生专业知识和技能的习得、专业性价值观的获得，以及专业发展道路和职业的选择都有促进作用。大学生科研参与收获与创新素质之间具有紧密的关联：近 80% 的学生报告自学了新知识、把不同领域的专业知识联系起来、深化了对课程和书本知识的理解和掌握，以及能运用知识和技能解决研究中的问题，这些属于创新素质中创新知识、创新能力和创造性思维的内容；超 70% 的学生报告了人际沟通能力的提升，这也是创新素质中创新能力的内容；此外，超 50% 的学生收获了自信心，60% 多的学生收获了耐心和毅力，增进了对科学研究的兴趣，这些都属于创造性人格的内容。而求知欲与想象力、好奇心这些属于创造性人格的指标，并没有反映在学生的"大创"收获报告中。由此可以进一步判断，科研参与有助于提升学生的创新知识、创新能力、创造性思维以及部分创造性人格。这一结果与第一项实证研究的结果相比，二者比较接近，只是质性研究发现科研参与有助于培养学生的耐心和毅力、对科学研究的兴趣等创造性人格特征，更进一步肯定了科研参与对培养大学生创新素质的积极作用。

要证明"本科生科研是创新人才培养的有效途径"，不仅是一项科学研究，而且也是一项评估性研究，要在当前本科生科研实践的实际水平中回答此问题。质性研究能对科研参与收获和科研学习过程给出定性的认识，但却不具备评估的功能。评估大学生科研学习收获水平以及科研学习投入程度，能使人们对当前本科生科研学习情况和收获状况有定量的认识，反映出本科生科研实践的实际水平；还可以通过统计技术，进一步探究科研学习收获的影响因素，厘清科研学习投入如何影响了科研学习收获，为相关制度和工作改进提供依据。针对此，在定性研究基础上，设计了一项定量研究，编制了本科生科研学习投入和学习收获测量指标，检验了指标的信度和效度。调查样本为华中地区五所理工科高校836名有一次以上完整科研经历的本科生。

数据结果表明：本科生科研学习收获5个因子的均值都高于理论均值，说明科研学习收获整体较多，收获从多到少依次是专业社会化、社会性能力和关系、职业／教育道路的选择与准备、学术技能，以及研究能力。本科生科研学习时间投入的基本状况是，多数学生参与的科研项目持续一个学期，学生每天花1—3小时进行科研学习。本科生承担科研任务认知挑战度的均值略高于理论均值，处于中等水平。本科生在科研活动中与教师互动偏少，生生互动较多，二者存在显著性差异。

科研学习投入各变量对学习收获各因子的影响是：科研项目持续时间对科研学习收获五个因子均不具有显著影响；平均每周投入时间、科研任务认知挑战度、与教师互动频率、与学长互动频率以及与同学互动频率对五个收获因子都有显著影响。从影响值大小来看，对研究能力、学术技能影响最大的两个因素是科研任务认知挑战度以及与学长互动频率；对社会性能力和关系影响最大的是与同学互动频率以及与学长互动频率；对专业社会化影响最大的是与教师互动频率以及与学长互动频率；对未来道路选择与准备影响最大的是与教师互动频率和科研任务认知挑战度。

由此可以解释，为何大学生的科研学习收获中，与认知能力密切相关的研究能力和学术技能是最少的两个收获。那是因为，对研究能力和学术技能影响最大的因素是科研任务认知挑战度，其影响力远高于其他科研学习投入变量，而学生科研任务认知挑战度处于中等水平。由于学生在科研活动中开展的科研任务认知挑战度一般，导致在研究能力和学术技能方面的收获偏低。

此外，数据结果还表明与教师互动频率是专业社会化和职业/教育道路选择和准备两个收获的最主要影响因素，可见教师指导对本科生科研效能的重要性。与学长互动频率是科研学习收获四个因子的次重要影响因素，这很符合中国大学本科生科研大量由学长指导的这一实际情况。

综上，第三项定量研究属于第五章第一节中指出的实证研究范式。在回答"本科生科研是创新人才培养的有效途径"问题上，本书给出的答案是，科研参与使学生较多地获得了创新知识、能力和思维（研究能力和学术技能），发展了部分创造性人格（专业社会化所代表的习得了坚持和毅力、质疑权威和接受挑战等精神品质）。不仅如此，本书还进一步回答了科研学习投入如何影响了学习收获，证实了教师指导、科研任务认知挑战度等因素的重要性，这为本科生科研制度的改进提供了方向和思路。

通过三项层层递进的经验研究，本书为"本科生科研是创新人才培养的有效途径"提供了答案和证据。作为经验研究的基本定位，本书弥补了当前本科生科研研究的方法上的短板；层层递进的研究设计彰显了研究的力度和深刻性；得出了有创新性的观点结论，既弥补了国内相关研究的空白，也能与国际同行的研究形成对比和印证。

第二节　深化本科生科研的政策调整与制度改进

一　国家引导创建科教融合的高等教育人才培养制度

本科生科研的立论根基就在"科研的教育性"，教育性是大学科研的本质，这一点已经通过考察科研职能在大学中的产生过程得以证明。不过，约瑟夫·本戴维（Joseph Ben-David）曾言，"研究与教学远非自然的匹配，只是在特定条件下它们才会组成一个单一的结构"（伯顿·克拉克，1987：227）。这也就是说科研不一定总是体现出教育性，是否体现教育性，"需要特定的条件"，即相应的制度安排。即使是世界高等教育的典范——美国研究型大学，在很长的历史时期内，都没能做到发扬科研的教育性，实现教学与科研相统一。直到 20 世纪 90 年代中期，在卡耐基教育基金会的推动下，美国研究型大学掀起了本科教学改革的浪潮，开始着力解决与教学科研分裂的问题。经过 20 多年的努力，美国研究型大学的本科教学已经发生了深刻的变革，产生了大量"教学与研究相结合""科研服务于教学"的新理念和新举措，中国学者对这些新成果并不陌生。在理念方面，"教学学术"概念被提出，有观点认为教学学术的提出是试图通过把教学变成学术来提高教学的地位，本质上还是认为科研比教学地位高。先且不论这种观点正确与否，应该看到"教学学术"内含研究教学的意思，提倡进行教学内容的更新和教学方法的改进。最好的教学内容势必要包含最新最前沿的科研成果，科研成果转化为教学内容，是科研间接育人的一种方式。教学方法的改进和创新，需要去研究教学的对象——学生的特点。伴随着脑科学、认知科学和学习科学的兴起，对学习者的脑认知、心理认知的研究成果极大地支持了教师的教学改进，所以这场本科教学变革最终统一在"以学生为中心"的教育理念的旗帜之下。后来的学者在总结美国研究型大学本科教学改革的成功举措时，提出了"十大高影响力实践"（Kuh，2008），其中一项就是本科生科研。这十项举措有五个共同之处，最重要的特点就是帮助学生在新条件中运用已学到的知识，体验知识的迁移过程，通过总结、综合和应用知识促成深度学习。

由此可见，教学改革创新的趋势就是不断把研究的成分引入教学，将传统的注重知识传授的教学变革为注重知识应用的教学；学生的学习也由被动地接受确切的知识，转变为主动探究。教师把理论性的学科知识转化为承载了知识的问题导向的实践情境，学生在情境中通过解决问题来学习理论知识。这种教学过程和学习过程称为研究性教学和研究性学习，这种教学设计通常称为问题式教学（problem – based learning）或项目式教学（project – based learning）。

目前，中国高校在创建科教融合的育人制度方面还存在宏观体制和机制上的障碍，主要表现为：国家对高等教育进行问责评估时注重科研绩效，相应的资源配置也在向科研倾斜。作为理性行动者的高校自然迎合国家的偏好，将科研成绩作为教育质量的证据，科研成了高校工作的中心和重点。"重科研、轻教学"背后的实质性问题是造成了科研和教学的分裂，失去科研成分的教学，自然培养不出创新人才。值得指出的是，2006 年以来，在"高等教育质量工程"的影响下，"重科研、轻教学"的问题已经引起了广泛的关注，正在得到纠正和解决。科教融合的教育理念正在进入政策视野，教育领导人在很多场所发表讲话时指出研究型大学的科研优势要转化为教学的资源，用高水平的科研支撑一流的本科教育。这些倡导和建议对于办学者认清形势、转变观念具有重要的导向作用，但是要高校真正创建起科教融合的育人制度，还需要国家进行顶层设计，解决体制和机制的障碍。

首先，改变评价大学的标准。现有世界大学排名体系建立在文献计量学的基础上，对大学的评价局限于科学研究和学术发表。中国高等教育要从世界大国走向世界强国，难免要参照世界标准，例如 ESI 学科排名等。但是作为全球最大的高等教育体系，中国应积极参与并引领全球高等教育治理，建立科教融合的大学评价体系，不仅注重科研绩效，更加注重科学研究对教学的贡献率，重视人才培养的效果。目前，中国正在进行"双一流"建设，"双一流"政策作为"211 工程"和"985 工程"的延续，比前两者有很大的进步之处就在于不仅重视学科（科研）建设和发展，还特别强调本科人才培养。建设科研指标意义上的世界一流大学相对容易，建设拔尖创新人才培养意义上的世界一流大学很难。重视本科教学是一种态度，真正地实现还需要思路和方法，科教融合就是思路和方法之一。"双一流"建设要以学科为基础，推动专业建设，实现学科专业一体化，发挥学科平台的育人功能，力争培养拔尖创新人才。

其次，减少量化考核评价，创造相对宽松的科研和教学大环境。高校加紧对教师进行量化考核的原因还是在外部，因为国家重视绩效，大量的资源配置采用竞争性方式，绩效就显得尤为重要，于是高校只能向教师要绩效，强化对教师的考核评价。然而，教育活动有其特殊性，其绩效难以量化，勉强量化只能导致重视科研成果数量，忽视育人质量的弊端。所以，即使注重科研绩效，最终衡量的也只是科研成果的数量或以影响因子为表征的所谓的质量，这种指标主义的评价已经影响了教师对科研探索的敬畏和本心，各种急功近利甚至弄虚作假的行为已不是少数。科研尚且很难评估到质量，更何况是十年树木百年树人的教育呢？因此，国家的高等教育治理应该淡化问责和绩效的手段，适度使用竞争性资源配置方式，引导高校营造一个相对宽松的科研和育人大环境，如此才能为形成科教融合的高等教育人才培养制度提供外部制度和环境的支撑。

科教融合已成为世界高等教育变革与转型的共同信念。在当代中国，科学研究已成为国家建设的战略性资源，科研对高校获得社会认可、自治、资源和声望方面起着极为重要的作用，在科研已成为中国高等教育重要组成部分的情况下，应当深入研究科研的教育性及其作用发挥中存在的问题，积极探索和践行科研和教学结合的方式和方法。

二　高校改革课程体系，将本科生科研从第二课堂转变成第一课堂

尽管本科生科研在高校中已经取得了制度化的成果，有国家政策、高校组织管理制度、多种开展形式来保障它的实施和运转，但是，它的开展始终被空间所束缚，影响了育人成效。这种空间束缚指的是，本科生科研始终是在第二课堂中，没能成为第一课堂。

首先，最突出是时间问题。中国高校的课程设置普遍偏多，学生的课业压力较大。清华大学本科生毕业需要 170 学分，浙江大学本科毕业最低学分要求为 169 学分，华中科技大学学士学位总学分要求为 180 分以上。美国大学在可比情况下（学时学分对应数可比），本科毕业学分要求一般是 128 学分左右；MIT 本科阶段最低要求学分数为 120 学分，伯克利大学本科毕业的学分数要求也是 120 学分，而且学生可以拿出 20 个以上的学分从事研究活动；日本大学本科毕业学分要求一般在 124 学分左右。西南联大当时的毕业要求为 132—142 学分（卢晓东，2000）。无论是横向比较，还是纵向比较，中国高校的本科毕业学分数要求都太多。如此高的学分要求，导致许多学生没有充足的时间参与科研活动。对 H 大学本科生的调查显示，在 514 名被调查对象中，有 44.6% 的学生在科研活动中遇到的困难是与上课时间冲突，耽误正常的课程学习，这是仅次于知识储备不足的第二大困难（刘琳，2014）。

其次，由于本科生科研不是正式的课程，影响了教师的参与。教师

指导是本科生科研的本质，是本科生科研效能的核心影响因素，但是目前教师指导少、指导弱的问题十分突出。由于本科生科研不是正式的课程，属于课外的实践育人活动，高校一般不会出台约束性制度，对教师的指导做出硬性规定，而只能通过奖励性制度激励教师参与指导。但是这种奖励的力度无法跟科研绩效相比，所以对教师的吸引力很弱，激励效果不佳。

从科教融合的教育理念来看，结合中国高校本科学分要求太多的现实问题，可以对课程体系进行如下调整：第一，对多门相关专业课程的内容进行深度整合，压缩专业课课程，腾出学时空间。第二，将本科生科研纳入正式的课程，可分两条路径进行，一是将本科生科研设置为一种个性化的课程，有学时、考核和学分的要求。学生可以利用现有的科研参与形式择一进行，例如，申请"大创"项目，参加科技创新团队项目，投身教师实验室等；院系负责安排指导教师，指导本科生科研成为教师的教学任务。二是将现有的课程改造为本科生科研训练项目。大学课程改革的一个重要方向就是增强实践类课程，促进研究性教学和学习。一些实践类课程本身具有被改造为科研活动的可能性。例如，华中科技大学电气学院电气工程专业为培养学生的综合运用能力和跨界整合能力，把之前一门门单独设置的实验课重构为对应多门理论课的综合性实验课程，引入企业的真实项目以突显工程实际背景，为配合企业导师的指导，将课程集中于暑假开设，学生全天候参与，为期4个星期。这类完成一个经过设计的企业真实项目的实践课程，实质上就是科研项目训练。总的来说，将本科生科研纳入正式课程，是与研究性教学改革相呼应的思路。

目前，将本科生科研纳入正式课程的设想已经得到了国家政策的肯定。2015年5月4日，国务院办公厅颁布的《关于深化高等学校创新创业教育改革的实施意见》明确指出：各高校要设置合理的创新创业学分，建立创新创业学分积累与转换制度，探索将学生开展创新实验、发表论文、获得专利和自主创业等情况折算为学分，将学生参与课题研究、项目实验等活动认定为课堂学习（国务院办公厅，2015）。2015年8月，在合肥举行的长三角地区高校创新创业教育改革研讨会上，教育部副部长林蕙青表示，各高校应认真组织修订人才培养方案，结合实际，在各专业人才培养方案中将创新精神、创业意识和能力作为人才培养的重要指标。可见，本科生科研纳入正式课程已经是相当紧迫和重要的任务，不久将会有改革示范高校出现。

三　构建科学合理的分层式本科生科研训练体系

本科生科研应是一项持续的学习活动，而不是一次性的经历。有研究指出科研参与超过 800 个小时的学生在批判性思维方面的表现更好（Bauer，2002）。科研参与次数越多，学生在认知能力和社会性能力上的得分越高（李湘萍，2015）。显然，应该通过制度设计让学生能持续参与科研活动。

考虑到本科生的知识基础和科研学习的特点，将本科生科研分为基础训练期、项目参与期和高峰体验期三个递进的层次。在基础训练期，学生主要通过研究性课程来深化专业知识的学习，激发研究兴趣。研究性课程是指将科研的成分引入课程，学科知识不以外在化方式传授给学生，而是让学生通过探究的方式在运用和迁移知识的过程中理解和掌握知识，使学科知识纳入到学生的知识结构中。研究性课程要求教师注重问题导向和情境创设，引导学生自主探究，从而激发学生的研究兴趣和探究热情。此外，在这个时期，学生还需要学习学科研究方法课程，为后面开展真实项目的研究奠定方法基础。北京大学、浙江大学在早期推行本科生科研训练计划时，就开始尝试开设研究方法课程，辅助学生的科研训练。后来，哈尔滨工业大学推出的"创新研修课"、清华大学的"实验室科研探究"等课程（俞林伟，2015），更是研究方法课程的高级版本，这种经验值得推广。在项目参与期，学生可以根据自己的兴趣爱好选择参与教师的科研项目，以研究学徒的形式参与科学研究。教师可以根据学生的知识水平和能力差异分配科研任务，使每个学生能够接受适合自己能力水平的科研训练。学生也可以选择参与学科竞赛，在科技创新团队中进行科研训练。通过参与科研项目，学生了解了科学研究的全过程，掌握了研究方法和实验技术，具备了初步的从事科学研究的能力。在高峰体验期，学生可以独立申请科研项目，主要依靠自己而不是教师来进行科学研究，独立承担起研究的责任。通过践行"科学家"的身份，学生能够更加全面地锻炼研究能力，体验科学家的品质和精神态度，反思"我是谁，我适合做科研吗，我能做好科研吗，我未来会选择研究性工作吗"等问题，建立对自我的新认识。

四　构建本科生科研指导者体系，强化激励制度，培训指导能力

沿着前文提出的将本科生科研纳入正式课程的做法，那么全体学生都要参加，而指导本科生科研活动与课堂教学不同，它的规模不能太大，否则无法开展有效的指导。如此一来，现有的教师规模可能难以满足需求，所以需要多渠道多方式建设本科生科研指导者体系。高校里从事科研活动的除了教师，还有博士后、博士生和硕士生，以及许多实验室招聘的研究助理，这些人员都可以成为本科生科研导师。但是，学生充当指导者存在不够专业化、指导质量难以保证的风险。对此，可尝试专门组建学生指导者队伍，招募博士生、硕士生参加，对其科研能力和教学能力进行较高门槛的筛选，对通过者进行专门的指导培训，提供较丰厚的工作报酬，鼓励他们全身心地投入其中。

即使本科生科研被纳入正式的教学体系，成为教师的教学工作，也不能保证教师就能认真地投入其中。因此，要使教师能真正投入教学，投入本科生科研指导中，需要国家进行顶层政策调整，改变整体的科研绩效至上的氛围，从而使教师在主观追求上乐意选择教学，选择学生科研指导工作。学校应强化激励制度，指导本科生科研就像实行研究性教学一样，需要教师花费较多的时间和精力进行教学设计，为了鼓励教师追求教学卓越，这些时间和精力都需要得到制度性的认可和补偿。具体来说，将指导工作纳入职称晋升条件是对此项工作重要性最大的认可，也能起到最大的激励作用。美国普渡大学于 2015 年将教师指导本科生科研纳入教师终身制评价（Jaschik，2015）。其次，可以适当进行政策倾斜，在投放经费、核算工作量、发放奖金时，相比其他教学工作，可加大本科生科研指导工作的权重系数。美国研究型大学早期推行本科生科研时也采取过类似的做法（刘宝存，2005）。此外，举办本科生科研指导竞赛、经验交流等活动，创建教学学术的氛围，有助于从内在精神层面

鼓励教师追求教学卓越。

加强教师培训，提升教师的指导能力。指导本科生科研是一项专业性活动，即使教师本人是优秀的科学家，也不意味着就一定是好的指导者，高校应加强对指导教师的培训工作，提升教师的指导能力。目前高校的教师教学发展中心主要还是针对教师课程教学能力的培训，高校应在教师培训系统和培训内容中明确教师指导能力的重要性，将指导本科生科研纳入到教师培训系统当中，设计相应的课程对教师进行培训。可通过组建教师工作坊的形式，邀请有经验的教师进行经验交流和分享。本书所构建的"教师有效指导本科生科研的行为指标体系"也能服务于教师的培训工作。

五　优化校内本科生科研管理制度，以管理促成效

从国际经验来看，多数研究型大学都设有专门的本科生科研办公室，负责对本科生科研进行统一管理。中国高校本科生科研则由校团委、教务处等多个部门共同管理，容易导致管理职责不清、分工不明确等混乱局面。为此，学校要设立专门的本科生科研管理部门，在校一级成立本科生科研办公室，负责制定全校本科生科研政策，提供经费支持，发布项目申请信息，组织项目申报、审核及验收工作，指导各院系的本科生科研活动，从宏观上对本科生科研进行质量管理。至于具体的组织实施和微观的过程管理则交由院系负责，院系可以成立本科生科研指导小组，成员包括不同学科的专家、教授和教务管理人员，负责对本院系的本科生科研进行专门指导。

此外，在过程管理方式上有待改进和调整。目前，在本科生科研管理方式上，各院校基本上参照课题研究的管理模式，较为注重项目的前期组织申报与评审以及终期结题验收管理，而项目实施的过程管理并没有受到足够的重视，项目立项、中期检查、结题验收和成果推广等管理环节流于形式，这在一定程度上影响了本科生科研训练的实施效果。针对上述过程管理中的问题，应从学生的角度出发，尽量简化中间的中期检查、财务报销审核等程序，高度重视和做好结题验收和成果推广等对学生科研训练有实效的环节。

成果推广是国外高校和相关机构非常注重的一环，除了各校自己的活动外，还有全国性的本科生科研论坛，为本科生提供科研成果发布和交流的机会，有利于培养学生的科学家意识，锻炼沟通表达能力，拓宽学术网络。当前在中国，伴随"大创"的实施，教育部组织每年召开一次全国性的大学生创新论坛，2008—2017 年，在长沙、南京、大连、上海等地方已经连续举办了十届。然而与从事"大创"项目的学生相比，能够参与交流的学生比例太小（每校只有 2—3 个名额）。面对这一情况，有的高校也采取了一定的措施，如复旦大学在校园论坛上开辟了一个栏目，用来宣传该校的本科生科研计划——FDUROP，还经常举办"下午茶"活动，组织大家交流参与研究的经验与体会等，师生参与的积极性很高（乔连全，2011）。华中科技大学的 Dian 团队定期组织学生进行成果交流，通过创办电子通讯向外发布学生的科研成果。

总的来说，高校应加大力度建设本科生科研交流平台，如定期举办全校性或跨校的本科生科研成果交流会，出版本科生学术论文专辑等。省一级的高校管理部门还可探索建立地方本科生学术交流制度，定期组织区域内的学术交流活动，使本科生学术交流更广泛地进行。另外，有条件的高校还应关注国际本科生科研组织动向，例如美国 CUR 每年举办的本科生学术成果交流会，派学生参与国际组织的活动，扩大中国大学生科研成果的国际影响力，促成国际合作。

第三节　研究展望

一　加强对本科生科研效能的评估性研究

科研参与对大学生发展究竟有何作用，本科生科研效能的研究是一个核心问题，但是关于该问题的研究还十分薄弱，即使本书围绕该问题进行了质性和定量的混合研究，但是还远远不够，今后对本科生科研效能的经验研究仍然是重中之重。

本科生科研由国家政策推动，每年国家投入了大量的经费进行建设，其成效如何、是否达到了政策预期、今后政策该如何调整等问题值得研究。美国的 NSF 和 NIH 都将本科生科研作为自己的资助项目，覆盖的学生面非常广。他们都委托了相关的研究力量进行了全国范围内的评估性研究。前者由拉塞尔主持，开展于 2003—2005 年，全美有约 15000 名在读本科生和毕业生接受了调查，不仅调查了学生的 30 项通用能力的发展情况，而且对 NSF 资助的本科生科研项目的开展情况进行了调查。后者由拉波多主持，开展于 2003—2004 年，调查了全美 66 所高校 3100 多名本科生，呈现了 HHMI 项目资助学生在 20 项能力上增值情况，重点关注了 HHMI 资助的本科生科研项目是否提升了学生尤其是弱势群体学生对科学学科及其实践领域的参与。中国的国家"大创"项目已经实施了 12 年，是时候进行政策评估了，相应地，各省、各学会、行业协会也应该开展对各自资助的本科生科研项目的评估。

此外，高校自身也需要对此进行院校研究。本科生科研作为第二课堂的人才培养途径在实施，是高校教学的组成部分，高校也有相应的管理机构和管理流程。因此，高校应该将其纳入院校研究的范围，纳入教学监控数据库，纳入学情调查的范围，注重常态性数据的收集，以此辅助决策者和管理者更好地进行决策和管理的改进。

二　加强对地方高校本科生科研的研究

总的说来，研究型大学实施本科生科研的力度更大，覆盖面更广。学者们的研究都侧重指向研究型大学的本科生科研。相比之下，地方高校的本科生科研并不发达。往深层次追究，科教融合的教育理念在地方高校可能会有新的内涵和表现形式，譬如，地方高校的教师可能不是"重科研"，而是不做科研，或者心有余而力不足，那么，如何在教学中引入科研的成分，他们如何参与本科生科研呢？地方高校的本科生科研在实践形式上可能与研究型大学有较大的差异，在地方高校的语境中研究其本科生科研的理念、开展形式、育人效能等将是一项新的课题。

三　加强对教师指导的研究

就像研究人才培养会重点研究教师教学一样，对本科生科研的研究，教师指导是永恒的主题。迄今为止，教师指导能力还没有被纳入教师的教学能力中，对教师教学能力的培训也没有涉及教师对本科生科研的指导能力。关于教师指导的研究十分稀少。一旦要实施教师指导能力的培训，那此项工作的知识基础何在，本书对教师指导的研究也仅是一种开端尝试，要开展的研究工作还很多，研究空间也非常大。就像人们如何去重视教师教学研究一样，教师指导研究也值得同等的重视。这个方面的研究，需要学科专业教师的参与。

参考文献

Adedokun, O. , Dyehouse, M. , Bessenbacher A. , & Burgess W. , "Exploring faculty perception of the benefits and challenges of mentoring undergraduate research students", annual meeting of the American Educational Research Association, Denver, 2010.

Adedokun O. A. , Bessenbacher A. B. , Parker L. C. , et al. , "Research skills and STEM undergraduate research students' aspirations for research careers: Mediating effects of research self – efficacy", *Journal of Research in Science Teaching*, Vol. 50, No. 8, 2013.

Alexander, B. B. , Foertsch J. A. & Daffinrud S. , *The Spend a Summer with a Scientist program: An evaluation of program outcomes and the essential elements of success*, Madison, WI: University of Madison – Wisconsin, LEAD Center, July, 1998.

Allen T. D. et al. , "Protege selection by mentors: what makes the difference", *Journal of Organizational Behavior*, Vol. 21, No. 3, 2000.

Allen, T. D. , Eby, L. T. , Poteet, M. L. , Lentz, E. & Lima, L. "Career benefits associated with mentoring for protegee: A meta – analysis", *Journal of Applied Psychology*, Vol. 89, No. 1, 2004.

American Society for Biochemistry and Molecular Biology, *Biochemistry/molecular biology and liberal education: A report to the Teagle Foundation*, Bethesda, MD, Fall, 2008.

Astin, A. W. , & Chang, M. J, "Colleges That Emphasize Research and Teaching: Can You Have your Cake and Eat It Too? ", *Change*, Vol. 24,

No. 5, 1995.

Bateman T. S. & Organ D. W., "Job satisfaction and the good soldier: The relationship between affect and employee citizenship", *Academy of Management Journal*, Vol. 26, 1983.

Bauer, K. W., "Two major assessment efforts under way at the University of Delaware", *Assessment Update*, Vol. 14, No. 6, 2002.

Bauer, K. W. & Bennett, J. S., "Alumni perceptions used to assess undergraduate research experiences", *The Journal of Higher Education*, Vol. 74, No. 2, 2003.

Baxter M. B., Boes, L., Hollis, M. L. & Jaramillo, D. L., *Impact of the undergraduate summer scholar experience on epistemological development*, Oxford, OH: Miami University, National Science Foundation Division of Undergraduate Education, January, 1998.

Baxter M. B., "A constructivist revision of the Measure of Epistemological Reflection", *Journal of College Student Development*, Vol. 42, No. 6, 2001.

Berks E., *Practicing Biology: Undergraduate Laboratory Research Persistence in Science, and the Impact of Self - Efficacy Beliefs*, Washington University, 2007.

Blackwell, J. E., "Mentoring: An action strategy for increasing minority faculty", *Academe*, Vol. 75, 1989.

Blau, P., "Social exchange", In D. L. Dill, eds. *International encyclopedia of the social sciences*, New York: MacMillan, 1968.

Boyer Commission on Educating Undergraduates in the Research University, *Reinventing undergraduate education: Three years after the Boyer Report*, Stony Brook University, 2002.

Breneman, D. W, *Liberal Arts Colleges: Thriving, Surviving, or Endangered?* Washington, D. C. : Brookings Institution, 1994.

Brown, J. S. & Collins A., "Situated cognition and the culture of learning", *Educational Researcher*, Vol. 18, No. 1, 1989.

Brubaeher J. S. & Rudy W., *Higher Edueationin Transition: A history of Ameri-*

can Colleges and Univcrsities, 1636 – 1976, Harper&Row, 1976.

Buckley, J. A. , Korkmaz, A. , & Kuh, G. D. , *The disciplinary effects of undergraduate research experiences with faculty on selected student self – reported gains*, Paper presented at the annual meeting of the Association for the Study of Higher Education, Jacksonville, FL, November, 2008.

Bunnett, J. E. , "The education of butchers and bakers and public policy makers", *Journal of Chemical Education*, Vol. 61, No. 6, 1984.

Campbell, T. A. , & Campbell, D. E. , "Faculty/student mentor programs: Effects on academic performance and retention", *Research in Higher Education*, Vol. 38, No. 6, 1997.

Campbell, T. A. & Skoog, G. D. , "Preparing undergraduate women for science careers: Facilitating success in professional research", *Journal of College Science Teaching*, Vol. 33, No. 5, 2004.

Coker, J. Scott. and Davies, E. , "Ten Time – Saving Tips for Undergraduate Research Mentors", *Journal of Natural Resources and Life Sciences Education*, Vol. 35, 2006.

Cohen J. , "Statistical power analysis for the behavioral sciencies", Technometrics, Vol. 31, No. 4, 1988.

Daniels H. , Grineski S. E. , Collins T W, et al. , "Factors Influencing Student Gains from Undergraduate Research Experiences at a Hispanic – Serving Institution", *CBE Life Sciences Education*, Vol. 15, No. 3, 2016.

Drinker, C. K. , "Undergraduate research work in medical school", *Science*, Vol. 36, No. 935, 1912.

Eagen, K. , Sharkness, J. , Hurtado, S. , Mosqueda, C. , & Chang, M. , "Engaging undergraduate in science research: Not just about faculty willingness", *Research in Higher Education*, Vol. 52, 2011.

Estepp C. M. et al. , "An Investigation Intro Mentoring Practices of Faculty Who Mentor Undergraduate Researchers at a Hispanic Serving Institution", *Journal of Hispanic Higher Education*, Vol. 16, No. 4, 2016.

Fagenson, E. A. , "The mentor advantage: Perceived career/job experiences of proteges versus non – proteges", *Journal of Organizational Behavior*, Vol. 10, No. 4.

Foertsch, J. A., Alexander, B. B., & Penberthy, D. L., *Evaluation of the UW – Madison's summer undergraduate research programs: Integrated analysis of program outcome data, student surveys, and student and mentor interviews.* Madison, WI: The LEAD Center, June, 1997.

Foertsch J., Alexander B. B., Penberthy D, "Summer Research Opportunity Programs (SROPs) for Minority Undergraduates: A Longitudinal Study of Program Outcomes 1986 – 1996", *Council of Undergraduate Research Quarterly*, Vol. 20, No. 3, 2000.

Glennet, M. et al., "Mentoring Perceptions and Experiences of Minority Students Participating in Summer Research Opportunity Programs", *North American Colleges and Teachers of Agriculture Journal*, Vol. 56, No. 1, 2012.

Haeger, H. & Fresquez, C., "Mentoring for Inclusion: The Impact of Mentoring on Undergraduate Researchers in the Sciences", *CBE Life Sciences Education*, Vol. 15, No. 3, 2016.

Hakim, T. M., *At the interface of scholarship and teaching: how to develop and administer instutional undergraduate research programs*, Washington, DC: Council on undergraduate Research, 2000.

Halstead, J. A., "What is undergraduate research?", *Journal of Chemical Education.* Vol. 74, No. 12, 1997.

Harder A., Place, N. T., & Scheer, S. D., "Towards a competency – based extension education curriculum: A Delphi study", *Journal of Agricultural Education*, Vol. 51, No. 3, 2016.

Hathaway, R., Nagda, B., & Gregerman, S., "The relationship of undergraduate research participation to graduate and professional educational pursuit: An empirical study", *Journal of College Student Development*, Vol. 43, 2002.

Hunter, A. – B., Laursen, S. L., & Seymour, E., "Becoming a scientist: The role of undergraduate research in students' cognitive, personal, and professional development", *Science Education*, Vol. 91, 2007.

Hunter, A – B., Thiry, H., & Crane, *Final report on the external evaluation of the Louisiana Science, Technology, Engineering, and Mathematics (LA – STEM) Research Scholars program*, University of Colorado at Boulder, Ethnography & Evaluation Research, Boulder, CO, 2009.

Hunter, A. B. et al., *Undergraduate Research in the Sciences*, Jossey – Bass, 2010.

Ishiyama, J., "Participation in undergraduate research and the development of political science students", the annual meeting of the American Political Science Association, Boston, MA, August, 2002.

Jacobi, M., "Mentoring and Undergraduate Academic Success: A Literature Review", *Review of Educational Research*, Vol. 61, No. 4, 1991.

Jaschik, Scott, "Mentoring as Tenure Criterion", *Inside Higher ED*, July 20, 2015, https: //www. insidehighered. com/news/2015/07/20/purdue – moves – make – mentoring – undergraduates – criterion – tenure.

Joyce, J. P., "Establishing a social science undergraduate research program", In L. R. Kauffman & J. E. Stocks, eds. Reinvigorating the undergraduate experience: Successful models supported by NSF's AIRE/RAIRE program. Wellesley, MA: Wellesley College, 2003, from http: ///www. cur. org/ Publications/AIRE_RAIRE/wellesley. asp.

Kardash, C. M., "Evaluation of an undergraduate research experience: Perceptions of undergraduate interns and their faculty mentors", *Journal of Educational Psychology*, Vol. 92, No. 1, 2000.

Katkin W., "The Boyer Commission report and its impact on undergraduate research", *New Directions for Teaching and Learning*, Vol. 2003, No. 93, 2003, pp. 19 – 38.

Kenny, S. S., "New challenges in a post – Boyer world", *American Scientist*, Vol. 91, No. 2, 2003.

Kram, K. E., "Mentoring at work: Developmental relationships in organizational life", *Administrative Science Quarterly*, Vol. 30, No. 3, 1988.

Kremer, J. F. & Bringle, R. B. , "The effects of an intensive research experience on the careers of talented undergraduates", *Journal of Research and Development in Education*, Vol. 24, No. 1, 1990.

Kuh G. D. , *High – Impact Educational Practices: What They Are, Who Has Access to Them, and Why They Mattet*, Washington, DC: Association of American Colleges and Universities, 2008.

Lancy, D. F. , "What One Faculty Member Does to Promote Undergraduate Research", *New Directions for Teaching and Learning*, Vol. 93, 2003.

Levinson, D. J. , Carrow, C. N. , Klein, E. B. , Levinson, M. H. , & McKee, B. , *The seasons of a man's life*, New York: Ballentine, 1978.

Lopatto D. , "The Essential Features of Undergraduate Research", *Council on Undergraduate Research Quarterly*, Vol. 23, No. 3, 2003.

Lopatto, D. , "Survey of Undergraduate Research Experiences (SURE): First findings", *Cell Biology Education*, Vol. 3, 2004.

Lopatto, D. , "Undergraduate research as a catalyst for liberal learning", *Peer Review*, Vol. 8, No. 1, 2006.

Marcia C. Linn et al. , "Undergraduate Research Experiences: Impact and Opportunities", *Science*, Vol. 347, No. 6, 2015.

Masters W. A. & Delbecq B. , *Accelerating Innovation with Prize Rewards: History and Typology of Technology Prizes and a New Contest Design for Innovation in African Agriculture*, International Food Policy Research Institute, 2008, http: //www. ifpri. org/publication/accelerating – innovation – prize – rewards.

McMillan, E. &Pauling, L. , "An x – ray study of the alloys of lead and thallium", *Journal of the American Chemical Society*, Vol. 49, No. 3, 1927.

Merkel, C. A. , *Undergraduate research at six research universities: A pilot study for the association of American Universities*, Pasadena, CA: Association of American Universities, 2001.

Miller, A. , *Mentoring students & young people: A handbook of effective practice*, London: Kogan Page, 2002.

Moore, K. M. , Amey, M. J. , "Some faculty leaders are born women", in Sagaria M. A. D. , eds. Empowering women: leadership development strategies on campus, San Francisco: Jossey – Bass, 1988.

Morales, D. X. , Grineski, S. E. , & Collins T. W. "Faculty Motivation to Mentor Students Through Undergraduate Research Programs: A Study of Enabling and Constraining Factors", *Research of Higher Education*, Vol. 58, No. 5, 2017.

Moses, Y. T. , "Black Women in Academe. Issues and Strategies", *Womens International Network News*, 1989.

Nagda, B. A. , Gregerman, S. R. , Jonides, J. , von Hippel, W. , & Lerner J. S. , "Undergraduate student – faculty research partnerships affect student retention", *The Review of Higher Education*, Vol. 22, No. 1, 1998.

O' Meara, K. A. , & Braskamp, L. , "Aligning faculty reward systems and development to promote faculty and student growth", *NASPA Journal*, Vol. 42, No. 2, 2005.

Olian, J. D. , Carroll S. J. & Giannantonio C. M. , et al. "What do proteges look for in a mentor? Results of three experimental studies", *Journal of Vocational Behavior*, Vol. 33, No. 1, 1988.

Potter, S. J. , Abrams E. , Townson L. & Williams J. E. , "Mentoring Undergraduate Researchers: Faculty Mentors' Perceptions Of The Challenges and Benefits Of the Research Relationship", *Journal of College Teaching and Learning*, Vol. 6, No. 6, 2009.

Roberts, A. , "Mentoring revisited: a phenomenological reading of the literature", *Mentoring and Tutoring*, Vol. 8, No. 2, 2000.

Russell, S. H. , Hancock, M. P. , & McCullough, J. , *Evaluation of NSF support for undergraduate research opportunities: Follow – up survey of undergraduate NSF program participants, final report, appendix B (data tables) (SRI Project P16346)*, Arlington, VA: SRI International, July, 1990.

Russell, S. H. , Hancock, M. P. , & McCullough, "Benefits of undergraduate research experiences", *Science*, Vol. 316, No. 5824, 2007.

Russell, S. H. , "Undergraduate research opportunities: Facilitating and encouraging the transition from student to scientist", In R. Taraban & R. L. Blanton, eds. *Creating effective undergraduate research programs in science: The transformation from student to scientist*, New York: Teachers College Press, 2008.

Ryder, J. , Leach, J. , & Driver, R. , "Undergraduate science students' images of science", *Journal of Research in Science Teaching*, Vol. 36, No. 2, 1999.

Seymour, E. , Hunter, A. – B. , Laursen, S. L. , & Deantoni, T. , "Establishing the benefits of research experiences for undergraduates in the sciences: First findings from a three – year study", *Science Education*, Vol. 88, 2004.

Shanahan, J. O. , Ackley – Holbrook, E. , et al. , "Ten Salient Practices of Undergraduate Research Mentors: A Review of the Literature", *Mentoring & Tutoring Partnership in Learning*, Vol. 23, No. 5, 2015.

Society for Science & the Public, "The Intel Science Talent Search", (Mar. 2014), http: //www. societyforscience. org/intel – science – talent – search.

Spencer, J. N. , &Yoder, C. H. , "A Survey of Undergraduate Research Over the Past Decade", *Journal of Chemical Education*, Vol. 58, No. 10, 1981.

Starr, I. , Stokes, J. &West, L. B. , "The progress of undergraduate research in medical schools", *Science*, Vol. 50, No. 1291, 1919.

Taraban, R. , Rogue E. , "Academic factors that affect undergraduate research experiences", *Journal of Educational Psychology*, Vol. 104, 2012.

Thiry, H. , Laursen S. L. , Hunter A. – B. , "What Experiences Help Student Become Scientist? A Comparative Study of Research and Other Sources of Personal and Professional Gains for STEM Undergraduates", *The Journal of Higher Education*, Vol. 82, No. 4, 2011.

Thiry, H. , Weston, T. J. , Laursen, S. L. , Hunter, A. B. , "The benefits of multi – year research experiences: Differences in novice and experienced students' reported gains from undergraduate research", *CBE Life Sci. Edu-*

cation, Vol. 11, 2012.

Vygotsky, Lev S. , *Mind in Society: The Development of Higher Psychological Processes*, Cambridge, MA: Harvard University, 1978.

Ward, C. , Bennett, J. S. , & Bauer, K. , "Content analysis of undergraduate research student evaluations", Retrieved January 2, 2008 from University of Delaware, Research – based education: A template for promoting discovery learning on today's college campuses web site, 2002, http://www. udel. edu/RAIRE/.

Webber, K. L. , Nelson Laird T. F. & BrckaLorenz A. M. , "Student and faculty member engagement in undergraduate research", *Research in Higher Education*, Vol. 54, 2013.

Weston T. J. , Laursen S. L. , "The Undergraduate Research Student Self – Assessment (URSSA): Validation for Use in Program Evaluation", *CBE Life Sciences Education*, Vol. 14, No. 3, 2015.

Wood W. B. , "Inquiry – based undergraduate teaching in the life sciences at large research universities: A perspective on the Boyer Commission Report", *Cell Biology Education*, Vol. 2, No. 2, 2003.

Zydney, A. , Bennett, J. , Shahid, A. , & Bauer, K. , "Faculty perspectives regarding the undergraduate research experience in science and engineering", *International Journal of Nursing Education Scholarship*, Vol. 91, No. 3, 2015.

Zydney A. , Andrew L. , et al. "Impact of Undergraduate Research Experience in Engineering," *Journal of Engineering Education*, Vol. 91, No. 2, 2002.

中文参考文献

[美] 安塞姆·斯特劳斯、朱丽叶·科尔宾:《质性研究概论》,徐宗国译,巨流图书公司 1997 年版。

[美] 本杰明·布鲁姆:《教育目标分类学(第一分册):认知领域》,罗黎辉等译,华东师范大学出版社 1986 年版。

[美] 伯顿·克拉克:《探究的场所——现代大学的科研和研究生教育》,

王承绪译，浙江教育出版社 2001 年版。

［美］让·莱夫、埃蒂安·温格：《情境学习：合法的边缘性参与》，王文静译，华东师范大学出版社 2004 年版。

［美］亚瑟·科恩：《美国高等教育通史》，李子江译，北京大学出版社 2010 年版。

北京大学教务部：《北京大学"基础学科拔尖学生培养试验计划"进展报告》，《中国大学教学》2014 年第 3 期。

北京大学校长办公室：《21 世纪的大学：北京大学百年校庆召开的高等教育论坛论文集》，北京大学出版社 1999 年版。

博耶研究型大学本科生教育委员会：《重建本科生教育：美国研究型大学发展蓝图》，《教育参考资料》2000 年第 19 期。

曹建等：《以本科生科研促进创新能力培养——北京大学的个案研究》，《中国高校科技》2013 年第 1 期。

陈春潮、齐婉宁：《本科生参与科研活动的现状调查及其促进对策——以南京邮电大学为例》，《科学大众（科学教育）》2018 年第 5 期。

陈卓：《中国大学生科技竞赛活动的发展历程及其人才培养作用分析》，博士学位论文，中国科学技术大学，2014 年。

鄂建伟等：《师范大学本科生科研表现及其影响因素分析 ——以陕西师范大学为例》，《高教学刊》2017 年第 18 期。

范皑皑等：《本科期间科研参与情况对研究生类型选择的影响》，《中国高教研究》2017 年第 7 期。

方惠英等：《浙江大学本科生科研创新活动的探索与实践》，《中国大学教学》2007 年第 8 期。

方谋鑫、肖恩蓉：《物理竞赛与人才培养》，《南京理工大学学报》（社会科学版）1994 年第 3 期。

凤启龙：《大学生课外学术科技创新活动体系建设探析》，《高等教育研究》2009 年第 3 期。

高莉等：《西部某高校理工科本科生参与科研实践的现状分析及对策研究》，《教育现代化》2018 年第 5 期。

公茂法等：《组织电子设计竞赛促进教学改革》，《中国高教研究》2000

年第 9 期。

顾凌赞等：《全国大学生结构设计大赛研究与竞赛指导初探》，《中国电力教育》2011 年第 23 期。

郭广生：《创新人才培养的内涵、特征、类型及因素》，《中国高等教育》2011 年第 5 期。

郭卉等：《参与科研对理工科大学生创新素质影响的实证研究》，《高等工程教育研究》2014 年第 2 期。

国务院办公厅：《国务院办公厅关于深化高等学校创新创业教育改革的实施意见》，2015 年 13 日，中华人民共和国中央人民政府网（http：//www. gov. cn/xinwen/2015 - 05/13/content_2861327. htm）。

胡锦涛：《在全国科学技术大会上的讲话》，2006 年 1 月 9 日，人民网（http：//politics. people. com. cn/GB/1024/4011536. html）。

胡锦涛：《在中国科学院第十三次院士大会和中国工程院第八次院士大会上的讲话》，《人民日报》2006 年 6 月 6 日。

华罗庚：《在我国就要创办数学竞赛会了》，《数学通报》1956 年第 1 期。

季诚钧、黄昌财：《高校本科生科研的意义、现状与措施》，《研究与发展管理》2003 年第 2 期。

贾书惠、孙学伟：《第二届全国青年力学竞赛圆满结束》，《力学与实践》1993 年第 15 期。

江泽民：《在全国科技大会上的讲话》，1995 年 5 月 26 日（http：//www. most. gov. cn/ztzl/qgkjdh/qgkjdhbjzl/qgkjdhbjkjdh/bjzl - dh - 9501. htm）。

姜启源、谢金星：《一项成功的高等教育改革实践——数学建模教学与竞赛活动的探索与实践》，《中国高教研究》2011 年第 12 期。

教育部、财政部：《关于实施"高等学校本科教学教学质量与教学改革工程"的意见》，2007 年 1 月 22 日，中华人民共和国教育部网（http：//old. moe. gov. cn//publicfiles/business/htmlfiles/moe/moe _ 1623/201001/xxgk_79761. html）。

教育部：《关于加强高等学校本科教学工作提高教学质量的若干意见》，2001 年 1 月 28 日，中华人民共和国教育部网（http：//old. moe. gov. cn//publicfiles/business/htmlfiles/moe/moe_1623/201006/88633. html）。

教育部：《关于进一步加强高等学校本科教学工作的若干意见》，2005 年 1 月 1 日，中华人民共和国教育部网（http：//old. moe. gov. cn//public-files/business/htmlfiles/moe/moe_734/200507/8296. html）。

教育部：《关于做好"本科教学工程"国家级大学生创新创业训练计划实施工作的通知》，2012 年 2 月 22 日，中华人民共和国教育部网（ht-tp：//www. moe. gov. cn/srcsite/A08/s7056/201202/t20120222 _ 166881. html）。

教育部：《关于全面提高高等教育质量的若干意见》2012 年 3 月 16 日，中华人民共和国教育部网（http：//old. moe. gov. cn/publicfiles/busi-ness/htmlfiles/moe/s6342/201301/xxgk_146673. html）。

教育部高等教育司：《基础学科拔尖学生培养试验计划实施办法》，2012 年，中华人民共和国教育部网（http：//www. moe. gov. cn/s78/A08/gjs_left/moe_742/s5631/s7969/201210/t20121010_166818. html）。

教育部科学技术司：《中国高等学校科技 50 年》，高等教育出版社 1999 年版。

李丹：《刘玉老师和她的"点团队"》，《经济日报》2010 年 9 月 12 日第 6 版。

李克强：《在国家科学技术奖励大会上的讲话》，2018 年 1 月 8 日，人民网（http：//www. xinhuanet. com/politics/2018 – 01/08/c _1122228826. htm）。

李湘萍：《大学生科研参与与学生发展——来自中国案例高校的实证研究》，《北京大学教育评论》2015 年第 5 期。

李永新等：《国内机器人比赛》，《自动化与仪表》2003 年第 3 期。

李正、林凤：《论本科生科研的若干理论问题》，《清华大学教育研究》2009 年第 4 期。

李正等：《美国本科生科研及对我国的启示》，《高等工程教育研究》2009 年第 3 期。

林崇德、罗良：《建设创新型国家与创新人才的培养》，《北京师范大学学报》（社会科学版）2007 年第 1 期。

刘宝存：《论柏林高等学术机构的内部和外部组织》，《高等教育论坛》

1987 年第 1 期。

刘宝存：《创新人才理念的国际比较》，《比较教育研究》2003 年第 5 期。

刘宝存：《美国大学的创新人才培养与本科生科研》，《外国教育研究》2005 年第 12 期。

刘存利等：《美国研究型大学本科生科研的发展及其启示》，《西安电子科技大学学报》（社会科学版）2006 年第 16 期。

刘琳：《本科生科研与创新人才培养实证研究》，硕士学位论文，华中科技大学，2014 年。

刘彭芝：《关于我国拔尖创新人才培养的战略思考》，《中小学校长》2013 年第 2 期。

刘莎莎：《河北省高校本科生科研现状及对策研究》，博士学位论文，河北师范大学，2009 年。

刘粤湘等：《创新人才培养模式 实施拔尖学生培养》，《中国地质教育》2011 年第 2 期。

刘祖照：《实施 SRT 计划 培养创造性人才》，《清华大学教育研究》1998 年第 2 期。

卢晓东：《本科教育的重要组成部分——伯克利加州大学本科生科研》，《高等理科教育》2000 年第 5 期。

卢晓东：《如何破解"钱学森之问"？———兼论创新人才培养与大学教学改革》，《中国高校科技》2011 年第 7 期。

陆伟：《美国研究型大学本科生科研能力培养研究》，博士学位论文，河北大学，2005 年。

乔连全：《我国研究型大学"大学生创新性实验计划"的现状与反思》，《高等教育研究》2011 年第 3 期。

孙锐：《疏通"高精尖缺"人才培养的堵点》，《文汇报》2016 年 5 月 10 日第 5 版。

王帆：《ACM 国际大学生计算机程序设计竞赛简介》，《电脑爱好者》1998 年第 9 期。

王英杰：《国际视野中的大学创新教育》，山西教育出版社 2005 年版。

王颖等：《对本科生科研与创新活动的若干思考——以国内研究性大学为

视角》，《中国大学教学》2008 年第 7 期。

邬家瑛、钱辉：《论本科生科研训练存在的问题及解决思路》，《中国高教研究》2009 年第 1 期。

吴明隆：《问卷统计分析实务——SPSS 操作与应用》，重庆大学出版社2010 年版。

吴秀文等：《全国部分地区大学生物理竞赛的回顾和展望——兼 2008 年全国部分地区大学生物理竞赛试卷分析》，《物理通报》2009 年第12 期。

徐波：《高校学生投入理论：内涵、特点及应用》，《高等教育研究》2013年第 6 期。

徐国祥：《统计预测和决策》，上海财经大学出版社 2005 年版。

阎桂芝、都治国：《加强"SRT"计划促进学生创新意识和能力的培养》，《清华大学教育研究》2001 年第 22 期。

叶其孝：《数学建模教育与国际数学建模竞赛：工科数学专辑》，中国工业与应用出版社 1995 年第 8 版。

殷石龙：《创新学引论》，湖南人民出版社 2002 年版。

俞林伟等：《我国高校本科生科研训练的发展历程、困境与未来方向》，《高等工程教育研究》2015 年第 2 期。

张振刚：《问鼎"挑战杯"：全国大学生课外学术科技作品竞赛指南》，高等教育出版社 2010 年版。

赵婧芳：《西安交通大学基础学科拔尖学生培养试验计划实施现状——以数学试验班为例》，《大学教育》2014 年第 5 期。

赵恕新：《转变教育观念强化创新意识培养创新人才》，《黑龙江高教研究》2001 年第 4 期。

赵洪泽、周绍宾：《现代社会学》，重庆大学出版社 2003 年版，第 91 页。

郑家茂、张胤：《对大学生科研训练计划的若干思考》，《高等工程教育研究》2008 年第 6 期。

中国共产党中央委员会、国务院：《关于实施科技规划纲要增强自主创新能力的决定》，2016 年 1 月 26 日，中华人民共和国人民政府网（http://www.gov.cn/gongbao/content/2006/content_240241.htm）。

中国共产党中央委员会:《关于教育体制改革的决定》,1985 年 5 月 27
　日,中华人民共和国教育部网(http://old. moe. gov. cn/publicfiles/
　business/htmlfiles/moe/moe_177/200407/2482. html)。

周光礼:《高校人才培养模式创新的深层次探索》,《中国高等教育》2012
　年第 10 期。

周光礼、姜嘉乐等:《高校科研的教育性——科教融合困境与公共政策调
　整》,《高等工程教育研究》2018 年第 1 期。

周光礼、周详等:《科教融合　学术育人——以高水平科研支撑高质量本
　科教学的行动框架》,《中国高教研究》2018 年第 8 期。

翟立原:《中国青少年科技创新大赛的发展历程》,《科普研究》2008 年
　第 4 期。

附　录

本科生科研学习收获研究文献一览表

序号	作者及发表时间	研究现场	基本方法
1	Kremer&Bringer, 1990	印第安纳大学	探究科研参与对学生研究技能、职业兴趣以及读研选择的影响。将22名研究参与者与21名非参与者进行比较，动机以及学术特征作为控制变量
2	Foertsch et al., 1997	威斯康星麦迪逊大学	对不同专业面向弱势学生的7个本科生科研项目进行评估。访谈了16位参与者，回收了34份调查问卷（回收率为42%）
3	Alexander et al., 1998	莱斯大学	对应用数学、计算机科学和工程专业暑期本科生科研项目进行评估。对68名参与者中的32名（47%）进行了访谈和问卷调查
4	Nagda et al., 1998	密歇根大学	参与本科生科研对不同专业大一和大二学生的学业成功的影响。将613位科研参与者与667位未参与者的学业保持率和GPA进行比较，动机、专业等学业特征和人种作为控制变量
5	Hathaway et al., 2002	密歇根大学	探究科研参与对校友追求更高学历教育的影响。291位校友接受了调查。将没有科研经历的校友、参与过正式科研项目的校友以及参与过非正式科研项目的校友进行比较，专业、GPA和人种作为控制变量

序号	作者及发表时间	研究现场	基本方法
6	Ryder et al., 1999	英国利兹大学	对 11 位科学专业的高年级本科生进行深度访谈,评估学生对科学研究的理解及其从研究项目开始到结束的改变状况
7	Kardash, 2000	美国中西部研究型大学	设计"14 种研究技能"调整问卷,对本科生科研参与对 14 种研究能力的提升程度进行了评估,采用本科生自评和导师评价两种方法。57 名本科生在研究经历开始之前与结束之后对研究技能水平进行自我评估,指导教师对所带实习生研究技能水平的评估作为效标
8	Ward et al., 2002	特拉华大学	随机选出 10 年间 STEM 学科 183 个本科生科研经历评估资料,对其进行内容分析
9	Zydney et al., 2002	特拉华大学	对工程学院 245 名本科校友进行了大学学习经历和 32 项能力发展的问卷调查,将参与过正式研究项目的校友的能力发展与参与过非正式研究项目的校友以及未参与过科研的校友的能力发展进行对比,GPA 作为控制变量
10	Bauer&Bennett, 2003	特拉华大学	对不同专业的 1086 名校友的大学经历(14 项活动的参与程度)和收获(32 项能力发展)进行问卷调查。将参与过正式研究项目的校友的收获与参与过非正式研究项目的校友以及未参与过科研的校友的收获进行对比,专业和 GPA 作为控制变量
11	Taraban et al., 2012	美国西南部公立研究型大学	调查了 597 名本科生科研参与者的收获,采用经过验证性因素分析的学生科研参与收获量表,探究学术因素对科研参与收获的影响
12	Adedokun et al., 2012	美国中西部研究型 I 类大学	对该校参加春季本科生科研项目的 28 名学生的书面反思材料进行质性研究,归纳出科研参与影响学生职业和教育抱负的三条路径

续表

序号	作者及发表时间	研究现场	基本方法
13	Adedokun et al.，2013	美国中西部研究型I类大学	对该校 STEM 学科本科生科研项目 156 名参与者实施问卷调查（项目结束后），请参与者评价在研究自我效能感、研究能力、职业意向上的表现。采用结构方程模型技术，探究研究自我效能感作为中介变量，如何干预研究能力对职业意向的影响。研究发现，研究能力和研究自我效能感能预测从事研究工作的职业意愿，研究能力对职业意愿的影响部分是通过研究自我效能感的中介作用实现的
14	Adedokun et al.，2014	普渡大学	对该校"癌症预防跨学科教育项目"的 32 名本科生参与者进行了开始前、参与中和结束后三次问卷调查（项目起始于暑期，中间调查开展于暑期集中训练结束时，项目结束于第二年春季），27 名学生完成了三次调查。学生能力测量包括研究能力、研究自信心、对研究过程的理解以及职业意向四个部分共 27 个题目。通过比较 3 个时间点上学生 27 个能力指标得分的差异，来反映时间因素对学生科研学习收获的影响
15	Daniels et al.，2016	美国西南部西班牙裔研究型大学	调查了 227 名本科生科研参与者的收获状况，对包括像科学家一样思考和工作、技能、个体发展三个维度的收获指标进行了严格的信度和效度检验，验证了影响科研参与收获的个体因素和科研经历因素
16	Lopatto，2004	美国多所院校	调查了 41 所高校 1135 位科学专业科研参与者（绝大部分是 HHMI 本科生科研项目资助者）的科研经历和在 20 项能力上的发展情况。呈现了 HHMI 资助者在 20 项能力上增值程度，对比了计划在科学专业读研的学生和计划不在科学专业读研的学生的能力增值程度差异，人口学差异作为控制变量

序号	作者及发表时间	研究现场	基本方法
17	Lopatto，2007	美国多所院校	2003 年调查了 41 所院校的 1135 名本科生科研参与者在 20 项能力上的发展情况；在此基础上，2004 年调查扩展到 66 所院校的 2021 名本科生科研参与者；其中，628 名完成了同年的追踪调查。主要关注暑期项目结束 9 个月后，学生是否继续从事科研、学生如何交流科研发现以及科研活动对课程学习的影响，人口学差异作为控制变量
18	Seymour et al.，2004	美国多所院校	调查对象为 4 所文理学院 76 名 STEM 学科的本科生科研参与者。在暑期科研项目结束时通过深度访谈了解参与者的收获。通过编码技术，将本科生科研参与收获归纳为七个方面
19	Hunter et al.，2007	美国多所院校	调查对象为 4 所文理学院参与暑期本科生科研项目的 76 名学生，调查时间为暑期项目结束大半年时，也即是他们的毕业前期，以及 55 名指导教师，调查时间为暑期项目结束时，采用深度访谈的方法。同时还访谈了 62 名未参与科研的大四毕业生，以及 16 名没有指导过本科生科研的教师。将教师所谈的科研参与对学生发展的作用与学生汇报的科研参与收获进行比较，教师强调科研参与对学生专业社会化发展的作用，学生则看中认知和个体性发展
20	Thiry et al.，2011	美国多所院校	访谈了 4 所文理学院 62 名即将毕业的本科生，这些本科生在读期间有科研参与、实习、从事专业性工作的经历。采用质性方法比较科研参与带给学生的收获与其他活动带给学生的收获之间的差异

续表

序号	作者及发表时间	研究现场	基本方法
21	Thiry et al. , 2012	美国2所研究型大学	对2所学校中4个本科生科研项目的110名参与者进行了深度访谈和问卷调查（URSSA），73名学生完成了访谈和问卷（67%），依据研究经历的多少将学生分为科研新手和科研熟手两个组，用差异分析方法比较了新手和熟手在"像科学家一样思考和工作""成为科学家"以及"个体性发展"三个方面表现的差异，来反映长时间科研经历对学生发展的作用
22	Weston &Lausen, 2015	美国和加拿大多所院校	3671名本科生科研参与者通过网络填答了URSSA问卷，采用验证性因素分析验证评估工具的信度和效度，得到了一套包括4个维度35个题目的测量本科生科研收获的自我评估量表
23	Russell et al. , 2006	美国多所院校	对NSF资助的本科生科研项目的效果进行全国性评估。开展于2003—2005年，包括4项子调查：1. NSF项目资助的科研参与者，以及作为指导者的教师、博士后、研究生；2. 两年后，对上述样本中的科研参与者进行追踪调查；3. 全国22—35岁STEM学科的本科毕业生；4. 全国22—35岁人文社会科学学科的本科毕业生。总体样本数约15000。对学生的能力评价采用的是30项通用能力指标
24	Russell et al. , 2008	美国多所院校	对NSF资助的本科生科研项目的效果进行全国性评估。开展于2003—2005年，包括4项子调查：1. NSF项目资助的科研参与者，以及作为指导者的教师、博士后、研究生；2. 两年后，对上述样本中的科研参与者进行追踪调查；3. 全国22—35岁STEM学科的本科毕业生；4. 全国22—35岁人文社会科学学科的本科毕业生。总体样本数约15000

续表

序号	作者及发表时间	研究现场	基本方法
25	Buckley et al. , 2008	美国多所院校	调查了 63 所高校不同专业的 2679 名参加科研的高年级本科生。自编学生科研经历与收获调查问卷，对学生科学收获自评指标进行了严格的信度和效度检验，通过回归分析验证了科研经历与收获之间的关系

后　记

　　本书是我 2013 年获批的国家社科基金教育学青年项目"本科生科研与创新人才培养改革的实证研究"的部分研究成果。在聚焦于"本科生科研"这项具体的教育实践之前，我在心里长久地思考着教学和科研的关系这个难解的问题。因为一直在一所理工科研究型大学里学习和工作，身边有很多理工科教师朋友，每每见面或者聚会时大家讲的多是发了多少影响因子的论文，拿了多少经费的项目，近来更是热衷于谈论各种人才"帽子"；大家很少谈及教学的事情，偶尔会抱怨研究生生源不好，博士生指标太少，而本科生似乎已被遗忘在角落里。深刻地感受到科研在研究型大学中的崇高地位和大学人对科研的热爱与追捧，我不禁去思考科研和教学到底是什么关系，"重科研、轻教学"是中国研究型大学的特殊问题吗？此后，我阅读了许多文献，对这些问题进行了历史的和国际视野的考察，逐渐地，"科研的教育性"这个概念在我心里深根发芽，这既是我对教学与科研关系问题的知识性回答，也是我的价值立场。

　　2006 年以来由国家政策推动的"高等教育质量工程"成为了引领全国高校改革实践的旗帜，我自然非常关注这场以本科教学为中心议题的系列改革，我很期待这里面会发生什么。后来，有关木科教学的改革举措一项项出台，例如，"大创"项目；以"珠峰计划"和"卓越工程师计划"为代表的 6 个拔尖创新人才培养计划；"985 高校"发布质量自评报告；高校建立教师教学发展中心；高校专业审核评估以及工程专业认证；等等。这一时期，"科教融合"的理念被提出，也许它在多种语境下被赋予了多重意思，但无疑，将教学与科研相结合，发挥研究对教学的支撑作用，实施研究性教学和研究性学习是其核心内涵。

在国家政策引导下，华中科技大学成立了拔尖创新人才培养改革试验区"启明学院"。一次偶然的机会，我受到时任启明学院副院长的刘玉教授邀请前往参观启明学院。启明学院有专门的大楼，除了聊聊几间行政办公室外，其余全都是学生的活动室。走进一间活动室，里面一排排实验台子，上面堆满了各类实验器材，还有学生正在进行实验操作。墙上拉着数条横幅，上面写着"冲刺 30 天，不达目的誓不罢休""一战到底，一战成名"等鼓劲的话。我转了一圈准备从后门出去时，看到最后立着一排几乎要上顶的大柜子，下意识地走到柜子旁边，往柜子后面看了一眼，眼前的景象让我一时没反应过来：地上是一排铺盖，上面躺着五六个学生，在沉沉地睡着。刘玉老师走过来，用很平常的口气讲道，"应该是搞通宵了，还在睡着呢。"这次参观带给我极大的冲击，也许头脑里一直充满了对本科课堂教学改革实际情况的质疑，但是不得不认识到，本科生的学习方式、学习途径正在发生变化，很多典型已经开始出现。正如一位美国学者指出，课堂教学要转变成研究性教学，远比推行本科生科研难。在"难搞"的课堂教学之外，本科生科研已经渐渐走出了一条泥泞的道路。

后来，我基于科研的教育性理念，将该理念的实现方式之一——本科生科研作为研究的主题，最初确立的研究问题就是评估本科生科研的效能，探究科研参与是否以及如何培养大学生的创新素质，相应地，所确立的研究范式自然是经验研究。幸运的是，这一研究主题很快获得了中央高校自主创新基金的资助，有了经费的支持，就能进行较大规模的实地访谈和问卷调查。我的硕士研究生们，刘琳、晋翠翠、韩婷、余秀平、李一凡、胡皓斐、唐旭亭、姚源相继参与了课题。一年后，基于部分研究成果和调研材料，我们成功获批了国家社科基金。国家项目的获得极大地鼓励了我们，让我们更有迫切的需求以及资源和条件把调查的范围扩大，用跨校的样本及数据来深化研究。参与课题研究极好地锻炼了研究生的科研能力，培养了她们科学家精神和品质，对她们毕业后从事的工作有很大的帮助。刘琳的硕士学位论文被评为 2014 年湖北省优秀硕士学位论文，她现在为华东师范大学高教所博士生，韩婷在我院继续读博，其余毕业学生都进入了公立高校从事带研究性的行政岗位工作。

一项事业的背后有太多人的支持和付出，感谢启明学院刘玉老师和黄刚副院长对课题研究的大力支持，感谢教务处文芳老师、软件学院牛慧娟博士、生命科学与技术学院占艺博士为课题调研提供的实际帮助。感谢4所调研高校里给予我们便利和帮助的邓老师、胡老师、夏老师、周老师等，尽管没有公开他们及学校的名字，但真诚的感谢是一样的。感谢所有接受我们访谈和问卷调查的老师和同学们。

感谢我的家人。我的公婆和父母为了让我能全心投入工作，替我承担了所有的家务，他们对子女的无私奉献，让我深感无以回报，唯愿他们身体健康，老有所慰。我的先生以照顾孩子的实际行动支持着我，尽管我所提供的并不是他需要的，但也希望本书能让他感到欣慰。我的两个宝贝，一个已经识文断字，愿本书能让他对知识更加向往，而另一个，就权当送她的一个无聊的玩具吧。

最后，特别感谢唐旭亭和姚源两位同学，她们参与了全书的校对。特别感谢中国社会科学出版社的赵丽编辑，本书的顺利出版与她细致而高效的工作密不可分。

书稿已经完成，但研究仍在继续。我们与华中科技大学电气学院合作开展的工科生工程实践能力培养的研究已经全面铺开，关于大学生学习和发展的研究，我们会全力以赴，不敢轻言放弃。

郭 卉

2018 年 5 月于喻家山下